Julian Schutting
AUF VERTRAUTEN UMWEGEN
Datierte Blätter 2
Aufzeichnungen 2017–2018

Das bei der Produktion dieses Buches entstandene CO$_2$ wurde durch die Finanzierung von Klimaschutzprojekten kompensiert.

In Kooperation mit dem Archiv der Zeitgenossen.

Die Drucklegung dieses Buches wurde gefördert von:

www.omvs.at
ISBN 978-3-7013-1323-5

© 2024 OTTO MÜLLER VERLAG SALZBURG-WIEN
Alle Rechte vorbehalten

Lektorat: Christine Rechberger
Gestaltung: wir sind artisten
Druck und Bindung: FINIDR s.r.o. (Český Těšín)

Julian Schutting

AUF VERTRAUTEN UMWEGEN

Datierte Blätter 2
Aufzeichnungen 2017–2018

OTTO MÜLLER VERLAG

1. Jänner 2017. „Kumm guat iwi!", das mir lang vor Mitternacht vom oberösterreichischen Bruder telephonisch gewünscht worden. ja, das bekäme einer gern gesagt, der in seinen letzten Zügen liegt, sofern er an ein Jenseits glaubt und in ‚iwi' das Adverb ‚hinüber' erkannt hat. ‚Einen guten Rutsch!', was an ein folgenloses Ausrutschen denken macht, aber Ähnliches bedeutet – im Mittelhochdeutschen ‚rutschen' gleich ‚reisen' ...

als es fürs neue Jahr zum ersten Mal zehn Uhr wird, bei herrlich trockener Kälte, Himmel wolkenlos, auf Umwegen hinter der Sonne her kahlenbergwärts loszuziehen, bald Anorak und Wolljacke weit aufzutun. Klosterneuburg von Nebelschwaden hinweggenommen. zu Mittag in Grinzing große Kälte – erstreckt sich bis zu meiner Haustür. eine Stunde später am Donaukanal zarte Nebelstreifen. auf dem Rückweg ist vom Heiligenstädter Hof bis zur Hälfte der Barawitzkagasse, also fast bis in die Oberdöblinger Höhe, zur Sonne wie zu einem Vollmond aufzuschauen – vom Auge nicht wahrzunehmen deren zarte Verschleierung. bei uns aber blendende Sonne. die Freude an so kleinräumigen Unterschieden (in der Nacht auch vom Saarplatz wie nie zuvor hochaufschießende Raketen abgefeuert worden, aus denen sich hoch oben vielerlei Leuchtfiguren ergießen)

2. Jänner. Ein Dezemberabend es gewesen, an dem du aus der U-Bahn zum AKH, zum Allgemeinen Krankenhaus, aufschaust, zu den bis hinan gleich nackt überhellen Fenstern, deren kahle Anzahl dir doch nicht ‚Jahres-Advent-Kalender' eingeben dürfte, ob du sie – wie lange ist das her? – von der Unfallstation abholen könntest. ja, da war es auch schon dunkel. nein, du müssest dir nicht ein Taxi nehmen, brauchtest erst in einer guten halben Stunde vor deren Ambulanz, Eingang ..., auf sie zu warten. für diesen Liebesdienst, das sagt sie dann auf der Fahrt zu ihrer Wohnung, seiest auch deshalb du ausersehen gewesen, weil einzig du am Telephon nichts erfragen wollest, so als solltest du sie bloß für einen Abendspaziergang von zuhause abholen. hast sie ja auch nur an der Hand genommen, zum Lift und zum Taxi geleitet, ohne über ihren Kopfverband mehr als: Nein so etwas! zu sagen. ob du auch heutzutage, falls ..., der einzig infrage Kommende wärest? dich das besser nicht zu fragen – oder wäre nicht, darüber Gewißheit zu erlangen, Ähnliches fraglos erforderlich?

Dreikönigstag. Dem in den jüngsten zwei Nächten übermächtigen Sturm ist eines nicht gelungen: den weißen, wie ein langer Schal um einen Ast einer unserer Saarplatzplatanen gewundenen Kunststoff-Fetzen zu entfernen, und auch an dem rosaroten, vor langem am benachbarten Ahornbaum hoch oben hängengeblieben, war vergeblich sein Gerüttel.

habe die von ‚Epiphanie' hergeleitete Dreikönigshexe Befana vor langem in Rom auf der Piazza Navona in drei Exemplaren dahinrasen sehen, weiß aber erst seit heute, daß von den Sternsingern unseren Türen mit Kreide eingeschriebenes C+M+B, von zweigeteilter Jahreszahl umschlossen, in der Lesart ‚Caspar und Melchior und Balthasar' Volksetymologie ist wie das Christogramm JHS in der Deutung als ‚Jesus, Heiland, Seligmacher': Christus mansionem benedicat! das Ö1-Religionsmagazin hat soeben das voriges Jahr versäumte Ritual der Griechisch-Orthodoxen am Dreikönigstag mit den Worten angekündigt, da werde zum Gedenken an Jesu Taufe die Wassertaufe am Donaukanal mit der Versenkung eines Kreuzes vorgenommen – also auf ins alte Griechenviertel, zur Kirche des Metropoliten, zum Fleischmarkt! zum Ende des gut zweistündigen Hochamts wird im Vorraum von Frauen der Pfarre aus einem Weihwasserbehälter das Gewünschte den Gläubigen mit Küchenschöpflöffeln in mitgebrachte Fläschchen und Rex-Gläser gegossen, auch zu wie ich nur Zuschauenden war einer der Geistlichen mit Weihwasserkessel und üppigem Weihwasserbemstl getreten für verschwenderische Segensgüsse, mein Anorak halbseitig naß wie nach einem Platzregen. dann formiert sich allmählich die Prozession inmitten eines Geschiebes – ihr über den Hafnersteig voranzueilen und am Treppelweg dort an ein Geländer gelehnt, wo die Geistlichkeit noch ein paar Stufen zu einem Schiffsanlegesteg hinuntersteigen wird, im eisigen Wind bei minus fünf Grad auf das Weitere zu warten – es kann doch nicht sein, daß zur Weihe des Wassers ein Kreuz im Donaukanal versenkt wird, als sollte der Bootsflüchtlinge gedacht werden, deren Leichen vor der Insel Lampedusa auf dem Meeresgrund liegen! endlich kommen Bischof, hohe Geistliche, Popen und Diakone, in Weihrauch gehüllt, heruntergestiegen, und es leuchten in der Sonne die ihnen vorangetragenen zarten Kreuze: nämlich die in der Mitte der kurzen Querbalken montierten golddurchwirkten Scheiben, wie Monstranzen anzusehen. das Wasser ist noch nicht gefroren, wird ihnen also Jesu Taufe und das doch mitzufeiernde Wunder von Kanaan, das der Verwandlung von Wasser in Wein, nicht verleiden, aber die Lufttemperatur wird Gebete und Gesänge nicht ‚ausufern' lassen! auf deutsch erfahren wir Gaffer, gemäß altem Brauch würde das zur Wasserweihe bestimmte Kreuz von nächst dem Meer ansässigen Kirchengemeinden weit hinausgeworfen und junge Männer sprängen ihm nach – der es als der Schnellste zurückbringt, werde so und so geehrt. hat Johannes der Täufer den Täufling Jesus aus dem Jordan gerettet wie ein ins Wasser gefallenes Kind? eine griechisch-orthodoxe Gemeinde des Burgenlandes habe mehrmals den vereisten Neusiedlersee aufhacken müssen ... ein Pope greift dann einem Höherrangigen unters Schultertuch in einen kleinen Rucksack und holt aus dem das zur Wassertaufe bestimmte kleine Kreuz heraus, ein blondes und von Schnitzereien verziertes, samt einem an dem noch eingerollt mehrfach verknoteten tiefblauen Band. zum Wasser, nicht durchs Wasser trägt es jener am Rücken und nicht auf den Schultern, und trotzdem an den heiligen Christophorus zu denken. der Metropolit ists sodann, der dem Kreuz kurze Leine gibt – offenbar damit es nicht unter das über den Winter dort stillgelegte Ausflugsschiff gerät. holt es mit einem Ruck wie einen Fisch, der angebissen hat, durch die Luft schwungvoll zurück, und tut das noch zweimal – seiner Dreifaltigkeitskirche oder doch den drei Weisen aus dem Morgenland zu Ehren? einige junge Laien küssen seinen Bischofsring, was der jetzige Papst kaum noch zuläßt – spricht den einer „Heiliger Vater" an, antwortet er: „Heiliger Sohn". mir schon sehr kalt, und so geh ich, während noch gebetet und gesungen wird. ‚religio', den Römern auch ‚abergläubische Bedenken' und ‚Gewissensskrupel' gewesen, aber wie für die Christen mit dem Verbum ‚religare' (zurückbinden) eng zusammengehörig – an die Katholische Kirche ich weder mit einem Drahtseil noch mit einem Faden gebunden, vielleicht mit einem tintenblau nicht himmelblauen Band! jedenfalls nie von ihr wie am Kletterseil gesichert worden, mangels Interesses, höher hinan geleitet zu werden – das jetzt eine aberratio ins Symbolische gewesen.

10. Jänner. Feingenetzt und vergißmeinnichtblau
zugebunden, lehnt das goldblonde Säckchen
an der Vase mit mir nicht hinwelkenden Kugelschreibern –
wird nicht nur zur Weihnachts- und Osterzeit
von meiner Nase gestreift. und versteift
hat sich längst die Scheu, Vergessenes von dir zu erfragen:
ob du dir damals mein Faible für Weihrauch
in einem ägyptischen oder marokkanischen Basar
hast aufsteigen lassen. aber daß überhaupt, das rührt wohl
davon her, daß du mitanzusehen bekommen hattest,
wie heilsam sein Rauch den mir entzündet tränenden Augen!
und so beschleicht mich auch Wehmut
vorm geöffneten Küchenkastel: ja, diesen kleinen Rechaud
hat sie mir noch früher zugedacht, mein Gasherd

zum Erhitzen von Weihrauchkörnern ja ungeeignet –
solche sollten kein zweites Mal auf ihre Herdplatte gestreut
werden, trotz ihres Verglühens bis auf ein Aschestäubchen.
wollte vorm Aufschnüren des wohlriechenden Säckchens
den billigen Weihrauch aufbrauchen –
und so habe ich nicht einen der edlen Harztropfen
durch vorzeitige Verwendung verschwendet.
als der vorrätige, zur Linderung auch von Husten
eingeatmet, erst nach zwei, drei Wintern dahin war,
warum habe ich mich da des deinen enthalten?
etwa in den Irrglauben geraten, seiner Reinheit sei es
   zugeteilt,
die wann endlich frischgeweißelten Zimmerwände
einer anheimelnden Rauchkuchel anzugleichen?
Aber jetzt, im Alter, von deinem Weihrauch an das
zu denken gemahnt zu werden, woran ich allzu oft denke,
bloß nicht an das Zeremoniell danach?
Ein Sakrileg wäre es längst nicht mehr in meinen
nur noch selten entzündet tränenden Augen,
das Säckchen voller immer noch heilig riechender
Edelklümpchen an deine oder meine Pfarrkirche weiter-
zuschenken, und sei es, um mich von da an jeden Sonntag,
vom geschwenkten Weihrauchfaß eingenebelt,
ins Mysterium der Liebe versenken zu lassen
und dich währenddessen auf dem Grund
meines Herzens atmen zu spüren!

12. Jänner. Mit Filzstift hat einer in unkindlicher Druckschrift auf eine grundierte Plakatwand den greisen Kinderscherz „Wer das liest, ist blöd!" geschrieben, und dir ists im Weitergehen nicht zu blöd, mit diesem stolzen Sophisten zu argumentieren: Was man liest, das ist man. Sage mir, was du liest, und ich sage dir, wer oder was du bist, denn gleich und gleich gesellt sich gern, oder etwa nicht? Wer deine Ferndiagnose mühselig buchstabiert, die nur einsilbigen Wörter sich halblaut vorliest, das ist beispielsweise ein aufgewecktes, noch längere Zeit nicht schulpflichtiges Kind; ist daher schwerlich blöd. oder steht vor dieser Inschrift ratlos ein alter Grieche? es könnte aber auch ein aus einem chinesischen Dorf über Nacht nach Wien Verpflanzter oder ein aus einem der Länder, in denen die kyrillische Schrift zuhause ist, frisch Zugereister mit der lateinischen Schrift erst erste Bekanntschaft machen und daher nicht verstehen, was er da an der Wand Erblicktem stockend abliest. und ähnlich könnte sich ein fast Erblindeter mit deinem Satz abplagen, letztlich stolz, daß er ihn noch zustande bringt. ein jeder mit unserer Schrift Vertraute liest deine Botschaft jedoch nicht, hat die in ihrer Kürze auf einen Blick vor sich. und so erklärt sich in vielen Beispielen mehr, wer blöd ist und wer nicht! und dir aus den scheinbar zähflüssigen Wellen des Donaukanals (scheinen sich im Vereisen weiterzuschieben) Besseres aufsteigen zu lassen: Alle in Kreta Geborenen lügen! sagt ein gebürtiger Kreter. oder auf der einen Seite eines Zettels steht geschrieben: Was auf der Hinterseite steht, ist falsch! (und auf der steht geschrieben: Das ist richtig! oder: Richtig ist *das*!) ja, die Lust des Denkens, sich an unlösbar Erdachtes zu verschwenden!

13. Jänner. Was sonst als eine kindlicher Vorstellungskraft allzu bildlich eingeprägte Einbildung das geblieben: hätte zu sehen bekommen, wie Fischer auf der erstarrten Ybbs oder Eisstockschießer auf dem starren Jetzinger-Teich aus dem tief hinab vereisten Wasser große Eisziegel heraussägen dort, wo sie eingeeiste Flußfische oder Teichkarpfen unter ihren Füßen hatten, um sodann die so glasklaren Eisblöcke, daß wie durch das Aquarium des Delikatessengeschäfts auf nun aber unbewegte Fische zu schauen war, in Kübeln heimzutragen. vielleicht aber ein Kinderbuch gezeigt bekommen, in welchem Eskimokinder auf diese Art Fische fangen und in einen übers Feuer gehängten leeren Kessel ihre klirrende

Beute schütten. das mir vor einer Farbphotographie im gestrigen HEUTE-Blattl zurückgekommen, Bildlegende: „Fox on the rocks" (wer auch immer der sei) „aus der Donau gesägt". den dann folgenden Zeilen war zu entnehmen, ein Jäger, Franz Stehle heißt er, habe das laut ‚Schwäbischer Zeitung' zwei Tage davor auf dem dünnen Eis der Donau eingebrochene und ertrunkene Unglückstier tiefgefroren entdeckt und vorsichtig aus dem Eis gesägt. ‚vorsichtig' versteht sich auf einen Blick so: nicht dessen von ihn umschließendem Eis aufrecht gehaltener Kadaver stehe vor uns, sondern der fuchsschlau am Leben Gebliebene, in Seitenansicht photographiert. mit noch fest angefrorenen Füßen, ansonsten hielte er ja nicht still, stehe er zwar nicht auf dem Grund der Donau, aber im nahe dem Ufer so seichten Wasser, daß ihm das Eis knapp über den Bauch reicht. die weiße Querlinie, die bis zu seiner wie eingenebelt nicht gut wahrnehmbaren Schnauze reicht, sei wohl der obere Rand des Eises – der Körper darüber an der Sonne, an der Luft. und diesen Eindruck scheint auch eine Brechung des Lichts zu beweisen: die Hinterbeine, deren Schenkel und auch die Hälfte des Hinterteils nehmen sich vom übrigen Körper weggeschoben aus, was aber bald als eine nicht-optische Täuschung zu erkennen ist: der Fuchs steht korrekt auf vier Beinen. es ist dort bloß, scheinbar die beiden Körperhälften voneinander isolierend, der Rest des Eises, das ihn wie eine Schale umhüllt hatte, im Wegkippen. ja, und wo steht er? im Hintergrund felsiges Gelände, und wären denn Donauschotter unter Eis oder Wasser von Schnee bedeckt? also ist der Fuchs, als Ganzes halb freigesägt, ans Ufer gehoben worden – die Schnauze wohl immer frei gewesen, sonst wär er ja ertrunken. hat er vor der noch das Eis, das bis an sie hinangereicht hat? das sei nur sein Atemhauch in der Kälte, von der Angst aufgebläht! (in Wahrheit hat der Jäger aber doch nur den aufrecht Vereisten aus der Donau gehoben, die Ohren des Kadavers wie im Lauschen aufgerichtet geblieben. und seltsamerweise sei das doch wie in einer Kühltruhe tiefgekühlte Hinterteil schon im Verwesen gewesen)

14. Jänner. Wird ein Vater in einem der Wiener Parks vor einem der mit Reisig bedeckten Beete von seiner kleinen Tochter nach dem Warum gefragt, so antwortet er vielleicht, wenn er Bescheid weiß, „Unter dieser Decke schlafen Tulpenzwiebeln, bis es Frühling wird" oder so ähnlich. also mir gefiele besser, wenn von den kleinen Tafeln, vor solchen Beeten in die Erde gesteckt, „Nicht betreten – Tulpenzwiebeln in der Erde!" zu lesen wäre, und nicht: „Vorsicht – da schlafen Tulpen!" aber vielleicht sind andere Erwachsene von der ‚poetischen' Ausdrucksweise eines der Herren des Stadtgartenamtes so angetan, daß sie sich einen Moment lang als Kinder empfinden. aber die Gemeinde Wien hat ja Werbespezialisten für diese Belange engagiert – siehe die Aufschrift ‚Kehrforce' auf den Lastern der Müllabfuhr; ‚Cleaning-team'. ‚Wir reinigen für Sie' ist den Anoraks der verdienstvollen Gemeindebediensteten abzulesen – ‚Reinigungsdienst' würde genügen, jede Stadtverwaltung zu dergleichen verpflichtet; und daß für die Allgemeinheit, nicht für den lieben Gott, das hat sich seit der Entstehung von Zivilisationen herumgesprochen. siehe auch die Verkehrsbetriebe: „Wir sind auch zu den Weihnachtsfeiertagen für Sie da!" (ja, so umsichtig unser Wien – wenn ich da an Paris oder New York denke ...). oder neckischverschmitzt derzeit die Aufschrift in allen U-Bahn-Stationen: „Befahren der Baustelle erwünscht" (man soll also mit der U-Bahn fahren, auch wenn so manche Station durchfahren wird, da in ‚ReNEUvierung'!)

19. Jänner, noch Nachtdunkel vorm Fenster. ein elegantes junges Paar war aus einem Hotel zu seinem Auto getreten. „Würden Sie mich bitte nach Wien mitnehmen, mein letzter Zug schon dahin und bin seit Jugendjahren nicht mehr per Autostop gereist!" / „Ja, gerne, steigen Sie ein!", und schon sitzen wir zu dritt gemütlich im Speisewagen. „Aber Sie erlauben, daß ich Sie zur Revanche auf einen Imbiß einlade, auch weil Sie die Liebenswürdigkeit haben, mich vor meiner Haustür abzusetzen." / „Aber Döbling liegt ja fast auf unserer Route, der kleine Schlenker nicht der Rede wert!", und ich winke den Kellner herbei.

Zwischen überschäumenden Felsen ohne eingeschlagenen Schädel hinabgetaucht, bekäme man auf dem Grund der reißenden Enns wie fortwährendes Donnergrollen die mitgerissen rollenden Steine zu hören, von Gewittern aus ihren Felsenhöhen und Felsenhöhlen zu Tal geschleudert, von anhaltenden Regenwasserfällen in die Enns geschwemmt und sodann vor Verwirrung, zu Geröll geworden ohne Rast und Ruh herumgedreht zu werden, vor allem damit beschäftigt, einander zur Seite zu rempeln, aufeinander einzudreschen, einander Blutergüsse zuzufügen und tunlichst die Schädel einzuschlagen, bis endlich, glattgeschliffen die Wunden und Schrunden, in der gemächlich fließenden Donau einträchtig vorwärts gestrebt wird ohne Drängelei, und sollten die von den Faustkämpfen Geschwächten vom Geschiebe rundum weitergeschoben werden, dem Schwarzen Meer entgegen. und in dasselbe anders als Fische zu schnellen, das pflege sie, seit es Gebirge gibt, dafür zu entschädigen, daß sie denen nicht mehr angehören – schlagen sich ja Berg-Erinnerungen aus dem Kopf, indem sie im Sprung ins Schwarze Wasser sich aneinander nachhaltig die Schädelknochen zertrümmern, mit Beulen zu Meeresgrund gerettet, zu Grunde gehen, bald zum Sand geworden der in ihnen weitgereisten Ennstaler Alpen und darüber glücklich geworden! (aus knapper geträumter Stifterlektüre so aufgewacht: Wer wagt es, über zu Recht ‚Schweigen' Geschimpftes zu schwätzen?)

27. Jänner. Ob der Krieg sich träumt, also ob Kriege zu träumen vermögen, das hat sich ein Militärtheoretiker wie von Clausewitz gewiß nicht gefragt, aber wer als ein Kind den

Krieg nur als Sirenengeheul, als ein hoch über ihm dem Mutterbauch entgleitendes Bomben-Ei und als Bombeneinschläge, kaum hörbare, kennengelernt hat, in dessen Halbschlaf mag sich der Krieg mehrmals als ein Grübler verirrt haben: träumt, seiner Sinnhaftigkeit sich plötzlich nicht mehr sicher, der aus der Friedenshaft ausgebrochene Krieg, sich selbst zu bekriegen, bis er, von sich selbst besiegt – siehe Fürst Bismarcks „Sich selbst besiegen, ist der höchste Sieg" – und kriegsmüde friedfertig gestimmt, von antiken Feldherren umsessen, still entschläft?

und mit welchen Worten nur ist uns Katholischen in meiner Jugend von den Evangelischen gern „untergerieben" worden, daß in katholischen Ländern der Karfreitag kein Feiertag ist, obwohl sie selbst für den Besuch ihres Karfreitags-Gottesdienstes ohnehin freibekamen? daß es ohne Karfreitag kein Osterfest gäbe? also ungeboren hätt er sich weder kreuzigen lassen noch auferstehen können. und gekreuzigt haben sie viele, ohne daß die danach auferstanden wären. ohne Auferstehung hätt er sich hundert Mal kreuzigen lassen können, ohne daß wir deshalb seines Kreuzestodes gedächten. und so hätte mir das zu antworten einfallen müssen: seine Auferstehung ist es, und nicht notwendigerweise ist der Kreuzestod deren Voraussetzung gewesen – er hätt ja auch als ein still Entschlafener auferstehen können!

28./29. Jänner. Als ein (von seinem Genius?) aufgeweckter Dichter hätt ein anderer dir Vorbehaltenes schon notiert?
Ein Rüpel, wiewohl Krüppel, weil vergeblich
Gerüffelt, niedergeknüppelt, zieht mit seiner Krücken
Dem fluchend flüchtenden Wirten eins über den Granit-
Oder Mostschädel – blitzschnell wendend
Wie Forellenfische, gibt er dem eine weithin schallende,
Aber da schnappt sich der einen Kübel
Voller Schollen oder doch Kutteln, zerrt ihn
Am lockigen Schippel zu sich und stülpt ihm

Den drüber: ist schon, sich schüttelnd und rülpsend,
Gebückt und geschockt am Davonhumpeln!
29. Jänner. „Unverständlich, sich als eine selbstbewußte Frau von snobistischen Freunden überreden zu lassen, sie zum Geburtstag in ein Bierzelt einzuladen – na, was sag ich: da hocken sie an weißgedeckten Biertischen vor edlen Gläsern, Porzellan und Silber unter Kristallustern, ist das nicht grotesk? bin jetzt erst richtig froh, nicht miteingeladen zu sein. kennt schließlich meine Aversion gegen diese Leuteln und möchte unter denen gewiß nicht mit mir ins Gerede kommen. aber großartig, nicht wahr, daß sie selbst ihrem Fest fernbleibt!" / „Ich hätte gedacht, du gehst jetzt Hand in Hand mit mir durchs Zirkuszelt bis nach vorn, und dort eröffnen wir das Buffet?" / „Verzeih. vor Enttäuschung ist mir entgangen, daß du auf meiner, ich meine: an meiner Seite bist. hab dich ja noch nie in einem Abendkleid – " / „in einem Abenddirndl, meinst du. also komm schon – die warten auf uns!" (der Morgen ein noch schöneres Aufwachen gewesen)
1. Februar. Zu wessen Begräbnis wecken mich um sechs Uhr in der Früh die Glocken der Karmeliterkirche? zu wessen Requiem? nein, es ist ja schon sieben, und es läutet nur zum zweiten Mal der Elektriker an meiner Haustür, der doch erst morgen früh kommen sollte. aber fast schon angekleidet mich noch einmal zu fragen, wessen Begräbnis, wessen Requiem ich diesmal nicht versäumen dürfe – Ende Dezember der „Verabschiedung" in Salzburg ferngeblieben, würde doch in ihrer holländischen Heimatstadt beigesetzt werden. nein, der übercifrige Elektriker kann mich auch nicht zu kondolieren gemahnt haben – Kondolenzbrief, zwar reichlich spät, vor Tagen abgeschickt!

*

Heult der Sturmwind
Schwindsucht ins mir aufgerissne Maul,
lach ich keuchend des Gehustes, spuck ich

lachend Blut und munter, auch nicht faul.
Stürzen an die Brust mir niederkrachend Linden,
krächzen lachend die zerbrochen Rippen.
Treffen Hagelschlossen, kindskopfgroße, meine Stirn,
lacht die blutend und hellmunter meiner Wanderbeulen,
eh die Hunde Tränen heulen.
Fall ich unter räuberisch Gesindel, singen zischelnd
es hinweg die mir eingeschlagen Zähnt.
Steckt mich eine Aufgesuchte an, spül ich
mit Gesellenliedern Todesangst hinunter.
Fliegt ans Auge mir der weiße Aar, schrei ich
schneeblind munter auf: Leiermann, du linder Tor,
hat dirs Augenlicht gebrochen.
Schwappt durchs Maul mir Schwindsucht in die Lungen –
ach dies Wanderlied ist schon gesungen.
Reißt der Sturm mir das Gesicht vom Kopfe,
schlüpf ich, munter sinkend, in der Mutter Erd hinunter –
deckt mit Kinderliedern den Wandermüden zu.

2. Februar. Von der Brücke Weiskirchnerstraße dem Wienfluß entgegen-, ihm aber auch nachzuschauen – noch vor wenigen Tagen war er von seinen bis an die ihn begrenzenden Mauern schon vereisten äußeren Rändern fürs Auge im Fließen eingeschränkt, sein zur Mitte hin erst vereisendes Wasser von Stockenten als noch nicht trittfest sogleich gemieden. das Wassereis dort noch so glasig dünn, daß es vom geruhsamen Fließen darunter angehoben zu werden und auf einer Schicht aus aufsteigenden Luftblasen zu schweben schien. heute, es hat ja reichlich geschneit, das Flußbett ein recht anderes Bild: der Wasserlauf nun ein schmaler schwarzer Mittelstreifen, der sich wie ein asphaltierter Weg scheinbar nicht rührt – wird links und rechts von einer breiten Schneedecke gesäumt, die ihn an Höhe deutlich überragt. sieht man in Fließrichtung drüberhin, hat man eine unendlich lange Fahne vor sich liegen: breites Weiß – schmales

Schwarz – breites Weiß, das ihr Längsstreif. dann vom anderen Brückengeländer wienflußaufwärts zu schauen: vom Sonnenuntergangslicht aufgehellt, nimmt sich das Flußbett breiter aus, nichts an Schnee und Wasser, dafür viel hellgrün Muscheliges: von Lichtstrahlen vielfach gebrochen, scheint erdiges Braun hineingemischt zu sein. da hat sich im Wachsen Wasserglas in dünnen Schichten ungleichmäßig übereinandergeschoben und gehörte wie für Eisläufer für die dahinrutschenden Enten glattgehobelt. sich abschwächendes Licht, und die Eisschichten werden schmierig, gleichen der Oberfläche einer von stockendem Fett bedeckten Suppe.
3. Februar. Meine Mutter, in den besten Jahren ihr Blond, wie ist sie zu mir gelangt? möchte sie samt mitgebrachtem Hund bei mir übernachten, obwohl der einer Raubkatze ähnelt? dafür spräche, daß meine Schlafdecke mit einem Mal in einem ihrer Tuchentüberzüge steckt. „Laß ihn nur aufs Bett, er tut ja nichts!" – der aber reißt mit seinen Krallen die Stoffblumen der Reihe nach auf, und nicht meine Schafwolldecke, sondern Federn fetzt er heraus. das nicht länger mitanzusehen, sie sitzt ruhig am Rand des Bettes, mich ins Vorzimmer zu entfernen, und dort vor ihrem an der Kastenwand hängenden Nachthemd zu stehen. es rasch herumzudrehen, und, wie gedacht, an ihm, wie einstmals auf ihrem Leintuch, Blut vorzufinden – ja geht sie denn in ihrem Alter noch mit dem Mond? das sind aber nicht dunkel eingetrocknete Blutflecken, das sind helle Blutspuren, so länglich wie die Risse, die ich ihren Hund, nebenan übers Bett gebeugt, vermehren höre – hat er noch nicht all die hellroten Blüten durchgerissen?
5. Februar. Es taut seit vorgestern Nacht, also nachschauen gegangen, ob es einen neuen ‚Wienblick' gibt. das Flußbett nun eine Schneelandschaft, eine zugeschneite Ebene ohne jede Vegetation, aber eine mit einer Menge kleiner Seen, trotz trübem Himmel hellgrün – wieso nicht längst zugeeist? vulkanisch der Boden, heiße Quellen?

Plakatwand. Ja, wie dieser Pop-Sänger wollt ich gern heißen, ‚Kalkbrenner' nämlich, hieße aber auch gern ‚Pechbrenner', ‚Fähr-' oder ‚Fuhrmann', ‚Wegmacher' oder moderner ‚Bahnwärter' ... und die TRAUMNÄGEL darunter – wen oder was nagelt da kein Traum an eine Wand? nicht einem Schuster fällt noch im Traum ein, was ‚Nagelschuhe' geheißen hat, und daher ist ‚Traumnägel' der Name kosmetisch verschönerter Fingernägel! ja, des öfteren sollten spitzfindige Spekulationen seitens den Künstlern mißtrauender Kunstsachverständiger von pragmatischen Lüftchen weggeblasen werden (siehe im Jiddischen die Redewendung ‚von sach blasen' = eine Zumutung mit kurz ausgestoßener Atemluft zurückweisen): da wird also von der Forschung seit Generationen angezweifelt, daß Meindert Hobbema die ‚Allee von Middelharnis' erst 1689 gemalt hat, wie seine Signatur behauptet. daß er die Kunstbarone nicht angelogen hat, das bezeugt endlich seine Allee, erst 1664 gepflanzt worden, und auch der im Hintergrund aufragende Leuchtturm, erst 1682 errichtet worden.

von jeher vorm Weggehen nachzuschauen gewohnt, ob ohnehin Badezimmer-Elektrostrahler abgeschaltet und in der Küche Gasflamme unterm Kochtopf nicht brennen lassen, trau ich mir im Zustand der Altersverblödung eines zu: so manche Nacht zu überprüfen, ob der vor Jahren in eine Küchenlade verbannte Tauchsieder ohnehin nicht eingeschaltet geblieben ist und sogleich einen Großbrand entfesselt!

*

Eine Träne kam mit mir aus der Stadt geflohen –
Krähe, wunderliches Tier, hast dich wohl in sie verflogen.
Am Brunnen des Toren jedoch, da träumt ein Lindenbaum,
manch verjährtes liebes Wort sich herauszuschneiden,
auf daß es ihn zöge fort und dem wunderlich Leiernden
dein Bild es risse aus dem Kopf.
Die abgestorben Linden mir stäubten ins Angesicht,

die Augen davon mir tränten im Hinken hinter dir her –
doch du? doch du, ach,
wendetest dich nicht und nicht! (7. Februar)
  *
„Bin vom Stamme jener Asra,
welche sterben, wenn sie lieben"
Einer der als ein orientalisches Eselsgeschlecht
Identifizierten bin ich, indem ich sterbe, wenn, wann, sooft
oder auch falls ich liebe.
stamme ab von jenen, welche (anders als bei Heine)
einzig im Lieben, beim Liebesakt sterben,
egal ob sie lieben oder auch nicht.
Ja, vom Stamme jener ich,
die erst lieben, wenn sie sterben; welche lieber sterben,
als zu lieben; welche im Sterben zu lieben beginnen
und erst gestorben wahrhaft lieben.
Stamme ab von jenen Asra, welche liebend vielmals sterben;
welche, nicht zurückgeliebt, lieber sterben als zu leben.
Ein Sproß der Asra ich, da der Sterblichkeit
selbst meiner Liebe mit einem Liebestod zuvorgekommen,
um im Glauben an unsterbliche Liebe ewig fortzuleben.
Bin vom Stamme jener Asra,
welche liebend von den Toten auferstehen;
welche, lieber geliebt als begraben,
in der ihr Sterben überdauernden Liebe der Geliebten
bis in deren Erlöschen zu leben wähnen. (8. Februar)
9. März. Unsere Wohnnähe ergibt gleiche Spazierwege. aber
daß ich ihn deshalb auch nur ein Mal zu Gesicht bekommen
hätte? sehe, zwar nur selten, einen der Dachse, ob sie nun im
Wertheimsteinpark oder im hügeligen, mit Bäumen und
Sträuchern ausgestatteten Gelände nächst Veronikas Nußwaldgasse logieren, zur milderen Jahreszeit ab der Dämmerung (und daher im Licht der Straßenbeleuchtung gut zu be-
trachten) die Döblinger Hauptstraße nicht sonderlich eilig

queren, vermutlich auf Brautschau aus. dürften aber kaum wie in Wäldern da oder dort einen Gemeinschaftsbau mit Füchsen teilen – Veronikas Füchsel jedoch zeigt sich mir nie. tritt hingegen sie zu später Stunde vorm Schlafengehen aus dem Haus für eine Runde mit ihrem Hunde, kann es sein, daß ihr Blick auf es trifft, im Begriff, nächst dem Ende ihres Gartens die Ruthgasse zu betreten. und sie macht sich keine Sorgen, daß das bei nachts bloß verringertem Autoverkehr gut geht: hält ja am Straßenrand inne und schaut, wie wohl nur Blindenhunde, in der richtigen Abfolge nach links und rechts. dieser Fuchs ist für mich ihr Füchsel, seit ich weiß, daß er nachts gern in ihrem Garten zukehrt, obwohl es von Eiben und Ziersträuchern nichts an Beeren oder gar reifen Trauben zu ernten gibt. daß er bei ihr zu Besuch ist, das verrät ihr, davon aus dem Schlaf geholt, ein aufgebrachtes, auf den Fuchs spezialisiertes Gekläffe des Hausgenossen. tritt sie dann an jenes Fenster ihres ebenerdigen Schlafzimmers, von dem hochaufgerichtet ihr Jankohund hinauskeift, möchte ihn ja zur Schonung der nachbarschaftlichen Nachtruhe beruhigen, so sitzt ihr Füchsel in kleinem Abstand mit über die Vorderpfoten gelegter Rute ganz ruhig vor ihr in der Wiese: das Gekläff stört ihn nicht, und schaut zu ihrem Fenster auf – etwa von dem Wunsch beseelt, weiterhin reglosen Verharrens sie als seine Mondgöttin hinter der Glaswolke zu erschauen? oder sind das Bettelblicke, in der Zuversicht ihr zugesandt, eines Nachts werde sie in einem Nachtkleid zu ihm hinaustreten, ihm in der hohlen Hand ein paar Rosinen oder Himbeeren zureichen oder noch besser: ihn für solche Bewirtung ins Haus holen? sein andächtiges Aufschauen für viele Minuten sein ganzes Glück, weshalb seiner Versunkenheit in Anbetung die Wut des Wolfmischlings nichts anhaben kann? entfernt er sich, kaum daß sie sich in ihren Schlaf zurückbegibt, ihr Genosse des Fluchens müde geworden? unlängst war er ein letztes Mal, was sie nicht wissen konnte, bei ihr zugekehrt, zirka um drei Uhr früh; daß nun nie mehr, das bekümmert sie. denn zu Mittag dieses Tages sagt ihr der Straßenkehrer, sie solle auf die Trasse der Schnellbahn hinunterschauen, da liege neben den Geleisen ein toter Fuchs (hat sich gewiß nicht aus unglücklicher Liebe zu einer Menschin vor einen der Züge geworfen, vielleicht oft da unten strawanzen gewesen; diesmal vermutlich von einem besonders eiligen Güterzug von den Schienen gestoßen worden!) aber zwei Tage später, in der dritten Nacht, wo ihr Hund nichts mehr von Fuchs zu wittern bekäme, wird sie von dem einzig dem Fuchs vorbehalten gewesenen Gekläff aus dem Schlaf gerissen, als gölte das dem als Gespenst Wiedergekehrten – und es ist ja wohl er und nicht ein anderer, der in der ihr vertrauten Weise zu ihrem Fenster aufschaut. oder hätten denn bisher mehrere Füchse einem Gentlemen's Agreement gemäß ihr immer nur einzeln mit ihr zu den eigenen Füßen gelegter Rute ein Spätnacht-Ständchen dargebracht?

10. März. Wegen ihres ‚Ehrenschutzes über …' bisher Schirmherrin genannte Damen heißen nun Schirmfrauen, als dürfte man ihnen Regenschirme zur Reparatur bringen; mit ihnen wird auch die höchste Schirmherrin, die Gottesmutter Maria, den Häuslfrauen in die Nähe gerückt, wogegen letztere gewiß nichts einzuwenden hätten. hätt ich eine Herrin, so wär die nun meine Frau (und so auch anzureden).

unlängst einen ‚Aktionstag' der Wiener Cafétiers versäumt: wer in einem der Cafés auf das ihm aufs Tischchen gelegte Blatt ein eigenes, zirka … Zeilen umfassendes Gedicht schreibt und mit dessen eventueller Nutzung zu Werbezwecken einverstanden ist bei wunschgemäß gewahrter Anonymität, dem werde von ihm bestellter Kaffee gratis serviert, egal ob kleiner Mokka oder Einspänner mit Schlagobers. ja, was hätt ich da gedichtet unter meinem Namen?

Der du von dem Himmel bist –
warum gabst du uns die tiefen Blicke?

Fülle wieder Busch und Thal
und warte nur, balde ruhest du auch
in Lillis Menagerie, hurtig und frisch
wie ein Fisch, der alles Leid
und Schmerzen stillet!

wie gibt es das, daß einen Verfassungsrechtler, in einer Radio-Livesendung zu Gast, die Frage eines Anrufers, was die drei sogleich genannten Fachausdrücke unterscheide, in schwätzendes Schwimmen bringt? legal – legitim – legistisch. schon im ersten Lateinjahr – lex, legis – versteht man ‚legales Handeln' in Übereinstimmung mit dem jeweiligen Gesetz, und daher ‚illegales' im Widerspruch zu gesetzlich Erlaubtem. legitim? ein Streben, ein Tun, auf die Durchsetzung von etwas bedacht, dem kein Gesetz entgegensteht; ein berechtigter Anspruch. legistisch? doch wohl rechtsphilosophische, vor allem bestehende Gesetze betreffende Überlegungen und Maßnahmen, die deren Stützung oder Untermauerung dienen. oder etwa nicht? (‚Legitimisten' wurden in der Ersten Republik diejenigen genannt, die an ihrem Glauben an die Monarchie, an den verbannten Kaiser Karl, festgehalten haben)

By Jove
Warum, vom Himmel Seiender, die trügend tiefen
Blicke uns du gabst, als uns von dir bestimmte Gaben
uns ach Verwehrtes anzuschauen?
wie dich doch verachten, denen trügischen Vorgenuß
des ihnen neidisch vorenthalten höchsten Augenblicks
selbst du, von Wolkendunst verhüllt, nicht nehmen kannst –
versetzen sich, deiner nicht achtend, ins Feuer
gestohlener Liebe wie einstmals ich mich! (das hätt ich am ‚Kaffeesieder-Tag der Gedichte' auf mir in einem Wiener Café vorgelegtes Blatt schreiben und als Johann Wolfgang signieren sollen! 11. März)

12. März. Imperialistische Gesinnung und kolonisatorische Hemmungslosigkeit habe sich in der Beherrschung von immer mehr Fremdsprachen ausgedrückt. die Sprache des Feindes habe man verhöhnt (Ja, was, bitte, ich, kann die jeweilige Sprache für Angriffskriege dafür?) – Zeiten weltweiten Friedens werde es nur durch die Restauration der Matriarchate geben, durch eine freiwillige Beschränkung aller Völker auf ihre Muttersprache! (was wäre im Halbschlaf einem so politisch argumentierenden Traum zu erwidern gewesen? daß unsere Kaiserin Maria Theresia doch auch französisch gesprochen hat, wenn auch nicht so flüssig wie Friedrich II. von Preußen?)

Gnädige Frau, selbstverständlich kenne ich Sie wie Sie mich! wer jemals von einem Blick Ihrer graublauen Augen beispielsweise ins Herz getroffen worden ist, dem ergeht es wie jetzt mir – weiß im Moment bloß nicht, wann und wo mit Ihnen zusammengetroffen! (am Morgen heißt gemäß einer Haustafel dort ordinierende Ärztin Dr. Vergeßlich – in bezug auf uns beide sollte dieser Name auf mich zutreffend sein, auf daß alles mit dir Gewesene ins Vergessen geschwemmt wäre!)

Nebeneinander gehen wir her, bis wir am Ende eines weitläufigen Gartens vor dem lebensgroßen Mosaik eines Liebespaares angelangt sind. das soll mir also etwas über uns beide besagen, wofür dir kränkende Worte nicht fehlen. ich hätte endlich einzusehen, daß du den üblichen Weg der Liebe mit mir niemals beschreiten würdest, dafür den einzig uns zweien vorbehaltenen: wie aus Mosaiksteinchen habe sich unser Uns-Lieben zusammenzusetzen, gleiche Seelenschwingungen dürften sich auch in Körperberührungen ausdrücken, sofern die so streng isoliert erfolgen, daß sie nie unser Ganzes erfassen und somit uns nicht in Besitz nehmen – eine jede Berührung gegen jede andere abgegrenzt wie die Steinchen, aus denen die beiden da zusammengesetzt sind in ihrer Liebe ohne Anfang und Ende.

Schau, sagst du und zeigst auf ein Schirmbild unser beider, wir auf dem aneinandergerückt worden. dir sei es nie gelungen, mich als Ganzes zu umschließen, und daher auch mir nicht, da ja nie in dich gedrungen, in dir aufzugehen! aber gleich wirst du merken oder ich, auf welche Art wir uns auf diesem Röntgen-Abbild bewegen! das sind wir schon, das sagt mir Stärkeres, als es Erinnerungen sind; sind bloß ohne Erkennungszeichen geblieben, weil wir so wie jetzt noch niemals beieinander waren! (eine unfaßbar bald sieben Jahre umfassende Ewigkeit nicht mehr dein Dichter zu sein! mein Brennen, mein Durchpulstwerden von jedem Gedanken an dich, hat sich zu einem matten Lebensgefühl umziehen lassen, bloß nicht im Schlaf. aber heute bei Tag, wieder einmal, ein Rückfall in die im Tiefschlaf oder doch nur im Wachkoma gehaltenen Gefühle: im Radio Massenets ‚Werther', und mich im Herzen kurz zu verkrümmen. in diesem meinem letzten Ich mich erst wieder zurechtzufinden, sobald dir – auf meinen altbewährten Instinkt, ob du zuhaus oder nicht, ist Verlaß – via Anrufbeantworter gesagt ist, aus unerfindlichen Gründen das Bedürfnis gehabt zu haben, dir einen Gruß zu schicken!)

Am Fenster sitz ich, es ist Mitte März und jetzt genau neun Uhr früh, was mir halben Hinhorchens das Zeitzeichen des leise eingeschaltet belassenen Radios kundtut, ein gedämpfter Gong, und welches Jahr wir haben, das ist nur für das von Belang, was mir an Substraktionsversuchen, mir mißlingenden, durch den Kopf irrt, im Hinunterschauen auf den Saarplatz, im Hinüberschauen auf den noch kahlen Ahornbaum, nämlich auf einen wie ein Ritter Behelmten in rot-grün gestreifter Uniform, der, von einem in größtmögliche Länge gestreckten Kranarm hinangehoben, in einer Kanzel steht und mit rasch angerissen funktionstüchtiger Elektrosäge, aber auch mit Sankt Georgs mehrzackigem Spieß einer ahornblutsaugenden Mistelkugel nach der andern den Garaus macht und sie der Reihe nach in die Tiefe stößt; rauschend wie keiner der gefallenen Engel nach St. Michaels Schwerthieb stürzen sie hinab und schlagen dumpf auf dem Boden auf – acht solcher Schmarotzer hat der ritterliche Retter des eben noch von ihnen malträtierten Ahornbaums schon zerschmettert und läßt sich nun, wobei er dematerialisierten Körpers durch vielerlei Geäst zu schweben scheint, zu seiner letzten Beute noch höher hinan manövrieren, gibt währenddessen seinen tief unter ihm mitzersplittertes dürres Geäst auflesenden Knappen knappe Zeichen, die zu besagen scheinen, sie sollten das nun zu einem Scheiterhaufen aufschichten und auf dem die zu Fall gebrachten als ein Hexengezücht verbrennen, obwohl seine Zeichengebungen nur dem Kranführer von höherer Charge gelten, also wohin genau ihn der steuern soll, da er ja nicht auf einem Streitroß sitzt. im Zuschauen, wie er den Ahornbaum von seinen letzten Parasiten befreit, im Zuschauen mit einer Freude, als würden die Äste, eine schwere Last an Geschwülsten losgeworden, sogleich erleichtert in die Höhe schnellen, um mir eine Illusion zu gönnen: der werktätige Ritter und seine Gefolgschaft aus der Magistratsabteilung, der die städtischen Gärten untertan sind, würden mir zuliebe deine Heimkehr in das Haus vorbereiten, aus dem du (2017 minus 2008 ist wieviel?, welcher Substraktion sich noch immer mein Fassungsvermögen verweigert) weggezogen bist, indem sie dafür sorgen, daß du als eine Heimkehrerin im Hinausschauen aus den dein gewesenen, nun wieder deinen Fenstern den Ahornbaum so vorfindest, wie du ihn für einen Abschiedsblick vor dir gehabt hast – frisch Weggehacktes ja erst in der Zeit ohne dich an ihm festgewachsen (du aber als in mir fixierte Idee mein Fixstern geblieben!)

16. März. Wie ins Haus gelangt – Haustor offengestanden? wie ohne Wohnungsschlüssel eingedrungen, wo einstmals oft zu Gast gewesen, und wie kann sie jetzt die Tür von außen aufsperren und ich mir nichts Besseres wissen, als mich da im Kabinett zu verstecken, wo ich zwar oft genächtigt habe?

ja und wie kann sie da vor mir in einer schwarzen Kombineige im Bett liegen, wenn sie doch – bin ich als meine Erinnerung an alte Zeiten zugekehrt, obwohl alles längst anders ist, auch ihre Wohnungsschlüssel nicht mehr auf- und zusperren würden, und bin daher auch ich nicht mehr? rührt sie sich vor mir in diesem Bett, oder hantiert jemand anderer an der Tür und wird der sogleich hinter mir stehen und mich fragen, was ich hier zu suchen habe? vielleicht aber bin ich an mir fremd gewordenem Ort in eine Prüfung über die Quantenmechanik geraten und müßte nun Bescheid wissen, ob ein Korpuskel, ein winziger Körper, zugleich auch Welle sein kann, zur gleichen, zur selben Zeit also sowohl da als auch dort nachweisbar, ja darlegen können, daß Materie nach unseren Begriffen absurderweise tot und lebendig sein kann? ja, hier liegt sie vor mir schwarz gekleidet und regt sich, obwohl sie doch weit weg von hier seit Jahren von Erde zugedeckt ist. und so tot wie auch nicht tot ich wie sie, beiderlei ich nur eine Verwunderung lang? Soll ich dich besser zudecken?, zu dieser Frage kommt es nicht mehr, hab mich schon hinter einem Lichtstrahl her davongemacht, offenbar durch die Türen hindurch ins Freie gelangt. nichts hat sie mir nachgerufen, schneller als ich auf und davon gewesen! auf der Straße beschnüffelt mich ein Hund, der dem ihren ähnelt. ein Wiedererkennen der für sie gehabten Gefühle ist sie gewesen – währenddessen auch sie ihrer Abwesenheit für immer vergessen!

17. März. Wie das jetzt gewesen? aufgrund der jüngsten Schlägereien unter verfeindeten Fans vom Betreten der Arena ausgesperrter Pöbel erklimmt die deren Ummauerung säumenden, dafür allzu zarten Orangenbäume, gelangt fast schon ans Übersteigen der Mauer – aber da brechen noch und noch Äste nieder, reißen das Gesindel mit, und vor den dieser Bagage schon harrenden Gendarmen rutscht das alles auf vom Aufprall zerquetschten Orangen aus. hat zur Strafe die den

Bäumen mutwillig gebrochenen Äste trotz gebrochener Arme und Hände an den Bruchstellen zusammenzuleimen, mit blutfarbenem Klebstoff. ja, da hat sich jüngster Traum erkenntlich gezeigt, daß ich bei Tag den im Gezweig eines jungen Fliederbaums heftig schaukelnden Buben nur freundlich zurede, sie mögen ihn in Ruhe lassen.

„Wie spät wird's denn schon sein?", über den Zaun hinweg in seinem Bauerngarterl jätendes altes Weiberl zu fragen. „Ave-Läuten is no koans gwen!" (hättest aber auch im Wirtshaus mit dir am Tisch Sitzenden, kaum jünger als du, „Wie spät hamma denn, Herr Nachbar?" fragen können – dank deiner Kleidung ihm sicherlich nicht leutselig-anlassig vorgekommen.) ja, auch in Wien meist ohne Uhr unterwegs: „Sagen Sie mir bitte, wie spät es ist?" ungern zu fragen, als fragte so nur ein Kind, dem die Zeiger des Ziffernblattes noch nichts zu sagen haben, selbst wenn ich vorausschicke: „Ich sehe, Sie tragen eine Armbanduhr." so frag ich immer noch lieber: „Ich hab keine Uhr bei mir – wie spät haben Sie, bitte?" wer so fragt, verläßt sich auf die Uhr des Gefragten, schaut ja nicht gleichzeitig über den hinweg nach einer Kirchturmuhr aus, um bestätigt zu bekommen, daß die ihm sogleich genannte Zeit mit der allgemein gültigen übereinstimmt. „Wie spät haben Sie, bitte?" drückt Vertrauen zu dem ja nicht als der Nächstbeste Gefragten aus, einen sympathischen Aussehens hat man sich ausgesucht, und im Moment genügt einem zu wissen, was dessen Uhr anzeigt, egal ob die etwas vor- oder etwas nachgeht (wie ja auch manch einer seiner Auskunft hinzufügt, in Zeitangaben sei sein Handy nicht verläßlich). Wie *spät* haben Sie? also, doch nicht: Wie spät haben *Sie*?, aus welcher Betonung Mißtrauen herausgehört werden könnte, trotz der Beteuerung, man sei ohne Uhr unterwegs (und daher nicht drauf aus, die eigene Uhrzeit mit der des anderen zu vergleichen). „Ich sehe, Sie tragen eine Armbanduhr" – schickt man das voraus, läßt sich „Wie spät, bitte?" leichter fragen, als würde ein nacktes: „Wie spät ists, bitte?" dem Gefragten ein Absehen von dem Subjekt, das er ist, abverlangen; als hätte er ein logisch fundiertes Urteil zu äußern, im Bemühen um strikte Objektivität gezwungen, sich seiner Individualität zu entäußern auf Zeit.

Sag mir, wie spät wir haben. / Ich laß dich schätzen! (ja, das ergibt sich oft im Laufe eines Nachmittags oder Abends mit derjenigen, in deren Gesellschaft dir alsbald das Zeitgefühl abhanden kommt; an deren Seite die Zeit für ewige Augenblicke stillzustehen scheint, sodaß du befürchtest, es sei schon viel später, als du dir, trotz solcher Erfahrungen in ihrer Nähe, vorstellen kannst.) / Kurz vor halb? / Ja, das stimmt – kurz vor halb sechs! / Das hab ich nur scheinbar erraten – hab eine Stunde auf die vermutete Zeit draufgeschlagen! / Umkehren müssen wir trotzdem bald.

*

„Na dorten, wo früher ..."
Ja dort, wo vor ... Jahren Fortgezogene
mit dir Zurückgebliebenem Haustor an Haustür gewohnt hat,
ist, von ihrem Sich-entfernen so gut wie alles aufgestört,
nichts in sich ruhen geblieben,
nicht einmal die erst ... gefällten Bäume.
Ja, dort, wo jedes Wachwerden
eine Nach- und eine Vorfreude war, genau da
muß immer noch Tag für Tag mit Bettflucht
einem Morgengrauen zuvorgekommen werden –
daß du niemals frühen Hinaustretens auf die Straße,
wie lange sie auch nächst dir gewohnt hat,
mit ihr zusammengetroffen bist,
das soll dir wohl ein Trost sein wie auch das:
daß du ihr dann im Aufschauen zu ihren Schlafzimmerfenstern einen guten Morgenschlaf zugedacht hast!
Ja, dort, wo früher auch nachts hinaufzugrüßen war,
ist nichts mehr von ihren Fenstern (20. März)

*

Ich komponiere nicht,
   ich erfinde Musik!
     Igor Stravinskij
ich dichte nicht, ich organisiere verfügbare Wörter(?)
ich dichte nicht, ich bringe Wörter, die sich von selbst
einstellen, in eine vernünftige Ordnung(?)
ich lasse mir erste Zeilen zufallen,
und leite aus denen Gedichte her(?)
ich lasse mir ein Gedicht aufsteigen, dessen Zeilen
sich schon im ersten Aufgeschrieben-werden verschieben
und dann auf etlichen Streichungen beharren(?)
ich dichte nicht, da ich nichts erfinde, immer nur
Momente welcher Art auch immer festhalte.

2017

*

DIE GETRÄUMTEN*)
Sind Nacht für Nacht zur gleichen Stunde
von einander Geträumte
für die Dauer des geteilten Traumes
das Liebespaar, als das sie sich träumen,
in einander verliebt, in einander verträumt?
wenn ja, dann meiden die beiden einander bei Tag,
als müßten sie ansonsten die Nachtbilder versäumen,
als die sie, einander träumend und von einander geträumt,
einander in den Armen liegen,
bei Tag deren Heimlichkeit so scheu
in ihnen vorhanden geblieben,
daß sie auf der Straße eins das andere
wie flüchtig Bekannte grüßen:
bei Tag ja auf der Flucht vorm Erwachen
der ausgeträumt nach- und vorahnungsvoll in den Schlaf
   Entrückten!
*) Titel des verfilmten Briefwechsels Ingeborg Bachmann
und Paul Celan

*

Hungerstreik
Der Hunger streikt:
Bin so frei, mich auszuhungern,
endlich meiner satt geworden!
Lasse mich nicht länger von euch Übersatten
zu Tode füttern, mir ist zum Platzen.
habe mich dermaßen satt, daß ich mich
ins Explodieren eurer Kochtöpfe und Konten fresse
und euch der Hunger nach immer mehr verhungert!
im Hintreten aller Verhungerten an (oder auf) reich
gedeckte Tische wird bald ausgehungert sein!
(diese drei am 24. März)

1. April. Hat Architekt Holzbauer Architektur studiert, weil ihm das sein Familienname anempfohlen hat, auch wenn er dann dank seiner Bauten aus Stein namhaft geworden ist? das dich vor einem Kleinlaster zu fragen, da der Firmenchef Weinwurm heißt – nur wenn er Holzwurm hieße, dürfte er nicht Tischler geworden sein wie sehr wohl Architekt Holzbauer!

auf einen Polster gebettet, wird im Forum der Jesuiten anläßlich dort ausgestellter Gekreuzigter und Kreuze aus unterschiedlichen Zeiten jenes mehrmals in der Jesuitenkirche von entrüsteten Kirchenbesuchern zerschmetterte ‚Lego-Kreuz' in seinen Bruchstücken dargeboten, also das eine, dessen Querbalken aus einem Lego-Lastwagen-Photo bestanden hat. die Empörung vor etlichen Jahren in Südtirol über einen gekreuzigten Frosch hättest du geteilt, wäre da ein lebendiger gekreuzigt worden mit der Rechtfertigung, der habe an das zu erinnern, was der Kreatur von uns höheren Kreaturen zugefügt werde, etwa dem Schlachtvieh auf Transporten – es ist aber nur ein Plastikfrosch gewesen. einleuchten würde mir ein an ein Hakenkreuz gehefteter Jesus, und er könnte auch an stalinistischen Symbolen baumeln müssen. das ‚Lego-Kreuz' hätt mich aber nur als die Hervorbringung eines debilen Kindes zu rühren vermocht. und im übrigen möge die katholische Kirche doch dankbar sein, daß es noch welche gibt, die es aufbringt, wenn an christliche Symbole auch nur kindisch gerührt wird. mir befreundeter Dr. Schörghofer S. J., der mit seiner Schirmherrschaft über das ‚Lego-Kreuz' Unmut erregt hat, erwidert mir: „Aber das Kreuz Christi transportiert ja auch etwas!" – aber wäre deshalb solch eine Analogie zulässig, also letztlich alles mit allem zu vergleichen, zur Erzwingung eines Gleichnisses?

ein bitterer Scherz Mickerl Felsenburgs mir aufgestiegen: „Ich werd dir sagen, mein gutes Christenkind – fast zweitausend Jahre haben uns die Nazis konzediert, uns auf euren Messias zu besinnen!" (am Vortag war aus einer Radiosendung über Martin Luther herauszuhören gewesen, welche Enttäuschung an seinem Antisemitismus mitschuld gewesen sei: hätten sich die deutschen Juden seiner Zeit für den Protestantismus entschieden, wäre ihr Status, der des auserwählten Volkes, auf die Deutschen übergegangen!)

Osternacht. Zum ersten Mal bei ihr zu Besuch zu sein, gibt mir Ilse Aichinger so zu verstehen, daß sie in der Küche an einen sogleich siebenflammigen Gasherd tritt und auf die ihn umschließenden Wandkacheln zeigt – Portraits ihrer Vorfahren tauchen aus denen auf. und dann stehe ich auf ihrem Klopfbalkon, schaue in die Tiefe des Innenhofs hinunter, und sie verblüfft mich als Leserin des von mir ja nur Gedachten, nämlich wie ich zu springen hätte, damit ich da unten ohne vom Aufschlagen entstelltes Gesicht zu liegen käme. „Da weiß ich dir keinen Rat. oder hab ich denn, nicht wie die Großmutter entfernt worden zu sein, auf die Art gutgemacht, die dir nur eine Denksportaufgabe ist?" scharfe Zäsur oder Bildschnitt: Nun sei es der heiligen Tage genug mit reißendem Wasser rundum. Etta drängt mir einen Almstock auf, „an dem schnellst du in die Höh, und er schleudert dich hinüber. ich beeile mich in diesen Sandalen Wellentäler hinab und Wellenberge hinauf, und wenig später als du bin auch ich drüben!" (und jenseits der Wassermassen war dann nicht das Jenseits, sondern eine venezianische Freitreppe mit einer Kirche darüber)

20. April. Im frühen Vorfrühling, Mitte Februar, etlichen Freunden zu beteuern, es werde aber noch einmal ordentlich schneien, in Wien, nicht nur in den Bergen. Mitte März ein Frühsommer mit an die zwanzig Grad zu Mittag, und da kann auch ich mir meine Prophezeiung nicht mehr recht glauben. welch ein Triumph daher, heute vormittag, am 20. April, auf der Höhe des Cobenzl durch Schnee gegangen zu sein – das ganze Kahlengebirge weiß von Schnee, schneeweiß, wie auch weiter drüben der Wilhelminenberg. in der Nacht, das war den Morgennachrichten zu entnehmen, habe auf den Wiener Autobahnzufahrten und Schnellstraßen ‚Schneechaos' geherrscht – hätten mir doch die Sommerreifler beizeiten vertraut! schon gestern um sieben Uhr früh am Fenster gesessen, dem im Sturm auf-und-nieder-wogenden Graupeln hingegeben; wie einander durchdringende Insektenschwärme anzusehen gewesen. dann wieder wie winzige Wattebäusche, welche die Kastanienkerzen abdämpfen möchten ins Verlöschen, aber dann doch nur deren Blüten aufhellen. und jetzt, am Abend des 20. April, in einem der nachbarschaftlichen Gärten einen busigen Schneemann mit Fuchskopf unter einem vollaufgeblühten Fliederbusch vor Tulpen stolz dastehen zu sehen, auf scheinbar grobsandigem Boden – genauso grau haben um diese Jahreszeit die Südtiroler Abfahrtsstrecken an Krokuswiesen ihr Ende gefunden. von den geparkten Autos hat noch nicht einer eine der Schneehauben weggekehrt!

21. April. Bist in der Nacht bei Tageslicht durch unser altes Universitätsgebäude geirrt, immer dringlicher den Pfeilen WC gefolgt, aber immer war nur in leeren Kammern anzulangen. in deren letzte folgt mir eine mir allüberall Unliebe, und so sage ich: Sie werden mir doch nicht zuschauen wollen!, schon dem offenstehenden Fenster zugekehrt. und bringe einen Strahl zustande, der sich draußen in Regenbogenfarben hinanhebt und wohl erst jenseits der Ringstraße niederprasselt, begleitet von meinem Seufzer: Ja, dieses Kunststück hab ich der heimlichen Zuschauerin zu danken! (seit der Karwoche blüht der Flieder, wird in vier Wochen seine Muttertagspflicht vernachlässigen müssen, gibt dafür dem Halbschlaf eine Kinderei ein: Friedel Fiedler fladert Flieder!)

von einer Mitmensch-Organisation auf einem Billett mit Blumenbukett hilfreich vorgeschriebenes *Was ich dir schon immer sagen wollte ...* wäre wie fortzusetzen? die Adressatin möge doch endlich begriffen haben, daß so kurz wie gut Gewesenes unwiderruflich vorbei ist! / daß man nicht ... Jahre nach der Scheidung ein neuerliches Mal an den der vorangegangenen x-ten Hochzeitstag erinnert werden möchte? (dir aber, meine Liebe, dir, meiner betrübt, aber ungetrübt fortbestehenden Liebe, etwa gar, schriftlich auch noch,
in einem ‚Was ich dir immer schon sagen wollte'
beginnenden Satz kundzutun,
wie sehr mich unser Ende immer noch schmerzt?)

22. April, Stadtspaziergang. VERGEBEN! ja, das tun wir leichter denen, die selber großherzig vergeben! (vergeben ist aber schon ein neues Geschäftslokal)

KEIN RUSSISCHES ROULETTE BEIM MATRATZENKAUF! nein, bitte wirklich nicht, damit der leichtsinnig herausgeforderte Zufall nicht auch in Bettengeschäften Schicksal spielt – etliche, die auf preisgünstige Matratzen mit hohem Einsatz, dem des Lebens, spekulieren, haben im Gustieren vor vielversprechend Tiefschlaf garantierenden Betten ein der Wahrscheinlichkeit zu dankendes Glück, 5 : 1, da im Magazin ihrer Trommelrevolver ja nur eine Kugel steckt. hat einer aber ohne Matratzenglück den Hahn wie die anderen mit dem Daumen gespannt und so die Trommel in Bewegung gesetzt, löst er im Abdrücken den gespannten Hahn, und die für ihn vorgesehene Kugel nimmt durch den Revolverlauf ihren Lauf – er schon vorwärts auf die erwählte Matratze gekippt, blutig die dort, wo er mit der Schläfe, weich gebettet, aufgeschlagen ist.

auf dem Heimweg wie so oft der hohen Ziegelmauer entlangzugehen, die den alten jüdischen Friedhof umschließt, in Döblinger Vorstadtzeiten angelegt worden. der ihr oben außer spitzen Glasscherben dreireihig beigegebene Stacheldraht hat dich kaum jemals an die mit Starkstrom geladenen Zäune zu denken gemahnt, welche die äußerste Umzingelung der NS-Lager waren – der da hat ja wie die Glassplitter solche Kreaturen vom Hinüberklettern abzuhalten, die die Gräber schänden, nicht aber die Begrabenen ermutigen wollten, sich über die Umfriedung hinauszuheben. heute aber? der nichtswissende Sturm der jüngsten Nächte hat ein langärmeliges Hemd so hinangeweht, daß es, von den Stacheln aufgespießt, zerfetzt da oben baumelt in verwaschenem Rot – nur durch eine Mauer von ihnen getrennt, dich aber vor als gläubige Juden Gestorbenen zu bekreuzigen, den ihnen umgebrachten Nachfahren zum Gedächtnis?

23. April. Aus gegebenem Anlaß reichlich Übertriebenes.
Bildet sich ein, daß sich in ihrem kleinen Badezimmer
ein Pferd, nämlich ein Schimmel breitgemacht hat,
vielleicht gar durchs undichte Dach vom Himmel ihr
   zugefallen!
Jaja, das wär nicht ihr einziger Fimmel.
so mußten unlängst bei zartestem Schneegrieseln die Fenster geschlossen werden, vermutlich daß ausgesperrt bleiben die ihr von vis-à-vis wohnenden Feinden geschickten
   Mottenschwärme!
Aber der Schimmel in ihrem Bad ist bedenklicher!
Die Tierrettung, die rufen wir aber nicht!

Althergebrachte Praktiken mögen sich in diesen eiskalten Nächten bewährt haben – da haben die Weinbauern in ihren Rieden Stroh- und Heuballen angezündet, haben auch wie mit Weihrauch geräuchert, damit die heiße Luft die Kälte in die Höhe treibt, zur Verringerung der Frostschäden an ihren Weinstöcken. andere haben mit vielen Helfern die ihren mit Plastikplanen umhüllt. beiderlei Methoden, also auch die zeitgemäße, laß ich hochleben mit dem ersten Glas des verschont gebliebenen erst blühenden Heurigen!

24. April. Den eigenen Schatten hinter sich herzuzerren wie ein widerwilliges Stück Vieh? besser, als ihm Bockigkeit anzudichten, im Gestolper über rissig-bucklichtes Gelände nur vorwärts zu schauen – oder stäubt dir denn die Windstille aschige Erde in die Augen? das nicht-kompakte Schwimmen des blühenden Raps auf lockerem Grün eine Bestätigung deiner Abneigung gegenüber dem Grellgelb der Forsythienblüten, in unseren Gärten von späten grünen Blättern abgelöst. die Weite der von Feldwegen gegliederten Felder, reichen ja mangels Bäumen und auch Sträuchern an den Rand des Himmels, die hast du der Unlust zu danken, länger als zehn Minuten neben der Riesenlaster nach Riesenlaster, groß wie Schiffe, transportierenden Fernstraße fast umgeweht einherzugehen. die weitreichenden Äcker! ihre geradlinigen Bergketten mit Tälern dazwischen, deren gefurchte Tiefen der Höhe jener entsprechen, dir ein Stück Weges falsch zu deuten: in die Furchen würden alsbald Erdäpfel geschüttelt und mit der aufgehäuften Erde zugeschüttet. endlich am Ende solch eines Ackers ein, zwei Kartoffeln gut sichtbar auf Erde gebettet zu sehen, zur Kennzeichnung also der unter den Erdhügeln begrabenen Sorten. sicherlich nicht mehr wie in Hausgärten gelegt und zugehäufelt worden, vielmehr dürften Traktorfahrer mithilfe eines speziellen Geräts die Erdäpfel gestreut und gleichzeitig mit Erde überhäuft haben. schwerlich von dir aufgescheucht, lassen sich Lerchen von vibrierenden Flügeln immer höher hinantragen, begleitet von ihren Zwitschergesängen. aber auch das dritte Rehrudel, fett alle anzusehen, flüchtet vor dir, ihm nicht in Schußnähe gekommen – ließe dich, säßest du auf einem Traktor, viel näher heran. aus einer Senke, weit vor dir, steht eine Kirchturmspitze heraus, bald auch ein paar Dächer. noch weiter vorne ein weißer zylindrischer Turm, ein Silo. und der braunschwarze Pyramidenstumpf, viel näher zu dir, als du denkst? gibt sich auf zweihundert Schritt als ein zusammengesunkener Misthaufen zu erkennen, von dem aber aasiger Übelruch an dich dringt, und nicht etwa der Gestank von frisch ausgeführtem Saumist. Kuhstallmist ist das, mit alter Streu, mit Stroh vermischt und über den Winter doch ausgelaugt. ähnlich wie das, was dich belästigt, riecht das Aas von verludertem Wild, also laß dir nicht aufsteigen den Gestank, vor Jahren einem Faß entstiegen, dessen Deckel gärendes Schlachtviehblut gehoben hatte – also ein gewiß nicht zum Bauernhof Gehörender hat an der Hinterseite des Misthaufens zum Düngen wie Gedärm Ungeeignetes deponiert, das Knochengerüst eines Schafes mit gebrochen ihm beigegebenen Gliedmaßen, und was so stinkt, das sind Fleisch- und Sehnenreste an den Knochen; der Schädel von Brandspuren schwarz gefleckt. der Begehung von immer gleichem Nutzland plötzlich müde, umzukehren, und wäre noch einmal einer, noch einem Getreidefeld beigegebenen Tafel ‚Hier entsteht ofenfrisch gebackenes Brot' abzulesen. hatte mich gemäß der Sissy-Kraner-Liedzeile „ich muß aus diesem Milieu heraus" von Christa P. im Auto nach Hollabrunn mitnehmen lassen, zuvor aus dem alten Schulatlas herauslesen wollen, von Hollabrunn aus müßte Schöngrabern zu Fuß in eineinhalb Stunden zu erreichen sein. nach vergeblichen Versuchen, über die Felder zu der für Schöngrabern gehaltenen Kirche zu gelangen, an der Hauptstraße auf zwei alte Bäuerinnen zu treffen – nein, einen markierten Wanderweg gebe es nicht, aber sie be-

schreiben mir sehr gut über Hügel und sogar durch kleine
Wälder führende Fahrstraßerl und Abkürzungen auf geschotterten Wegen, von einem Kriegerdenkmal müßt ich
nach links ... (alles in allem, auch auf Umwegen durch Kellergassen und Zeilen mit Kellerhäuseln, ohne auch nur einen
Weingarten zu sehen bekommen, vier Stunden unterwegs
gewesen, per S-Bahn hochzufrieden nach Wien retour.
Schöngrabern erst im Anlangen wiedererkannt, bis dorthin
von Zweifeln begleitet, der richtigen Kirche zuzustreben – in
meiner Erinnerung nur die romanischen Attraktionen an
ihrem Gemäuer vorhanden gewesen, und so hat mich der
gotische Kirchturm beinahe anachronistisch angemutet.
Nachtrag zu wenige Zeilen Zurückliegendem: der Unbekannte
hat, wie es da steht, zum Düngen wie Gedärm Ungeeignetes
deponiert, nicht also Gedärm – in dem Fall hätt es ja zu heißen:
hat zum Düngen Ungeeignetes, Gedärm und ... deponiert)
25. April. Offenbar ist von Öl eine der Gedenksendungen für
Rostropovich einem Mäderl anvertraut worden – „er ist mit
einer Sängerin verheiratet gewesen" (ja, so wie Robert Schumann mit einer Pianistin)

*

Winterreise, Wilhelm Müller nachempfunden
I. Keine Krähe war mit mir aus der Stadt gezogen,
eine jede vor mir her kirchhofwärts sich verflogen –
Krähe, wunderliches Tier, mein zu spotten
du geboren oder vor mir ausgestorben?
Ihr Totenkränze der Schenken jedoch, ihr habt mich
nicht getrogen – des Wanderns tödlich Müde ihr ladet ja
zu kühlem Schlummern auf nahem Totenacker ein;
in einer seiner Kammern sei baldigst zugekehrt!
Die Winde heulen hinter mir her,
und Hunde blasen mir heiß ins Gesicht.
wie Tränen meinen Augen, sind Träume
von einer Liebsten meinem Kopfe längst entflohn –

am mit mir zugeeisten Brunnen ich ruheloser Tor
dreh nimmermehr die Leier, seit meine klammen Finger
wie einst geweinte Tränen klirren –
die seien anstatt Totenblumen verschmähter Liebe
    nachgeworfen!
des Wanderns für immer Müder nimmt wie ein gastlich
    Wirtshaus
die Friedhofsschenke sich an, schenkt ihren späten Gästen
den reinsten aller Weine ein – so sei zu kühlem Schlummer
in einer freien Kammer noch heute zugekehrt!
Schlägt der Schnee mir ins Gesicht, sing ich froh und munter.
stopft sodann er mir das Maul, speit mein Klaglied
himmelwärts, auf daß ich nicht ersticke.
hacken Krähen ein Auge mir aus, lach ich meiner blinden
    Liebe.
haucht der Rauch über Novemberäckern den vor Kummer
mir angetrunken Rausch der meiner Liebe
müden Liebsten zu, möcht einstmals hochaufspringend Herz
den Verscharrten sich an die Seite legen.
Schwemmt mein altes Wirtshaus einen Totenbuschen,
grün wie die Hoffnung, mir entgegen,
gehört ihm ausgeblasen das Lichterl in seiner Mitten.
Schwimmt er föhrenschwarz auf mich zu,
bett ich mein Haupt auf seine stechenden Nadeln,
auf daß auch im Schneebett nicht entschlafe
die Verranntheit in die dem Herzen Eingebrannte!
II. Verfrühtem Schneien hinterher
kommst, Krähe, wunderlich du angeflogen,
immer näher auf mich zu,
mir schon ans Gesicht geflogen –
krallst dich, ich dir nicht entflohen,
an meinen Lippen fest, watschst mich ab,
mit flattrigen Flügeln nämlich
die von Tränen überlaufenen Wangen.

wirst mir wohl gleich mit deinem bleichen
Schnabel ins Wangenfleisch hacken
und mir danach mit dem blutigrot gefärbten
die Augen ausstechen, auf daß, wunderliches Tier,
deinem dann lockenden Gekreische
blindlings ich folge in die eisig klirrende Irre!
III. Krähe, wunderliches Vogeltier – in die Vorstadt dich verflogen?
von dir sei zur nächsten Schenke mir vorangeflogen!,
hast mich aber schon angeflogen. reißest mir den Hut vom Kopfen,
krallst dich an meinen Wangen fest, holst mit deinem
scharfschwarzen Schnabel aus denen Fleischbrocken heraus,
hackst mir, weil kein Rabenvogel, das linke Auge aus.
laß von mir ab, und ich reib mir im Schnee
die blutigen Tränenzähren vom angetropften Zeigefinger!
wozu hetzest du, des Wehrlosen müde,
Nackthunde hinter ihm her mit der erlogenen Botschaft,
blind geboren, habest du dich an sein Gesicht verflogen?
dem nun Halbblinden ein Heurigenbuschen blinkend winkt –
von seinem Grün bekränzt, fänd hinterm Kirchhof
auf totem Acker für alle Nächte sein Herz seine Ruh!
IV. Der Leiermann
Draußen vor verschloßnen Toren
da harret aus ein unermüdlich liebend Mann –
müde nur vergeblicher Liebesmühen geworden,
er nicht mehr um die Liebste weinet,
hat ja um die nicht sein gewordene geweinet,
was ein Liebender weinen kann.
dreht sich mit klammen Fingern Zigaretten
aus aufgeklaubten Stummeln, leiert nicht mehr
seine Liebe den Abschiedsworten der Treulosen zu.
Im Brunnen vor dem Tore regen Blutes jedoch Erinnerungen

sich regen und drehen des früh vergreisten Toren, und sollten
vom greisen Lindenbaum Krähen über Krähen
ihren Hohn auf ihn herniederschnarren.
Im Brunnen vor den Toren das Wasser zu gerinnen beginnt,
einstmals regen Blutes Umkreistes Erfrierungszüge
   annimmt,
eingeschattet von Krähenschwärmen,
die aus frierenden Winterlüften ihren Hohn herunterlachen
auf den vor langem in so heißen Tränen ertränkten Glauben
des seit damals Alten an ihm versprochene Liebe
und ans Gerede der Mutter des bald liebesvergessenen
   Mädchens
von baldiger Eh, daß er nicht mehr auch nur eine Träne um
   sie noch weinen kann.
im Dahinstolpern auf Wassereis das Herz ihm erfroren?
wenn er doch, gebirgsbächleinhelle gebliebener Liebe
den Lindenbäumen, allen, allen, Eingeschnittenes
mit klammen Fingern betastet, eh er es – ja, von Eh hat die
   Mutter
geplappert! – wegkratzt mit totenstarren Händen,
so gut er das tränenblind kann.
Am Brunnen vor verschloßnen Toren
ein greiser Leiermann zugestopfter Ohren
Liebeslieder hastig herunterkurbelt –
und er lacht dazu erfrorener Tränen,
bis er wieder weinen kann!
V. Leiermann, Der
Brunnen, der; am (auf die Frage: wo?)
Tor, das; auf die Frage: wo? vor dem, vorm
vorm Tore: das ‚e' als Merkmal
des Lokativs nicht mehr üblich
Lindenbaum, einer, ein
Schatten, der; wo? in seinem Schatten
Traum, der; was für einer? so mancher lieber

(hier als Akkusativobjekt Singular)
stehen, Verb; stehen, stand, gestanden
hier: im Präsens, dem Subjekt ‚Lindenbaum'
zugehörig; wo steht der? da, vorm Tore,
da, am Brunnen
träumen, ich das Subjekt, Verb im Präteritum,
Brunnen, Tor, Lindenbaum; Schatten, Traum
am, vor, in; stehen, träumen. ich
Und immer dem Bache nach (Schöne Müllerin?)
VI. Ach Bächlein, kühles Bächlein –
wie nur hast du mit deinem Rauschen Ophelias Sinne
 verwirrt!
von ihren Locken wie von Goldfischlein umflossen,
treibt sie auf deinem Fließen meerwärts dahin,
singen und singend wie du im sie-Forttragen fließend,
bis sie im Schwarzen Meer zum Grunde gerichtet,
grundwärts zu sinken beginnt!
auf dem Grund deines Bachbettes, anschwellendes Bächlein,
gleich wenig wie Ophelia gebettet, Steine, ja Geröllsteine
 rollen,
von deinem Fließen vorwärtsgetrieben, munter mit –
und sollten sie sich aneinander die Schädel zerschlagen,
so rollen sie, zertrümmert sich drehend,
ja drehend, unverdrossen mit, Ophelia bach- und
 flußabwärts
zu begleiten, und ich renne neben euch her und singe
mit Ophelia: „Ach Bächlein, liebes Bächlein –
wie du mit deinem Fließen die Mühlenräder drehst!"
auch davon des Prinzen Worten: „Geh in ein Kloster,
 Ophelia!"
Ophelia im Meerwärtsgleiten so vergessen,
wie ich der Tränen,
die mich Verstoßenen zu Tode geweinet!
VII. Nicht e i n e Forelle hat regen Blutes

Hochfieberndem pfeilschnell in die Brust geschossen,
kein Streunerhund hat ihm, als er unbehutet
dem Wirtshaustisch seinen jüngsten Einfall einschrieb
   oder einschnitt,
den Hut vom Kopfe gerissen.
aber ein Lindenbaum hat die im Erwachen
seiner ansteckenden Krankheit
ausgeträumte Verliebtheit in ein Mäderl
mit Laub zugedeckt entschlafen lassen.
VIII. Bächlein, liebes Bächlein –
und immer dem Drange nach!
dein Fieberrausch, ach Mägdelein,
berauschet der Wanderlust Vergessenens Sinn!
O Beute, süße Beute, laß doch dein kleines Herz nicht so
berauschend gegen das meine schlagen!
regen Blutes genossen, kühle im Bachbettlein mir den Sinn
und verrate, gleich zieht er weiter,
den Wanderburschen nur nicht!
O Mägdlein, liebes Mägdlein, eins geworden ach mit dem
   Bächlein,
das getrübt ihm zu Füßen liegt – sollt an ihm
   vorüberrauschen,
als hätt er's nicht angerührt!
Ach Bächlein, wildes Bächlein – was rauschest du so süß?
du hast, berauschend Mägdelein, mit deinem Fieberrausche
mir eingerauscht den Sinn!
Laß uns, mein liebes Liebes, munter treiben dahin, bis wir,
von allen lieben Bächlein zusammengetrieben,
wässerigen Verschwimmens unauffindbar
beisammenbleiben, da wir uns, du dann nicht mehr
von meiner Verliebtheit Angerührte, nie mehr rühren!

   *

Gott Vater im wieder menschenleeren Garten Eden. und
unter einem seiner Apfelbäume tadelt er nicht länger die sich

den Heimatvertriebenen hinterher schlängelnde Schlange, vielmehr einen in seiner Hand sich krümmenden Wurm, wie in der frühdeutschen Menschensprache allerdings auch Schlangen und Schlangenähnliches genannt werden wird, siehe den Lindwurm: Durch die Früchte des Apfelbaums dorten, dir dafür expressis verbis vorbestimmt, hättest du dich bohren sollen, zur Abschreckung meiner ersten Geschöpfe der Güteklasse römisch Eins, sich auch nur an einem Exemplar der ihnen untersagten Sorte zu vergreifen, von dir jedoch befehlswidrig nicht als faulig ausgewiesen worden: mitschuld du am Los der ungehorsam von mir Hinausgewiesenen. nicht ans von einem meiner Apfelbäume stammende Holz genagelt, wird mein Sohn von einer Lanze durchbohrt werden, du aber wirst dich im Schweiße deines Angesichts durch von diesem Gelicht gezüchtetes Obst zu plagen haben, dich dabei wie gezüchtigt winden lang vor der Schlange, der meines Sohnes Mutter mit jungfräulicher Ferse den Kopf zertreten wird! (ungefähr so geträumten Unsinn hast du noch vor Traum-Ende einer der ersten Seiten einer illustrierten Kinderbibel angedichtet)

30. April. Was einen ‚unruhigen Geist' man nennt, das erst mit der letzten Liebe geworden und wie deren schöner Vergeblichkeit auch der Unruhe treu geblieben. schon im Wachwerden aus Nacht für Nacht nach längeren Schlafpausen benötigtem Schlaf von ihr überkommen zu werden, und wehe, dir gegen den Morgen hin gut zuzureden, du sollest doch noch ein wenig in ihn zurückkehren, was denn schon im Weiterdösen für eine halbe Stunde versäumt sei, denn daraufhin erst recht aufzufahren, dich raschest anzukleiden und dem Drängen ins Freie nachzugeben wie in vorfreudigen Zeiten, ob nun für den neuen Tag ein Wiedersehen vorgesehen war oder auch nicht – durch den reinen Morgen wollten die ersten Gedanken an jene eine begleitet werden, um dann am Schreibplatz eine weniger luftige Gestalt zu finden. ja, die Ruhelosigkeit, die manchen Geistesgestörten zu eigen ist, treibt dich auf und aus dem Haus, von hier, von dir drängt es dich fort, manchmal wie aus dir hinaus! wirst im Dahingehen wacher und schneller, wie um dir davonzulaufen, obwohl in diesem kopfleeren Vor-dich-hin nichts an ungedeihlichen Gedanken unterdrückt werden muß. ja, dieses Wegstürzen von Bett und Klapptisch, damit immer schnelleren Gehens Ruhe in dich einkehrt. ja, dieses Heimhasten dann, um dich am Schreibplatz, von Wandermüdigkeit ruhig gestellt, in deinem Zentrum wiederzufinden, ähnlich wie nach den mit ihr, deinem Glück, verbrachten Abenden die Heimkehr zur frühen Nacht eine in dich und zu ihr war, im Skizzieren des jüngsten Beisammenseins vorm Schlafengehen – wenn nur wieder wie im damals mutwillig unterbrochenen Schlaf ihr entgegengelebt werden könnte! falls du im Dahineilen nicht Beklemmungen davonrennst, so früh losgezogen, daß du nicht merkst, vor ihnen zu flüchten, löst die dein Tempo in Morgenluft auf, aber trotz gefundener Ruhe bleibt es dir auch gemütlichen Weitereilens versagt, für eine Rast, nicht mehr von Rastlosigkeit, auch nur kurz stehenzubleiben – so als wärest du ja doch dir durch den Kopf Gegangenem entkommen, obwohl nichts als: Nur hinaus! du dir gedacht. an jedem Samstagmorgen jedoch auf den Anweg vergnüglich streckenden Umwegen dich nach Ottakring zum Yppenmarkt zu tummeln, wobei du dich im Endspurt die Kalvarienberggasse hinan größtmöglicher Schritte steigerst, um die dir ansonsten dort gleich weggeschnappten Bauernblumen gerade noch zu ergattern – obwohl der Weinbauer bis Mittag an seinem Verkaufstisch steht und der deine Liebe Gebliebenen ja nicht mehr Blumen vorbeizubringen sind. diese Sabbath-Vormittage strukturieren beinahe als einzig Fixes dein Leben, indem sie deine ereignislosen Wochen ähnlich gliedern wie einstmals des öfteren besuchte Sonntagsmessen. und die Gutheißung des immer Gleichen an der Durch-

querung vierer Bezirke mit auf dem Hinweg zwei leeren, mit
auf dem Rückweg zwei vollen Weinflaschen im Rucksack,
enthält Reste der Erleichterung über einstmals im verschneiten Gelände ja doch gefundene Markierungen: im Einschwenken in die noch zu Gersthof, noch nicht zu Hernals
gehörende Schöffelgasse ein jedes Mal zu den Hochparterre-Fensterscheiben aufzuschauen, deren jeder unter zwei altgriechischen Theatermasken ACADEMIA PHILOSOPHIA
stolz eingeätzt ist – also am nächsten Samstag (das sagst du
dir an einem jeden) hab ich samt Klebeband ein Zetterl bei
mir, auf dem geschrieben steht: Doch wohl eher ‚ACADEMIA
PHILOSOPHIAE' oder ‚ACADEMIA PHILOSOPHICA', läßt
Aristot ausrichten. und sei doch noch an vielen Samstagen in
der Rötzergasse zu dem verschmitzten Altersgenossen mit
Bierschaumoberlippenbärtchen hinaufzugrüßen, der, ein
Bierkrügel in der Hand, *EGGER meine Privatbrauerei* beigegeben hat. Geh, sag doch lieber: EGGER, weil privat gebraut! auf den meisten meiner Bettflucht-Wege lasse ich mich
von Fortbewegungslust (Fort von hier! ja doch nicht mein
Hauptmotiv) ziellos treiben – kann daher jederzeit umkehren,
ohne mir wortbrüchig ein Vorhaben widerrufen zu müssen!

*

Der Lindenbaum.
Eiskalt die Hunde ihren Atem mir bliesen ins Gesicht,
eh ihre scharfen Zähne ins Wangenfleisch mir hieben
und so wie Gischt mir aus den Augen Tränenzähren trieben.
Lachten heulend deren Strömen,
des achtetcn, mit Blut vermischt, die nicht –
das kümmerte, mich wendend, einzig mich.
Der Rausch, gestiegen mir zu Kopfe, verflüchtigte sich jäh –
der immer tröstend Lindenbaum nun rauschet nimmermehr.
daher in seinem Schatten ich endete mich nicht! (in der Nacht
vom 1. auf den 2. Mai)

*

Drei Kurzdialoge.
I. Der Philosoph der alten Schule: Die Willensfreiheit, mein Lieber, bleibt eines der uns als Menschen existentiell bestimmenden Merkmale – selbst wenn einer mit Ihnen vorgehaltener Pistole: ‚Geld oder Leben!' droht, haben Sie, mein Bester, die Wahl, ihm entweder Ihre Brieftasche zu übergeben oder sich erschießen zu lassen!

der andere: Aber alter Herr Kollege! Ihr Lehrbeispiel in Ehren – moderne Philosophenschulen hingegen lehren das Sowohl-als-auch. Also her mit dem Geld, und dann erschieß ich Sie! oder hätten Sie denn in einer der Gaskammern die Wahl gehabt, das Gas ein- oder auszuatmen?

II. Ein Clochard zitiert einem anderen einen Philosophen der Frankfurter Schule:

Deren aller ruhiger Schlaf an Straßenrändern zeichnet sie Besitzlose anders als die Besitzenden als privilegiert aus – ihnen kann nicht genommen werden.

der andere: Was du nicht sagst. der Fetzen, auf dem du schläfst, ist ein dichteres Bett als der meine – den nehm ich dir. (I und II aus mir von Öl jüngst gegebenem Anlaß, am 2. Mai)

III. In der Straßenbahn.

Herr Fahrer – da ist einer ausgestiegen, hat aber seine Krücken liegen lassen!

(Ein Wunder!, darauf ich bei mir, die hat er, im Hinausschauen auf die Votivkirche von der Lahmheit geheilt, doch abgeworfen – Wer an mich glaubt, der lasse Weib und Wehwehchen und folge mir nach!)

4. Mai, bei Etta zu Gast. Bin unlängst von Hollabrunn nach Schöngrabern gewandert, hab aber auch im Näherkommen die Kirche nicht und nicht erkannt! / Ja, hast du denn vergessen, mit mir dort gewesen zu sein, auf der Fahrt nach Pulkau? / Ach! und bei der angelangt, hab ich mir vorgenommen, dich um einen Ausflug dorthin zu bitten, auch weil dich die bescheidenen figuralen Hervorbringungen in deiner Vorliebe für die französische Romanik bestätigen müßten. war nur verwundert, wie gut ich mich an viele Einzelheiten erinnern konnte, so als wäre ich zum ersten und letzten Mal lang vor unserer Zeit dort gewesen. daß es das gibt: die Unterbrechung unserer Fahrt in Schöngrabern, die fehlt mir noch immer, fällt mir nicht ein. aber ein jedes Beisammensein mit dir und die Gefühle dabei und so weiter und so fort – manchmal quälend genau mir nahe geblieben! / Schon gut! (Aber du brauchst sie ja nur in deine auf einsamen Reisen für sie photographierten Landstriche und Dörfer hineinzukopieren, und schon ist sie, schwuppdiwupp, dort überall mit dir gewesen! – wer rät mir das, knapp bevor ich mit ihr zusammentreffe? nehme sie im Neben-ihr-Hergehen am Unterarm, weil sie nie Arm-in-Arm oder gar Hand-in-Hand mit mir auch nur ein paar Schritte tut. Du weißt doch, auch das mag ich nicht!, und schüttelt meine Hand ab. Und bekomm jetzt bitte nicht nasse Augen – du weißt doch, daß es mich von jeher nach Frankreich zieht!, und läßt mich mit ausgetrocknetem Mund wach werden.)

7. Mai. In der Sonntagsfrüh Orgelmusik aus der Stiftskirche von St. Florian, und du irrst zur Logik des Volksglaubens ab – der Logik jener Liebe verwandt, welche die Gesetze der Logik in Verwirrung bringt, solange vergeblich verschwendete Gefühle nicht vernünftig mit sich reden lassen, sondern lieber das ihrer nicht würdige Objekt gegen besseres Wissen verteidigen, beispielsweise mit der Umdeutung fragwürdiger Charakterzüge ins Anbetungswürdige. der Heilige Florian der Schutzpatron der Feuerwehrleute und der für ihre Tätigkeiten auf Feuer Angewiesenen wie Schmiede, Eisengießer, Heizer – etwa weil er für sein Bekenntnis zum Christengott nicht verbrannt, sondern in dem Element ertränkt worden ist, das der liebe Gott zur Löschung von Bränden erschaffen hat? also auch, damit die Feuerwehr auch zur Wasserwehr

wird, die in Hochwässer Gespülte, von Hochwässern Mitgerissene vorm Ertrinken rettet? oder damit jede Feuersbrunst von Feuerwehrschläuchen so schnell ertränkt wird, wie mit diesem Heiligen das in seiner Römerbrust dem christlichen Glauben gebrannt habende Herz? der Eimer, dem der Heilige, auf Feuerwehr- und Kapellendächern postiert, einer Flamme gleichendes Wasser entlockt – manch eine dieser Statuen zur Einweihung mit Tropfen der Enns besprengt worden, in der sie jenen versenkt haben? (das zu notieren, währenddessen aber schon aus frühchristlich düsterer Zeit in eine heitere geholt, in die der antiken Mythen – im Radio nun eine der Ottorino Respighischen üppig orchestrierten Impressionen über drei Brunnen: nicht seine Fontana di trevi ist es, zu der gemäß vorangestellter Erklärung auf ein Zeichen Neptuns hin oder einer überströmend lockenden Welle Najaden und Tritonen angetänzelt kommen, wohl um ein Bad zu nehmen – habe diese poetische Phantasie wie von Botticelli gemalt vor mir.) und den 7. Mai zur Mitternacht wie zu beenden?
Über dich zu schreiben, das auch so gewesen:
in einer tief unter Tag sprachlos bewahrten Seelenschicht
keiner Worte bedürftig, weniger an dich zu denken,
als mit dir zu sein, im Aufschauen in den Morgenhimmel
oder zu einem der Umwölkung entsteigenden Mond,
und dazu den Bleistift über das vor mir liegende Blatt
sich bewegen zu lassen, als schriebe er in geistesabwesender
Übereinstimmung mit dir, also mit mir,
deiner, also meiner Handschrift Ähnlndes an abstrahierten
Schriftzügen vor sich hin, um das Blatt nicht bloß
zu schraffieren – im Hinschauen aber habe sich sein
   Gekritzel
als dir (Dir) zugedachte Gedichtszeilen lesen lassen,
wenn auch manchmal, wie im Dunkel geschrieben,
ineinander geraten schwer leserlich – etwa über die

in jeder Gasse mit dir neu entdeckte Welt;
über unser „Schau, es schneit!", von einem Staunen
begleitet gewesen, als hätt es in der Zeit
vor unseren Spaziergängen noch nie geschneit –
auf diese Art bekommt der Bleistift in meiner linken Hand
als Sekretär meines Herzens diktiert, was es denkt, von
   mir nur
im Mir-aufsteigen aus wortarm reichen Bereichen gespürt.
genau so dürften sich die Zeilen eingestellt haben,
im Aufschauen ins Schneien an deiner Seite
bleibe der Schnee, statt zu fallen,
in der Luft über uns stehen!
   *

Der Widerstand bewegter Körper gegen Richtungs-
   änderungen,
Trägheit genannt – entspricht dem das Festhalten an etwas,
das einem längst entschwinden möchte, haltlos von
   Anbeginn gewesen?
aber wenn über alles Geliebte für ein paar Tage,
einem viel zu lange, verreist ist,
im Ausland bei Freunden zu Gast?
Urlaubstage das der Liebe, Rast vom Brennen.
Verjüngung des Herzens bei gedrosselter Flamme,
wie scherzhaft auch *die* genannt wird,
an der man sich einen Herzbrand holen könnte,
obwohl man es ist, was brennt, von ihr, ob sie will oder nicht,
beim Wiedersehen in ein hochaufflammendes Feuer versetzt!
und das heimliche Glück, wenn sich stiller als leise,
nach vielversprechenden Frühlingen
ein Nachsommer mit ihr einstellt,
der den ausgebliebenen Hochsommer gutmacht!
   (8. Mai)
11. Mai. Am Jahrestag unserer Befreiung durch die Streit-
kräfte der Alliierten bedankt sich in seiner Gedenkrede unser

Kanzler bei deren Soldaten für ihre Courage – als hätten die nicht Befehlen gehorcht, sondern denen riskante Zivilcourage entgegengesetzt! das müßte für ihn wie manch anderes ‚evidentest' sein! heute im Auwald der Ybbs zum ersten und vermutlich einzigen Mal in meinem Leben hoch oben in den Laubbäumen einen Pirol, wie mit uns mitgezogen, viele Male rufen hören! ohne sachverständigen Bruder an meiner Seite hätt ich mich nur über diese mir fremde Vogelstimme gewundert, am ehesten ein Flöten, nicht leicht nachzupfeifen; und so unverwechselbar wie das Gogazen eines Fasans. heimgekehrt ihn in meinem alten Brehms-Tierleben nachzuschlagen – sei in Nachahmung seines Rufs ‚Bülow' genannt worden; habe einen kräftigen, fast kegelförmigen Schnabel mit freien Nasenlöchern – ob die an seinem Geflöte maßgeblich beteiligt sind? bin, am Abend in Wien zurück, doch durch die Zehenthofgasse nachhause gegangen, und an der nämlichen Stelle nichts an zerquetschten Resten, nicht einmal ein Tropfen Blut, als hätt es sich tot noch davongemacht: war in der Früh auf dem Weg zur Schnellbahn, um den Zug nicht zu versäumen, nur kurz stehengeblieben vor dem in Seitenlage am Straßenrand liegenden Eichkatzel – im Überqueren der Gasse von einem Auto wahrscheinlich in den Tod gestoßen worden: scheinbar unverletzt, aber nichts an ihm rührt sich, Augen geschlossen – wenn ich nur ein Blatt Papier oder eine Zeitung bei mir hätte, es darin einzuschlagen! verabsäume es also, es aufzunehmen und bis zum Sieveringer Park, zu dessen Gebüsch, mitzunehmen. jemanden aus Haus mit Garten herauszuläuten? auch das tu ich nicht, obwohl schon eine Krähe als Leichenschänderin angehüpft kommt – schreie auf sie hin und hoffe auf die Bauarbeiter auf dem Gerüst des nächsten Hauses. im Hinausschauen durchs Bahnfenster drängt aus den Büschen der rundliche weißblonde Bauch hervor, doch hoffentlich nicht preisgegeben einem Hineingehacke! erst unterm Pirol war mein Versagen aus dem Kopf zu bekommen.

17. Mai. Für den Verkauf exquisiter (oder elitärer) Luxusapartements wird frech ein Vorklassiker aufgeboten, auf einem ihm vorbehaltenen Plakat:
Johann Gottfried Herder (1744–1803)
Wie die Menschen denken,
so leben sie.
in der erst frühindustriellen Zeit darf Herder noch dieser Auffassung gewesen sein – in den deutschen Städten noch keine Zinskasernen, noch keine von Proletariern, Bauern gewesenen, bewohnten Kellerlöcher, das Landleben noch intakt, und noch lange nicht von Flüchtlingen und Vertriebenen überfüllte Massenquartiere, noch lange nichts an sowjetischen Arbeits- und Nazi-Vernichtungslagern. aber nicht nur wie Vieh gehaltene Menschen, auch die Neuarmen unserer Tage, an Anzahl den Neureichen hoch überlegen, können sich schwerlich in ihren Substandardbehausungen ein menschenwürdiges Leben ausdenken!

18. Mai. Meiner Damen-, also Schreibrunde mit dem Begriff ‚Erde' für eine eineinhalbstündige Arbeit zu viel zuzumuten, wenn mir von all dem zu diesem Thema von mir Geschriebenen abzusehen schwerfiele, wie wenig mir auch davon erinnerlich geblieben? vermutlich würde sich nicht einmal die mir fast Gleichaltrige mit der Entscheidungsfrage: ‚Erde oder Asche werden?' abgeben. daß unsere Erde von weit mehr Wasser bedeckt wird als von Erde, einer würde ich es zutrauen, so ernsthaft wie ein Schulkind zu beginnen. bekäme ich über das Kinderzeit-Vergnügen zu lesen, bloßfüßig durch Schlamm zu waten, sich in Sand einzugraben, von dem kleinen Schauer, sich in Lößhöhlen unter Fledermäusen zu ducken? über die rasch ermüdete Freude, aus einem abgeernteten Acker nach Regen an die Oberfläche geratene Steine zu klauben, als wären das von den Bauernkindern liegen gelassene Kartoffeln? über die erst im Erwachsenenalter an den Wänden von Baugruben betrachteten Stein- und

Erdschichten, in Berlin beispielsweise auch von anderen Farben als in Wien, geologisch-morphologisch begründet, siehe die Sandböden der märkischen Heide? oder bekäme ich sinnliche Wahrnehmungen wie die von fettglänzenden frisch gewendeten Ackerschollen vorgelesen? oder miterlebtes Kalken und Düngen der Felder, letzteres noch mit den rar gewordenen ‚Dreckschleudern'? Kräutergärtlein auf Fensterbrettern in genauer Beschreibung wären mir fast so lieb wie das gleichfalls von mir verabsäumte Einpflanzen eines Obstbaumes. nicht eine meiner Damen dürfte am Ausgraben von Wurzelstöcken mitgewirkt haben, aber vielleicht könnte die ein oder andere ihren wann immer befragten Großvater oder Vater über das Elend und Grauen in Schützengräben zu Wort kommen lassen. dürfte ich eine Würdigung der Kotbürste erwarten, die an den Schuhen Wanderungen zu tilgen hat? Belustigungen der Vielgereisten über auf dem Vesuv oder Aetna in Eprouvetten verkaufte Vulkanasche, nach der man sich bloß zu bücken braucht? eine Herzensfreude wäre mir eine Reminiszenz an eine eines Buñuel würdige Szene aus einem der unsäglichen ‚Sissi'-Filme: vor der Krönung Romy Schneiders und ihres Ehemanns nun auch in Ungarn wird aus allen Komitaten herbeigeschaffte Heimaterde zu einem Tumulus aufgehäuft, auf dem dann die Zeremonie stattfindet. enge die Aufgabe auf ‚STAUB' ein, Staub für sie leichter als Erde, zumal nicht eine meiner Damen in einem Luftschutzstollen oder Bombenkeller hat ausharren müssen!

Eckernförde, ach Eckernförde! das durchzuckt dich, kaum daß es dir aus einem der jüngst publizierten Jochen-Jung-Gedichte *Eckernförder Bucht* in den Blick gerissen hat, denn sogleich hast du: *Bucht von Eckernförde,*
　　　　　Schulungslager Baldur von Schirach
mit Griffel auf Albumgrau weiß geschrieben,
in ihrer Handschrift vor dir und somit auch

im seichten Meerblau, es reicht ihr ja nur an die Knie,
die junge Mutter in einem Schwimmtrikot
von dunklerem Blau, sie dir aus Tieferem
als Wasser so jung aufgetaucht, wie du sie nur
von dieser handkolorierten Photographie kennen kannst.
hast sie nie gefragt, ob sie dich leichten Herzens
in der Ostmark zurückgelassen hat,
du ja noch in Österreich aus ihr gehoben worden.
„Wie anders als der Traunsee sieht das Meer aus?",
das hast du, herangewachsen, sie gefragt,
und in ihrer Antwort: „Wie unser Himmel, wenn ..."
wäre jetzt ihr einziges Meer zu erkennen.
Eckernförde! wann zum letzten Mal sie dort lachend
vor dir gehabt, vom Schwimmen noch weiter weg von dir –
ihr Trikot blauschwarz, fast schwarz, aber ein Geglitzer
   ihre Haut?
das erste Mal Eckernförde vor Augen,
hast du im Sand ihr zu Füßen Bucheckern vermißt
und ihre Knie umschwimmende Föhrenzapfen.
Jahrzehnte später nur für Stunden an der Ostsee gewesen,
sie als eine noch Lebende wenigstens einen Moment lang
   vermißt?
sollte das Photoalbum, nur dieses Albumblatt, aufbewahrt
   geblieben sein,
dürft ich sie beim nächsten Mal Amstetten
in der Eckernförder Bucht wiedersehen, so jung,
wie mir gerade noch von diesem Photo erinnerlich
(und sei es nur für so lange, als die mir entgegengesprungene
Eckernförder Bucht im beiseite gelegten Gedichtband
   unauffindbar bleibt)
   *

Zum Andenken
an Ernst Königsgarten
Er wählte Altaussee zur letzten Ruhestätte,

doch starb er in Theresienstadt,
im Jahre 1942.
das ist von einer kleinen Steintafel zu lesen,
an der Altausseer Friedhofsmauer außen angebracht.
auf dem ‚doch' liegt das Gewicht, setzt es doch voraus,
daß vorbeikommender Wanderer innehält,
da er über Theresienstadt Bescheid weiß.
vermutlich hält es so mancher für angebracht,
eines der mit zeitgerechtem Sterben
dem Umgebrachtwerden Zuvorgekommenen
kurz zu gedenken. des Obigen edler Geburtsname
möge ihn, der Asche entstiegen,
hinangeleitet haben in den Garten Eden! (beides am 26. Mai, Altaussee)
Als ein Einspringer, mir das liebste, vom **24. Mai** bis zum **2. Juni** also wieder in Altaussee, und dieses Mal etliche mir neue Wanderungen von der freundlichen Täuschung begleitet, ich sei deutlich jünger, als ich weiß: in wenig mehr als eineinhalb Stunden auf dem Tressenstein angelangt, einen deutlich längeren Rückweg eingeschlagen, um vier Stunden unterwegs gewesen zu sein. nur oben bei der Warte und vor drei Feuersalamandern kurz stehengeblieben. vom Rundwanderweg um den See auf zirka halbem Weg aufs andere Ufer hinüberzuschauen, und die Spiegelung des drüben hoch hinan bewaldeten Felsstocks, sein Gegenbild, nimmt sich wie der hintergeklappte Abdruck eines Originalgemäldes aus, bei leicht bewegtem Wasser wie Farben, über den unteren Rand eines Aquarells ins Zerrinnen geronnen. von einer Anhöhe aber, beispielsweise vom halb erstiegenen Tressenstein, Vormittagslicht vielleicht die Voraussetzung, auf den See hinunterzuschauen, und in seiner Mitte, dafür er ausreichend klein, erscheint, allerdings von Wasser oberflächlich zugedeckt, eine felsige Insel mit ihr aber gleichwenig wie den den Ufern verbunden bleibenden Spiegelbildern auf-

sitzenden Nadelbäumen: ein bewaldeter Felsstock scheint sich kopfüber in den See gestürzt zu haben, ist aber nicht zu Grunde gelangt – entmaterialisiert schwebt er zwar nicht über, dafür unter den Wassern, ganz frei, weil nicht auf einen Blick als ein Gegenbild wahrzunehmen! was da, seiner Felsenschwere enthoben, wie ein Floß stillhält in einer dem Anschein nach weder zur Luft noch zum Wasser gehörenden Schicht, läßt seine Lärchen mit den Wipfeln voran die Tiefe des Trogtales ergründen. bald aber bedrängt ein Rundfahrtschiff die labil geschichtete Insel und macht sie auf Zeit zu sich dahinschiebenden, einander rempelnden schwarzen Baumstämmen. auf dem Rückweg von der ‚Via Salis' einem nicht üblen Wasserfall ausseewärts für eine Umrundung entlangzugehen, und er wird stattlicher, weil sich wie nie zuvor der Leiternweg durch die Bärnschützklamm einstellt, den du mit der Mutter als ein Volksschulkind über wild schäumendes Wildwasser hinangestiegen bist – und es kommt dir auch zurück, daß du dir mithilfe des verdächtigen Namens ‚Bärnschützklamm' die Bange auf den glitschigen Brettern verringert hast: steigen durch diese Klamm zu den Bärenhöhlen Bärenschützen hinan oder doch nur Wanderer, die die Bären vorm Geschossenwerden schützen?

die letzte Altausseer Nacht. keine Lupe, kein Fernglas in meiner Hand, aber ganz nah und auch fern hab ich dich vor mir, auf einem unserer Wald- und Wiesenwege. bleibst des öfteren kurz stehen, schaust in unsere Bäume auf, schaust ins Alpenvorland hinüber, brichst auf den Zehenspitzen an dich herangeholtes Kirschzweiglein doch nicht, und sooft du stehen bleibst, streifst du dir eine Träne von den Wangen. darüber möchte sich mir mein Herz verkrampfen, zieht sich mir aber nicht einmal zusammen, als bekäme das dein Herz ansonsten zu spüren. ja, auf einem unserer Wege ihr aus äußerster Ferne nahe zu sein, das müßte ich Gewesenem ein Trost sein, mehr als ihr – so sehr vermeine ich ihr auf einem der letzten mit mir gegangenen Wege zu Herzen zu gehen, und hätt ich bloß mein liebstes Photo von ihr auf meiner Brust liegen. oder weht es ihr nur Blütenstaub in die Augen? (halbwach bist du, unschicklich daher diese Phantasie über noch Offenes. davon weißt du nur eines: du wirst nicht durchs Feuer gehen – sie ja nicht dafür zu haben, dich in den Wienerwald zu streuen)

hatte am letzten Abend den in der Veranda tot vorgefundenen Nachtfalter, der dort all die Tage am jeweils schattigsten Fensterrahmen verharrt hat, auch zur Nacht nicht bereit, eines der ihm geöffneten Fenster zu nutzen, ungehörigerweise in die Klosettmuschel gleiten und ihm viel Wasser folgen lassen, aber er blieb, weit ausgespannter Flügel, auf der Wasseroberfläche kreisen, als wäre er in seinem wahren Element zu neuem Leben erwacht. erst der dritte oder vierte Wasserguß, ein Wasserfall, hat ihn mir entschwinden machen. zur Zeit der Morgendämmerung dich durch Morast zu kämpfen oder durch Sümpfe zu schieben, bald auf allen vieren – gerate ich immer tiefer hinein oder bin ich am Entkommen? wär es eine Schande, vorm Ende von allem zu Kreuze zu kriechen, sofern man sich von Nichtgeglaubtem Tröstungen erhofft? das hörst du dich vor dich hin sagen, weil es der gilt, die dich so hoch über dir begleitet, daß du sie nur an ihren Knien erkennst.

an ein Weiterschlafen ist nicht zu denken, also frühestmöglich die Heimfahrt anzutreten. gleich nach der Abfahrt des Zuges von der Frage überrumpelt und über die Heimkehr hinaus gequält, ob ohnehin in der Küche zu deiner Erwärmung kurz eingeschaltete Elektroherdplatte nicht glühend hinterlassen – mir unbekannte Aufräumefrau erst nach Pfingsten dort zu Diensten! zurückzufahren oder die Altausseer Feuerwehr anzurufen? mit dem in Liebesjahren erworbenen Rekapitulations- und Rekonstruktionszwang, jeder Stunde des Glücks gewidmet gewesen, nun stundenlang alle Handgriffe und Schritte seit dem Aufstehen dir zurückzurufen, nur der erlösende Moment vorm Schließen des Küchenfensters stellt sich nicht und nicht ein – nur lahme Beteuerungen, ich muß doch Hitze abstrahlend glutrot Leuchtendes zum Erlöschen gebracht haben! daß nicht den nächsten Retourzug genommen, ein Indiz dafür, daß den einen Handgriff ja doch getan? wie in der Wiener Nacht auch noch tags darauf in der Slowakei von Feuersbrünsten heimgesucht worden, nur der See nicht abgebrannt.

4. Juni. In der Morgensonne der Ruthgasse lacht mich blauäugiger Herr Strache nur aus einem Auge blitzblau an – hat ihm das andere, es ist ja fast schwarzblau, ein Fausthieb geschlagen, oder hat er sich die Augenklappe der Piraten verpaßt, uns zum Zeichen, er werde zugunsten des Volkes den kriminell reich Gewordenen ihre Beute abjagen? nein – das ist nur der Schatten eines Lindenblattes!

gestern also mit Elite-Tours in Komarno gewesen, der südslowakischen Festungsstadt, nie eingenommen worden. die großartige Renaissance-Architektur der alten Kasematten. bleiben von ihren Überdachungen, wie Wiesenhügel von Gras bewachsen, weiterhin unkenntlich gemacht. eine der jüngeren Basteien vor wenigen Jahren zu einem römischen Lapidarium gemacht worden. dort eine Mitreisende zu meiner Begleiterin, sie kenne nur den Ausdruck ‚lapidar' – und die vermutet den überzeugend von ‚Lapidarium' hergeleitet: die römischen Steinmetze hätten ja auf den meist schmalen Gedenksteinen mit Zeile nach Zeile beschränkter Buchstabenzahl zurechtkommen müssen. mehr als die Rundfahrt auf kleinem Schiff im Mündungsgebiet der Waag in die Donau hatte es mir dort in der Umschlossenheit von viel schwerem Gemäuer, im Herumgehen zwischen mehrheitlich Grabsteinen und Sarkophagen, eines zur Befreiung von den auf uns lastenden Gewölben angetan: mit den Schuhspitzen zusammenzutreiben, was sich an Pappelsamen durch die kleinen vergitterten Fenster hereinwehen ließ wie Schneeflocken – war sogleich viel lockerer als Schafwollbüschel anzusehen, und würde das in alten Botanikbüchern zu Recht ‚weißwolliger Haarschopf' genannt. und das dann, sobald sich sein Volumen im Zugwind luftig-leicht vergrößert, wie Gespinste oder aufgebauschte Watte vor dir her zu rollen, der Bedrückung manch anderer inmitten von so viel Totem vergessen, weil sich solche Gebilde, eins nach dem andern, in Wollknäueln unzumutbaren Drehungen für einen kurzen Gleitflug in die Höhe schubsen lassen, luftig und leicht, aber nicht verletzlich wie Seifenblasen.

*

Die gemäß Friedrich Schiller
im Escorial herrschende ‚Stille eines Kirchhofs'.
taub auf Zeit mittels sich in die Ohren gegossenen Harzes
    oder Wachses,
dem Schein von Stille des aufgepeitschten Meeres
    hingegeben,
belustigen Odysseus die nun fruchtlosen
    Verführungsgesänge
der Sirenen, ihre stummen Mundbewegungen –
nur weiter so, ihr Meereskarpfinnen!
die sterile Stille eines schalldicht von der Außenwelt
    isolierten Hotelzimmers:
in einem jeden seiner Art ein Ölgemälde zu vermissen,
auf dem einem schnarchenden Gast ein Polster aufs Gesicht
    gedrückt wird –
wie oft wohl hast du auf Lesereisen einen
    Schraubenschlüssel mitgeführt,
um für Minuten dem entmündigten Straßenlärm das Seine
    zurückzuerstatten!
wie zur großelterlichen Sommerfrischenzeit in der Veranda
einer unserer Zeit entrückten Salzkammergutvilla
auf dem Diwan zu dösen, auch der See rührt sich nicht,

aber dann spezifisches Gebrumme: läßt sie, ohne
 aufzuschauen,
noch ein Weilchen am einzig geschlossenen Fenster
im Steigen und Sinken den Ausgang suchen,
aber dann hinaus mit dir in die Freiheit, du Erd- oder
 Wiesenhummel!
die in davon wohl heiliger Stille ihr Kind stillende Frau,
von Goethe auf seiner Wanderung über den Vesuv
durch ein Fenster ihrer Hütte heimlich beobachtet
und in sein Gedicht ‚Wanderers Sturmlied‘ aufgenommen,
möge ihn während dessen Niederschrift so sehr
in die vom Sturm unangetastet belassene Stille um sie und
 ihr Kind zurückgeholt haben,
daß ihn dieses eine Mal das Gekratze seiner Schreibfeder
 nicht gestört hat!
der nur Sekunden stillhaltende Schock eines mit dem
 Roller gestürzten Kindes,
bis es seine mißliche Lage begreift und auch spürt –
den Atem anzuhalten, bis es losbrüllt?
ja, und wie gemütlich es gewesen, als ein sich dem
 Einschlafen näherndes Kind
inmitten der Abendstille von der zeitunglesenden Mutter
 angeblättert zu werden!
(8. Juni, ein Nachtrag zur ‚Stille‘ von Ende November)
*
Verzögerungen
Schält sich zu Tagesbeginn oder anfangs der Nacht
der Gipfel des Hohen Dachsteins aus den Wolken
oder doch nur der Vollmond aus den aus dem Tal
tags- oder nachtsüber aufgestiegenen Nebeln?
Es schält sich zu Beginn oder zu Ende des Tages
weder ein Bergesgipfel noch ein Mond, ob voll oder leer,
aus Wolken- respektive Nebelschichten, es holt sich vielmehr
nicht bloß der höchste Gipfel der Dachsteingruppe

aus den ihn nicht wie Mauern umschließenden
   Wolkenschichten
stolz erhobenen Hauptes, indem er sie, die ihn ja doch
in ihrer Mitte einmauern wollten, an seinem Gipfelgrat
anprallen und zertrümmert zu Tal sinken läßt –
oder ist es vielmehr doch der Mond überm Gebirge,
der die wabernden Nebel wie Geschwader an seiner scharf
geschliffenen Scheibe, deren messerscharfen Rändern,
anrennen läßt, bis sie, zu Tagesende oder zu Nachtbeginn,
recht anders als Bergsteiger, mondwärts zum Dachstein
aufgestiegen, den Halt verlieren und sich ins Sich-auflösen
fallen lassen, also recht anders als Bergsteiger abstürzen?
Aber schält sich nicht doch aus den Wolken der Bergkette
höchster Gipfel, während der Mond den aus den Tälern
die Felswände hinangestiegenen Nebeln entsteigt, oder hält
er Mond es mit diesen luftigen Gebilden nicht ähnlich
wie die Gebirge, die sich von solch feuchten Luftbildern
nur kurz die Sicht nehmen lassen auf die zu ihnen
aufschauende Menschheit? oder blieben denn
die stolzen Gipfel, nicht nur die des Dachsteinmassivs,
für lange in Wolken verschwunden? doch nicht länger,
als der Mond hinter dergleichen Gelicht verharrt,
und wären das Nebelschwaden, die sich seiner scheinbar
bemächtigen, um ihn zum Verschwinden zu bringen!
Ob sich die Gipfel zu Beginn des Tages oder zum Anfang
der Nacht aus den Wolken schälen oder erheben oder gar
aus Wolken höher hinanschnellen; ob nun der Mond
Nebelbildungen entgleitet oder sie von sich stößt,
und sei es in die Gletscherspalten und nicht bis ins Tal –
Luft bleibt für die Gipfel aller Gebirge und für die
noch höher oben wandernden Monde, ob voll, halbvoll
oder scheinbar hingegangen, alles das, was Gebirge und
   Monde
scheinbar mit Umhüllungen, mit Verhüllungen belästigt,

ob zu Beginn des Tages, zu Anfang der Nacht oder auch
 untertags:
das alles braucht als luftig Vergängliches weder vom Mond
noch von Gebirgen einen Tritt versetzt zu bekommen,
fällt von selbst in sich zusammen oder verzieht sich,
um nicht doch von den alles überragenden Gipfeln
und dem hoch darüber schwebenden Mond in die Tiefe
gestoßen zu werden, eleganter als mit einem Fußtritt –
und hätten die beiden, Mond und Gebirge,
eine Zeitlang nichts einzuwenden, von diesen Wolken-
und Nebelnichtigkeiten umschlossen, unserer Sicht
entzogen zu werden – sooft solches Wolken-und-
 Nebel-Nichts
Berggipfel erklommen hat und auch den Mond umringt,
schälen sich die beiden, Mond und Gebirge, aus diesen
 Gebilden,
oder sie schnellen aus ihnen höher hinan,
wie schon zu Anfang der Welt!
ein Künstler der Wiederholungen, also einer, der sich nicht
mit einer Wiederholung begnügt, sondern der ersten Wiederholung deren Wiederholungen unermüdlich folgen läßt,
weil über den Anfang des Anfangs nicht hinausgekommen
 werden soll,
immer nur Anfang von Anfang an, damit auf der Stelle
 verharrt wird
und daher nie auch nur einer Ahnung eines Endes
 nahegekommen wird,
solch ein Wiederholungskünstler möchtest du nicht sein,
wirst aber in Albträumen wider Willen zu einem,
indem du im Vorlesen eines Gedichtes schon nach der ersten
vorgelesenen Zeile in diese zurückgerätst, nämlich viele
 Male,
und daher, damit die Zuhörer das nicht merken,
auf Wiederholungen gleichkommende Improvisationen

über die ersten Zeilen angewiesen bist –
nicht ist über den Anfang hinweg in die zweite Zeile zu
   finden,
und so liest du fast Gleichbleibendes über Gebirge
   umschleiernde Wolken
oder den Mond verhüllende Nebel immer schneller,
als wäre so den Wiederholungen der von Wolken
   umschleierten Gebirge
und des von Nebeln verhüllten Mondes nicht anzuhören,
daß du nicht und nicht in die Zeile findest,
in welcher die Gipfel Wolken durchsteigen oder der Mond
sich der Nebel entledigt hat – dürfen diese Rückfälle in den
   Anfang
erst enden, wenn vom Gedichtsblatt die eingewölkte Zeile
mit ihren eingenebelt sogleich verloren gegangenen Wörtern
verschwunden ist? dafür müßte, wie das Licht des Mondes
hinter Wolken wegbleibt, die Leselampe erlöschen!
(12. Juni. der Anlaß ein zum Thema ,Stille' vorgelesener Vortrag, in den Sechzigerjahren gehalten von John Cage)

*

Den Bleistift, der nichts lieber tut, als mit dem ersten
hingeschriebenen Wort jungfräuliches Weiß zu schänden,
vergeblich nach seiner höchsten Lust schmachten zu lassen,
indem du das Schreibblatt, ihm schon untergeschoben,
beiseite schiebst und mit einem Filzstift in hellgrüner Schrift
der graugrünen Hinterseite eines Mehlbeerblattes
dessen Namen einschreibst oder, noch besser,
mit lehrerroter Füllfedertinte
einem Platanenblatt die Schmähung ,Feldahorn' einritzt!

*

Heiliger Schein
In der Scheibe am Himmel da oben – ein Trugbild, eine
   Doublette
jener kreisrunden hauchdünnen Brotscheibe nur so lange,

als sie im Augenblick des Aufschauens den Anschein
   erweckt,
mit Wasserzeichen versehen zu sein – nicht wie eine Saat,
eher so, wie aufgelöste Tabletten im Glas Wasser
verschwinden, scheinbar strahlend das aufgegangen,
was zu Fronleichnam, von Nachbildungen der nun
von Wolken hinweggenommenen Sterne umschlossen,
in seinem Prunkgehäuse zur Schau gestellt,
von einem betagten, von Weihrauch Umnebelten
trotz des mit den Händen umklammert die Last mildernden
Schultertuchs unter einer ‚Himmel' genannten
   Überdachung
durch viele Gassen geschleppt wird, als wär das
der Leichnam des im verglasten Kreis,
weiß der wie nichts an Weißbrot, Wiedergekehrten,
nun nicht wie in Emmaus als ein Gespenst.
hat das Kreuz, unter dem er zusammengebrochen,
auf andere Schultern gelegt, Fronleichnamsprozessionen
vorweggenommen? deren jede begleiten nicht weinende
   Frauen,
sondern weißgekleidete kleine Mädchen, streuen dem
   Gespenstermond,
dem ihm eingestanzten IHS, Blumenköpfe,
und würden die von den Mitziehenden sogleich zertrampelt.
das nachts leuchtende Vorbild des als Gotteslamm
   besungen
hinter Schutzglas Gehaltenen hingegen
wird von sich verziehenden Wolken
aus der Haft entlassen. (15. Juni, Fronleichnam)
Heute, am Abend des **16. Juni,** und nicht wie alljährlich erst
drei Tage später am Sterbetag des Vaters, schwebt gemäß
seiner Gattung aufrecht, wie der Auferstandene auf Himmel-
fahrtsbildern, über mich hinweg mein erster Hirschkäfer
dieses Jahres einem Ahornbaum zu. und wenig später scheint

dann unweit meiner Haustür ein Marder mit mir zu spielen. kaum sieht er mich, schaut ja auf mich zurück, macht er sich von einem Autodach unters nächste Auto davon. ist unter dem nicht zu entdecken, schnellt auf der anderen Straßenseite über etliche Autodächer, schaut einmal zu mir herüber, und ich folge ihm. in einer größeren Parklücke nächst unserem kleinen Saarpark macht er kehrt, kommt mir entgegengesprungen, als ich mich bücke – dürfte noch jung sein und ließe sich vielleicht mit einer Himbeere ganz herlocken, schaut mich neugierig an. das Weg-von-mir und Zurück-zu-mir wiederholt sich noch drei Mal, dann tummelt er sich an mir vorbei in die Tallesbrunngasse, in deren Gärten es schon reife Kirschen gäbe zum Trost, daß ihn dort nicht eine hübsche Braut erwartet ... in der Nacht seh ich vom Fenster zwei mitten auf der Straße im Tanz einander umstreichen. langgestreckt und kurzbeinig wie sie sind, wären sie auch von weitem nie mit Katzen zu verwechseln.

*

WEINZINGERGASSE
Etliche Jahre nach ihrer mir strikt wie ihr Sterben
vorenthaltenen Totenfeier zuckt mir im Vorbeigehen
an der Weinzingergasse, der ich fast täglich in die Nähe
   komme,
der mir gleich wieder abhanden gekommene Name auf
wie ein Versprechen der Toten,
so lange ich ihn behielte, wäre sie noch am Leben,
war aber schon wie ausgeblasen dahin.
‚Weinzingergasse' heute vom Eckhaus so zu lesen,
als wäre mir dieser Straßenname nicht geläufig,
und ‚Wachter', ja Wachter hat sie geheißen!
fügt sich wie eine geheime Offenbarung hinzu,
und so wird durch die Weinzingergasse gegangen,
gegen deren Ende hin sich das ebenerdige Haus
der Frau Wachter befunden hat –

aber nicht das ihre ist erst vor kurzem abgerissen worden,
sondern ein gleich kleines zu seiner Linken.
daß es noch bewohnt ist, das möchtest du den Fensterbalken
ablesen, der Sommermorgensonne, nur als eine Lichtquelle
willkommen, einen Spalt aufgetan. auch Frau Wachters
Obst- und Gemüsegarten ist noch intakt,
und ‚Wachter' ist vom Türschild nicht enfernt worden –
wohnt hier eines ihrer Kinder, sofern sie welche gehabt hat?
nein, Frau Wachter lebt noch, denn sie kommt
als eine Lebende wie aus einem Rosenstrauch
auf dich am Gartengitter Stehenden zugegangen
und erkennt dich als den, der vor lang hingegangen
nicht mehr wahren Jahren die ‚Frau Professor' des öfteren
von einer Anprobe abgeholt hat – und da könnte dir
so sein, damals geliebt sei auch sie noch am Leben,
dank ihrer Klassenzugehörigkeit scheinbar weit jünger
als die für Umarbeitungen ihrer nach Modediktat rasch
gealterten Kleider Aufgesuchte gewesen
und das für dich geblieben.
War nicht violett und mit silbernen Knöpfen versehen
ihr zu groß Gewordenes aus Bauernleinen?
Habe die Reste, das Weggeschnittene,
der Frau Professor mitgegeben! (der Zusatz: ‚statt es für Sie
aufzubewahren!' unterbleibt)

*

In den Neunzigerjahren ein Frühsommerabend der meiner
Lesung im österreichischen Kulturinstitut von Rom gewesen.
dem letzten Stück meines Anweges waren in felsigem Ge-
lände bald über einer Straßenschlucht bergaufführende
Steinstiegen vorangegangen, hatten mich in die Gärten der
Villa Borghese geführt, in den Duft hochwüchsiger, bis auf
Glyzinien mir unbekannter Pflanzen, aber danach war durch
Natur zu gehen: an einer Wiese mit Pferden vorbeigekommen.
nach der Lesung, nicht spät, nur dunkel es geworden, und so

lehne ich nach einigem Wein die Beschaffung eines Taxis ab, noch eineinhalb Stunden an der Luft zu sein, täte mir nur gut. im bald Stockfinstern mir zu sagen, das könne noch nicht der Duft aus den edlen Gärten sein, davor müßt ich doch an den Pferden vorbeikommen, und gehe und gehe – daß schon viel länger als mir vom Anweg erinnerlich, das täusche die Müdigkeit vor, nur rascher weiter! irgendwann dann trägt es mir von weitem den Geruch der vermißten Pferde zu. und dem folge ich. lange endlich bei Pferden an, aber die gehören, im Freien belassen, zu den Waggons eines Wanderzirkus, weit weg von der Stadt abgestellt. eine Fahrstraße zu finden und der an eine spärlich befahrene Hauptstraße zu folgen. nicht ein einziges Auto hält neben dem Wegelagerer an. endlich läßt sich die Belegschaft eines Rettungsautos nach einem Blick auf mein Hotelkärtchen eine Auskunft entlocken: in die andere Richtung hätt ich zu gehen, sehr weit. zu meinem Erstaunen steh ich um drei Uhr früh vor meinem Hotel (das unlängst für eine Jubiläumspublikation des Kulturinstituts zur Rechtfertigung eines in dieselbe aufgenommenen Gedichts rekonstruiert – und sollte mir nun so sein, einem Hippodrom sei ich in die Nähe gekommen)

18. Juni. Als einer der Juroren eines Lyrikwettbewerbs dich zu wundern, daß viele der Einsendungen SELFIES sind; wie die Natur oder die Beschaffenheit unserer Welt den meisten auch jedwedes ‚Du' abhanden gekommen.

„Was willst du denn – sie ist achtundsiebzig!", und ich schlucke; die beiden wissen doch, wie alt ich! ja, unser Gedächtnis! von einem Autokennzeichen NM zu lesen und im Weitergehen das Spiel beginnen zu lassen. Nana Mouskouri stellt sich von selbst ein, mir gar nicht recht; aber Melina Mercouri paßt ja nicht. kein Norbert, keine Nelly, keine Nadja. aber Natascha – Nadeshda von Meck! biblisch-jüdische Namen? Nathan Milstein, und mit diesen dreien sei es genug! eine halbe Stunde später, scheinbar davon unabhängig, mich zu ärgern, daß mir zwar Martin Luther King präsent ist, nicht aber der viele Jahre südafrikanischer Präsident gewesene, hochbetagt erst vor wenigen Jahren gestorben – Nelson Mandela!

aus meinem Beitrag über Gewalt für SALZ habe ich eliminiert, was so zusammengefaßt sei: die Büchsen, die Flinten des Vaters für uns Kinder nicht ‚Waffen' gewesen, daher gleichwenig meine kleine Armbrust oder das Luftdruckgewehr, mit dem unter Aufsicht auch quer durchs Schlafzimmer der Mutter auf eine Schießscheibe geschossen werden durfte, etwas wie Kriegsspielzeug. könnte man Höhlenkindern der Steinzeit, während sie mit kleinen Faustkeilen und Kinder-Steinschleudern hantieren, heutigen Panzerstreitkräften für Kinder nachgebildete Panzer auf den Höhlenboden stellen, fänden sie vermutlich rasch heraus, was es damit auf sich hat. aber mit zarten und schöngekleideten Zinnsoldaten, vor ihnen auf dem Steinzeittisch aufgereiht, wüßten sie sich wohl so wenig anzufangen wie damals ich mir vor solchen, in der Vitrine eines Großonkels versammelt gewesen.

auf einem Wienerwaldweg vor drei Hirschkäfermännchen stehengeblieben: haben sie um Helena, das schönste Weib, erbittert gekämpft, auf der Walstatt zerschmettert liegengeblieben? gleichen jedenfalls zertrümmerten Rüstungen, die isolierten Schädel einem Kopfschutz aus Eisen, mit Symbolen der Angriffslust geschmückt geblieben.

Ja, die Erschütterung und Betroffenheit, die Politikgrößen aller Herren Länder beteuern, wenn ein Uralter wie Kanzler Helmut Kohl doch erst jetzt gestorben ist, vielleicht auch von ihnen längst tot vermutet!

*

Daß wir beide, weder du noch ich, diejenigen sind, als die wir kaum anders als heutzutag nebeneinander hergegangen sind, das immer seltener als ‚schmerzlich' zu erfahren – eine Nichtigkeit, gemessen an dem

2017

Liebesschmerz, der sich auch im Glück an deiner Seite,
im Glück über dein von mir genährtes Wohlbefinden,
mit schmerzendem Lachen von dir bestätigt,
Gehör verschafft hat!

*

Nur mein Schatten du, nur im Gegenlicht
jetzt vor mir her, das bitte nicht zu vergessen –
oder gingen wir jemals, wohin immer du mir folgst,
nebeneinander her? heute so wenig wie gestern.
eine lichte Gestalt jedoch hat sich von uns
sieben Jahre lang fast überallhin geleiten lassen,
mit ihrer Strahlkraft ihr mich Durchstrahlendes
mir abhanden gekommen, ihr aber nicht, was noch
glost und auch aufglüht, kaum daß ein Wort oder Blick,
ihr aus hingegangenen Tagen zurückgekommen,
die Aschenglut belebt! (28. Juni)

29. Juni. Wo vor ... Monaten kleiner Christbaummarkt gewesen, wo Schöngewachsenes wie einstmals auf Sklavenmärkten schön gereiht gestanden; wo dieser Jungwald parat stand wie Jungmänner vor der Musterung, aber schon wie die ausgemustert abrüstenden Alpini mit Tannengraß geschmückt, dort, auf diesem kleinen Platz zu Füßen einer Kirchenstiege, hockt nun an drei Tischchen fettleibig Halbnacktes bei einer üppigen Vormittagsjausn beisammen. ja, das Bedürfnis der unschönen Menschheit, ihre Beschaffenheit zur Schau zu stellen, Männer mit Hängebrüsten, Etliches an Fettfleischigem oder schlaff Waberndem, nicht naturbelassen, sondern von nicht Wegwaschbarem bemalt, sogar von Dschungelexotik überwachsen – raschen Wegschauens kommen dir die zwei Stampiglien zurück, mit denen der Vater rohes Fleisch in blauer Schrift als ‚tauglich', in roter hingegen als ‚minderwertig' gekennzeichnet hat (eines Vollglatze nun ein rot-grün genetztes Kopfhauthäubchen. ob das unserer Sisi gefiele, die sich in Korfu einen kleinen Anker auf einen Oberarm hat tätowieren lassen?)

*
Meine zwei Nußbäume
An manchem Morgen ist der eine Nußbaum
der andere, und der andere er, der eine.
An manchen späten Abenden sind plötzlich
beide Nußbäume weg, wie nie dagewesen –
da steht dann, wie bei Tag nie,
in der Mitte ihrer angestammten Plätze
ein Apfelbaum, den Verschwundenen
die Rückkehr in sich selbst oder in den andern
wie ein Wegweiser oder Platzanweiser zu erleichtern.
*
Dich zur Mitternacht mit Goethen anzulegen
Die Form, die ewig sich zerstückelt,
damit Zerstückeltes zu neuen Formen findet?
Zerbröckelte Formen, deren Bruchstücke
sich von vorgegebenen Normen emanzipieren?
Mit Lust zerschlügen sich ehrbare Formen
zu Trümmern, denn einzig so sei ihnen
Gebot Gewesenes zu revolutionieren?
Das von Kriegen verstümmelte Menschenbild
habe die Preisgabe überkommener Formen
erzwungen, denn nur in Fragmenten und Torsi
sei das Kunstschöne zu erretten?
Von der Zeit zerfetzte Formvorgaben hätten der Kunst
ohne Stützgerüst Hervorgebrachtes abzuverlangen?
Und Kunst sei einzig zu allen Zeiten,
was sich mit Formgefühl aus rohem Abfall,
aus Schmierrückständen frei entwickelt,
in sich gesammelt,
nicht in Tagesaktualitäten verwickelt? (beides am 30. Juni)
1. Juli. Nicht am Giovedi grasso, weder am Aschermittwoch
noch am Gründonnerstag, sondern ‚Hier, am 6. Juli, ab 17 Uhr,
LEDERHOSENDONNERSTAG' (Kreideinschrift auf dem

Treppelweg des Donaukanals. Burscherltreff bräunlicher Gesinnung? für Studenten dieser Couleur der Ort nicht fein genug)

*

Wer denn sonst als des Westwinds himmlisches Kind
peitscht den Erguß schmächtigen Gewölks,
in demselben es aber da oben sogleich dahin,
so erzürnt gegen das Fensterglas, als sollte dieses,
von oben bis unten zwar nur farblos gestriemt,
diejenigen Malerbilder übertreffen,
auf denen die Körperflächen von Martyrern,
Blutzeugen des christlichen Glaubens,
von lustvoll strömendem und um die Wunden
gestocktem Blut gestrotzt haben!
oder wäre das nun ein ätherischer Blutsturz
des himmlischen Kindes gewesen? (kurzer Regenguß am 2. Juli)

*

ein mäßiger Zeitvertreib im Dahintrotten durch aufgeheizte Gassen: dem Vaterland sein Fortbestehen mithilfe von Autokennzeichen zu sichern. mit KR oder KS, Krems Stadt oder Krems Umgebung, ist die Wachau gerettet, mit HO oder HL das Waldviertel, mit AM meine engere Heimat; VB, LL oder UU (Urfahr Umgebung) genügt, daß Oberösterreich nicht verschwindet. ein BZ oder DO, und es bedarf nicht länger eines S, SL oder eines I, damit alles, was im Westen vor Vorarlberg liegt, ins Heil miteingeschlossen ist. ein SO oder MT reicht für die ganze Steiermark, auch wenn du lieber auf ein BM oder G stößt, und das Burgenland bleibt auf ein OW oder OP hin inklusive Eisenstadt in der Welt, wie Kärnten mit einem SP oder SV sein Auslangen findet. mitten in Wien aber Wien oder die Wiener Umgebung, WU, inklusive TU schützen zu müssen? (und angesichts eines LZ, LI, LB, LN oder LE zu deren Identifizierung noch auf die Mithilfe des Landeswappens angewiesen zu sein)

Am **7. Juli** wir vier Juroren für den heurigen Feldkircher Lyrikpreis uns im Bildungshaus Strobl erst nach vier Stunden einig geworden. der Lohn war der Abend danach an einem Tisch im Freien, nämlich ein Vollmond, hinter violetten Wolken her einem Bergkamm entkommen und durch sie hindurch noch höher gestiegen. wie oft wohl von St. Wolfgang ein Stück auf Strobl zugerudert? aber das für das Bildungshaus angesehene Gebäude wohl ein Hotel aus Gründerzeittagen gewesen. tags darauf früh dem See entlang losgezogen, auf den an Felswänden angebrachten Bretterstegen auch überm Wasser, um nach Jahren St. Wolfgang wiederzusehen; aber lang vorm Erreichen der Schafbergbahn (Name ‚Schafberg' mir aus Bangigkeit entfallen gewesen, wie oft zu dem auch hinangestiegen in glücklichen Tagen) besser umzukehren – nein, dem ‚Haus am Bach', in dessen Garten ich mich immer noch mit Hilde Spiel zusammenträume, in die Nähe zu kommen, das soll nicht sein!

9. Juli. In den Juliwochen pflegt sich der Weg durch die Grinzinger Wildgrube unter drei Maulbeerbäumen wie von violetter Tinte oder von Hollersaft gefleckt darzubieten, aber erst heute mir dort Onkel Gunthers kindisches Vergnügen an uns Kindern Vorgesagtem zurückgekommen:
Amalia, komm herunter in die Maulbeerplantage,
da sitzt der kleine Karli und kratzt sich am A-
lia, komm herunter in die ...
und daher auch das:
Herr ... (?) sitzt hinterm Hause und schleißt.
und obwohl er schon drei Tage nichts gegessen und gebissen, hat er dennoch den größten Haufen geschlissen!
schlitzäugig im Lachen wie Hunnen und braungebrannt fast dunkelhäutig, das soll der Bruder unserer Mutter sein? ein Forstingenieur, der aus der Steiermark dann und wann bei uns zukehrt, immer städtisch-elegant gekleidet? er der einzige Verwandte, der von seiner Soldatenzeit in Rußland, die

Hände vorm Gesicht, offenbar Gräßliches berichtet. uns Kindern sagt er aber sogleich ein ihm von russischen Kindern beigebrachtes Gedicht auf (auch das mir heute, sicher ganz falsch, aufgestiegen: Piotr Bilowitsch, peribilowitsch, ... ptiumaltitschku, peripilitschku ...). und in den späten Fünfzigerjahren belustigt ihn beim Baden im Grünen See Aufgeschnapptes: „Schau dir an – auch hierher kommen schon die Kameltreiber!"

*

Halte doch der Winter, sein Schnee, seine Kälte
samt der Kürze seiner Tage, wie die Herden in den Ställen
den Dichter im Hause, ein Öllämpchen oder eine Kerze
leiste ihm in seinem Stübchen lichtspendend Gesellschaft!
Dort nähre er im kleinen Herde sein dichterisch Feuer
mit im güldenen Herbst gesammeltem Lorbeergeäst
und Ölbaumgezweig, von ihm im Rhythmus seiner Verse
splitternd in Stücke gebrochen und zu Geknister,
als finge das schon Feuer, ineinandergesteckt
und vorsorglich neben dem Waschtisch aufgetürmt,
nämlich sobald er mithilfe der seine Winterstiefel
füllenden Nuß- und Maronischalen und auch
der nicht wie Fichtenzapfen harzenden Pinienzapfen
sein Feuer entzündet hat.
dann hole er von den im November
mit ausgeborgtem Hackbeil so schmal gespaltenen
   Buchenscheiteln,
daß sie zwischen Büchern gut einzureihen wären,
einen Arm voll herbei, aber auch zwischen Buchseiten
papierdünn gepreßte Buchenblätter aus dem Bücherkasten,
wie gering auch letzterer Nährwert für sein Feuer,
denn das alles möchte für ihn zu Holzasche werden.
und dann beschreibe er Wintertag für Wintertag,
was die Flammen den wie sein Herz einer Unbekannten
nur für ihn brennenden Hölzern und Blättern einschreiben!

Wie die Bauern im Winter, die Felder ja zugeschnitt,
vorausschauend sich in ihren Wirtschaftsräumen nützlich
 machen,
Pfähle für künftige Weinstöcke und Latten für jene Zäune
 zurichten,
die ihr Weidevieh, ihre Schafherden vor Wölfen zu
 schützen haben,
oder auch Weidenkörbe ausbessern in Vorfreude
auf die Feldfrüchte, die sich darin sammeln werden,
beginne und ende unser Dichter den kurzen Tag
mit dem Spitzen seiner Rotstifte, dem Schärfen der Griffel,
dem Zurechtschneiden von Gänsekielen, und er schlichte
dieses Schreibwerkzeug an der Hinterwand seines
 Schreibtisches
wie die an den Hausmauern der Bauern aufgeschichteten
Holzscheiter oder verzahnt wie Scheiterhaufen.
Im Frühling sodann trete er ins Freie hinaus,
weide sich an den Liebesliedern der Singvögel
und sammle sie in seinem Notizbuch wie in einem
 Weidenkorb.
In der Juli- und Augusthitze jedoch verweile er Dichter
im ihm sein vergeblich erhitztes Herz kühlenden Weinkeller
und genieße dort, seiner Alleingelassenheit bald vergessen,
zu Nußbrot und echten Kastanien an weißen und roten
 Sorten
Vorhandenes, aber auch seine den Weinfässern mit Kreide
eingeschriebenen Einfälle über sein stadtflüchtiges
 Landleben,
und sollte dasselbe nur einen Winter- oder Sommertag
 währen!
(in vager Erinnerung an Vergils Bucolica, am 12. Juli)
13. Juli. Jetzt am Abend nach etlichen Gewittern erstehen
vorm Fenster im Morgen- oder Abendrot die Dolomiten – was
dort ‚Rosengarten' genannt? (von der lehrreichen Sequenz

der U-Bahn-Screens heute der historische Zusammenhang zwischen ‚Erlaubnis‘ und ‚Urlaub‘ auf die Teilnehmer an Kreuzzügen eingeschränkt worden. ob ich mich als ein Leibeigener für eine dieser aberwitzigen Unternehmungen freigebeten hätte?)

15. Juli. In der Früh an der Wand neben dem Fenster ein stattlicher Heuschreck, nicht nur der nahe Bisamberg liegt am pannonischen Meer. ihn ihm geschlossen gehaltener Flügel auf meine Wäscheleine vors Fenster zu setzen. hängt dann unter der, als wollte er sich verstecken, tastet vorsichtig um sich und scheint an ihr zu kosten. nach langem Zuwarten gelingt es mir, ihn aufzuscheuchen, ohne daß er sich gleich wieder in seine Starre begibt: entfaltet seine hellgrünen Flügel, breiter als meine ausgespannte Hand, und ist schon hoch über die Autos hinweg in der Platane angelangt nach schön anzuschauen gewesenem Flug. wärest für unsere Turmfalken ein Leckerbissen gewesen, du grüner Nichtvogel!

Feuerwanzen, ihr flügellosen mitteleuropäischen Landwanzen, wegen eurer rotschwarzen Zeichnung einstens auch Soldaten, Dragoner oder Franzosen genannt. sind bekanntlich in Scharen, in Zusammenrottungen am Fuß alter Linden anzutreffen. ihr Name dürfte einen Dichter der alten Schule (Lernet-Holenia) zu einer Umdeutung verlockt haben: bei einem spätabendlichen Gartenfest langt er zu einer Linde hinüber und wirft mit lässig-eleganter Handbewegung ein paar ins ihm nächste Ölfeuer, woraufhin die kleine Tochter der Gastgeberin sich in Tränen in den Schlaf entfernt. und jetzt im Hochsommer sind sie auf asphaltierten Wegen immer nur zu zweit unterwegs, Hinterleib an Hinterleib – geht so der Raub der Sabinerinnen vonstatten, oder schleift sie ihn, ihr verkettet, die Beine wahrscheinlich zur Seite gestreckt, damit die ihm nicht gebrochen werden, zum von ihr ausgesuchten Brautbett hinter sich her, da er sich ja schwerlich im Rückwärtsgang mit ihr fortzubewegen vermag? wer da wen hinter sich herzerrt, darüber könnt ich mich mit einer Seminararbeit verdient machen, mein Bruder Peter. die Kopulation dieser Gattung dauere lange, daher werde von vielen dabei nicht stillgehalten.

18. Juli. Dir und Deiner Liebsten (respektive Dir und Deinem Liebsten) einen schönen Sommer!, ja, das zu sagen ist üblich. nicht aber geht an, daß sich ein Bundeskanzler im ihm gegönnten Wanderlook samt dem Wunsch: ‚Ihnen und Ihren Liebsten einen schönen Sommer!' plakatieren läßt – ‚Ihnen und Ihren Lieben' hat das zu heißen, da unsereins immer nur einen Liebsten respektive eine Liebste hat. oder wäre ein schöner Sommer denjenigen zugedacht, die ihren Mangel an Liebe mit zumindest zwei Liebhaberinnen respektive Liebhabern aufbessern? ‚Ihnen und Ihren Liebsten' scheint sich nichts Besseres zu wissen, als uns eine peinliche Selektion abzuverlangen – liebe Verwandte und liebe Freunde, die eigenen Kinder nicht zu vergessen, habe ich viele; welche aber sind mir die liebsten? denn nur mit denen soll ich einen schönen Sommer verbringen! (und wie lange ist es her, daß du deine Schüler angestiftet hast, auf Wahlplakaten Fall- und Beistrichfehler mit Filzstiften anzuzeichnen!)

‚Der Hals der Sängerin' der Titel des Textes, den Barbara Frischmuth beim Gmundner Symposion über ihr Werk lesen wird – schwerlich wird das der Hals sein der mir unbekannten Ionescoschen kahlen Sängerin. eine Anregung ihr Parmigianinos ‚Madonna dal collo lungo' gewesen oder der Kropf einer Ausseer Jodlerin? verhüllt Barbaras Sängerin ihren Hals im Singen, weil ihm da Schwanenfedern entsprießen oder er bis zum Platzen anschwillt und Sprünge bekommt wie ein Tontopf? ‚on verra'.

Sag, wo lebst du nun? – wen das im Traum gefragt? die Antwort war: Ja, wenn ich das nur wüßte! (am ehesten Jeanette es gewesen, die des öfteren im Schlaf unser Bett umkreist hat, bis sie endlich die Fenstervorhänge zu fassen bekam)

*

An einem fremden, nämlich einzig einem selbst
fremden Ort sich als fremd zu empfinden,
nämlich sich selbst dort sogleich fremd geworden?
An einem anderen fremden Ort nach solcher Selbst-
entfremdung sich in sich wiederzufinden,
nämlich als den, der man vor langem gewesen ist?
Oder an einem, einem wie allen so fremden Ort,
daß man wie viele dessen Existenz bezweifelt hat,
sich als einen Neuling zu begreifen,
nämlich im Zusammentreffen
mit einem vertraut Gewesenen,
Schattengestalten sie dort
wie nun man selbst
nur ein Schatten seiner selbst?
(‚An einem fremden Ort' das wird ja die Vorgabe für einige meiner Lieben in einem ihnen fremden Heurigengarten sein, nämlich bald. hab nicht nachgelesen, was ich mir zu diesem Thema vor Monaten habe einfallen lassen. 21. Juli)
27. Juli. Naives über Wasser. Was da im Gebirge an Regen- und Schneeschmelzeteilchen durch die Spalten des Kalkgesteins, dessen Schichten, auf dem wasserundurchlässig felsigen Grund in einem Sammelbecken angelangt, zu viel Wasser wird, gebiert sich sodann aus dem stockfinsteren Verlies ans Licht hinan, wird, fern unseren klaustrophobischen Anwandlungen, der Dunkelhaft gluckernd entsprungen, von uns Quelle genannt, von keinem karstischen Gott der Unterwelt wieder einzufangen, und ist schon, bald von seinesgleichen dem Berg Entkommenem angereichert, also von im Hinabsickern auf den Felsgrund gefiltertem anderem reinstem Quellwasser begleitet, in der erlangten Freiheit flott bergab unterwegs, wie es die Sitte allen fließenden Wassers ist, und noch etliche andere Quellnymphen streben diesem Talwärtsstreben zu, denn all dieses gluckernd Quellende soll

im vereinten Aufquellen und Anschwellen zu Gebirgsbach Genanntem werden, als das es durch Schotterhalden an Hindernissen aus Felsengestein vorbei seinen Weg gräbt, bald von Krummföhren gesäumt und bald auch von Erlen, bis das, mit gleich hastigen Bächen vereint, gemächlicheren Fließens in vom Gelände vorgegebenen Mäandern zu einem Wiesenbach geworden, von den Spiegelbildern von Buchen bedeckt und von ähnlichen Bächen verstärkt, zu einem Fluß wird, in welchem zu Bach- und Flußwasser gewordenes Quellwasser weiterzieht, vorwärtsgezogen an Viehweiden, Dörfern, bald auch an Städten und Industrieanlagen vorbei wie einstmals an malerisch rauchenden Schloten, bis das alles als ein von Wasserfahrzeugen heimgesuchter, von im Bestand bedrohten Fischen bewohnter, von Wasservögeln, aber kaum noch von Menschen durchschwommener, weil trotz Kläranlagen an seinen Zuflüssen von Chemikalien, Plastikmüll und Fäkalien belasteter Strom dem ihm vorbestimmten Meer zuströmt, in der Absicht, in demselben in der Vermischung seines Süßwassers mit Salzwasser aufzugehen.

29. Juli. Um halb sieben Uhr früh dringt aus einem Parterre-Fenster der Kalvarienberggasse das intermittierende Signal eines elektrischen Weckers an dich und begleitet dich viele Schritte durch die samstägliche Stille der Urlaubszeit – denk dir ja nichts Bedenkliches über den Schläfer! und die Nähe einer Bäckerei ruft dir wach die kindliche Phantasie, die dir einstmals des öfteren ein kurzes Auftauchen aus dem Morgenschlaf beschert hat: alles in der Kirchenstraße schläft noch in der spätnächtlichen Finsternis, du aber bist in der Backstube der Familie Sieder längst dabei, für all die Schläfer Semmeln aus dem Backofen zu holen, schön gebräunte, du mehlweiß wie die Siederburschen gekleidet. im Schaukasten der Kalvarienbergkirche unter anderem eine Anekdote über einen Rabbi dir unbekannten Namens: auf die Frage, ob es denn Menschen gäbe, die irgendwelchen Götzen Opfergaben darbringen, habe er geantwortet: Wenn ein frommer Mann bei einem Festmahl noch gerne mehr äße, das aber aus Rücksicht auf sein Ansehen nicht tut, dann ist das Götzendienst!" (eine für mich unbegreifbare Weisheit. darf man nicht bemüht sein, dem Bild, das man wie diejenigen, die einen gut kennen, von sich hat, halbwegs zu entsprechen? der Anspruch an sich selbst ein in der eigenen Brust sitzender Götze? eine Ableitung aus dem Gebot, du sollst dir von Gott keine Bilder machen?)

wie aus Wahrem wenig wahrscheinliche Dichtung würde: während seiner kommissionellen Prüfung schielt längst angesehener Architekt ins Protokoll seines Prüfers, kann dem aber nichts entnehmen, da es auf Altgriechisch abgefaßt ist. der Architekturstudent hört zu Ende seiner Prüfung die Professoren debattieren, versteht aber nichts, da die über ihn hinweg sich vermutlich über ‚Bestanden' oder ‚Nicht bestanden' auch auf Altgriechisch nicht und nicht einig werden. oder gleichfalls in Gmunden unlängst das, von mir etwas verstärkt: die betagte Gräfin gibt deiner Vermutung recht, die Kachelöfen hätten im Winter die hohen Räume kaum zu temperieren vermocht, in solch einem Schloß sei man abgehärtet herangewachsen: nur das Sonntagsessen an der langen Tafel sei an Wintertagen unleidlich gewesen, weil sie Kinder die Hände auf dem nackten Marmor liegen haben mußten. in diesem Saal mit Gletschergemälden an den Wänden in den langen Pausen zwischen den einzelnen Gängen mit der nackten Marmorplatte aufgelegten Händen sitzen zu müssen, da sei ihrem Körper bald alle Wärme vom Marmor entzogen worden, gefroren habe sie, als wären ihre Handflächen, gefühllos geworden, schon angefroren auf diesem eiskalten Stein – mit Mühe habe sie ihre Hände, blutlos schneeweiß wie die Gletscherbilder, gerade noch wegzerren können, nur Hautfetzchen haften geblieben.

30. Juli. Rollt der Vollmond wie eine Kugel über die eisglatte Himmelsplatte? nur dann, wenn zuvor eine Mondsichel die

Wolken mäht mit scharf geschliffener Sichel! jedenfalls macht der Ring des Saturn aus dem nach Jupiter zweitgrößten Planeten keinesfalls einen Herrn der Ringe! (für solches Gedichte sollte sich genieren der Halbschlaf)

Du wirst schon recht haben, meine Liebe, daß das, was mich so wundert, eine der in Zeitungsredaktionen erfundenen Neuigkeiten ist. am Tag nach brav abgesessener Strafe wird der Häftling aus einem texanischen Gefängnis nicht entlassen, weil er kurz davor beim Masturbieren erwischt worden sei. / Ja wäre dieses einsame Vergnügen denn nicht eines jeden Menschenrecht, auch zur Strafverschärfung keinem zu nehmen wie das auf Blasen- und Darmentleerung?, wird sich der doch wohl bald Entlassene gesagt haben, in einem orientalischen Gefängnis würde ich für diese Sünde mit Stockschlägen oder Peitschenhieben bestraft! (vom Ausflug des Lehrkörpers in meinem ersten Dienstjahr in die Steiermark mir nur die Zukehr in einem Gefängnis erinnerlich: während des Rundgangs den Zellen entlang scheut sich kaum einer oder eine der Lehrerschaft, wie ein Gefängniswärter an das ein und andere Guckloch zu treten und die Klappe zur Seite zu schwenken. deshalb aber, sag ich mir damals, sind nicht sie alle mit der Ungeniertheit gesegnet, am Bauch der Schularbeiten Schreibenden vorbei in das Fach zu greifen, in welchem verbotene Hilfsbücher oder Schwindelzettel liegen könnten!)

1. August. Schlafloslliegen sei mit drei Zigarettenlängen abgetötet! so gut wie abgetötet.

4. August. Ins Terrain einer mächtigen Platane, aus deren mehrteiliger Krone seit langem etliche kahle, schon von weitem als abgestorben erkennbare Äste hochhinan gereckt verharren, hat der Besitzer ein Gartenhaus mit Glasdach eindringen lassen, und so muß der auf Baumschnitt spezialisierte Bursche, unter Nutzung eines Wurfseils im Herumklettern da oben mehrmals von sich selbst neu angeseilt, mit anderen Seilen alles als nächstes Durchgesägtes so sichern, daß es sich wie bis dahin die anderen Holztrümmer dorthin in die Tiefe lenken läßt, wo es, von einem Gehilfen in Empfang genommen, in der Wiese aufsetzt. da solche Bäume üblicherweise längst von einer Kanzel aus beschnitten werden, zum ersten Mal zu sehen, daß der da nicht wie die Männer an Telegraphenmasten Steigeisen an den Schuhen hat, sondern offenbar zur Schonung der verletzlichen Rinde seine Füße in Schuhen mit hohen keilförmigen Absätzen stecken. länger, als einzig es vor sich geht, sollte zuletzt Schönes dauern: einen gegabelten Ast dreht es vorm nichtfreien Fall herum, und sodann schwebt wie aus einem oben und unten verwechselnden Himmelfahrtshimmel die Skulptur eines zarten Mädchens herunter – ist ja nicht der ‚Vom Himmel hoch, da komm ich her' singende Weihnachtsengel. den Rücken von ihrem Seil aufrecht gehalten und gestützt, sitzt sie mit abgewinkelt leicht geöffneten Mädchenbeinen auf einem Sessel aus Luft. ein Torso ist sie geblieben, ihr schmaler Oberkörper reicht ihr nur an die kindlich noch unweibliche Brust, und nichts an Armstümpfen darf ihre Vollkommenheit mindern. sitzt sogleich auf einer luftigen Schaukel, läßt sich von der im Herniedersinken im Zeitmaß der Zeitlupe kleinwenig in ein Vorwärts- und Rückwärtsschwingen versetzen. und sie macht dich im deinen Blicken vorenthaltenen Landen auf unserer Erde an Hoffmanns Puppe Olympia denken – zu hören ist ihr Zersplittern.

5. August. Gestern beim Heurigen mit Ilse Kilic und Fritz Widhalm, seit Jahrzehnten ein Paar, eines mir eine geheime Offenbarung: sich und einander ‚gut leiden zu können' die Voraussetzung für eine haltbare Liebe und Ehe! ‚gut leiden können' – hat diese Phrase Entsprechungen in anderen Sprachen? kommt ja einem ‚leicht ertragen', ‚gut aushalten' nahe, enthält ein liebevolles Tolerieren von einem an sich unlieben Gewohnheiten oder Eigenheiten. so wird Ilse im Schlaflosliegen niemals von neidvoller Verdrießlichkeit heimgesucht, wenn Fritz neben ihr tief schläft oder sogar schnarcht! (mich heimbeeilt, im Radio aus Salzburg übertragene ‚Lady Macbeth von Mzensk' kennenzulernen. und dann? kommt mir immer bekannter vor, nicht in allem, bis endlich ‚Katharina Ismailova' herauszuhören ist – unter diesem Namen in den Siebzigerjahren kennengelernt, aber als eine Oper von Janacek in Erinnerung behalten. schuld daran dessen ‚Katja Kabanova')

6. August. Schaukasten eines Kindergartens. wie mit Schablone gezeichnete Tulpen einer Anna-Magdalena beschenken dich im Weitergehen mit einer deiner Kinderzeichnungen; hast ganz genau vor dir die auf einem Packpapierbogen verloren anmutende Figur mit emporgerissenen Fadenarmen und hängenden Fadenbeinen, deren Grinsen, einem Kopfkörper oder Körperkopf eingeschrieben, dich so erschreckt hat, daß du sie nicht der Mutter zeigen wolltest – auch wegen der unheimlich ausgreifenden Hände.

7. August. Wien bei seit Tagen beibehaltener Hitze! nicht das Schwitzen ist es, auch nicht die in den Öffis sich verschwisternden Schweißgerüche, ob pur oder von sogenannten Deos akzentuiert, und sollte es solchen Sprays obliegen, den schon am Vortag oder erst in der jüngsten Nacht hervorgebrachten Schweiß zu übertünchen, denn vielmehr setzt uns durchs erhitzte Wien Flanierenden was zu? die Mistkübeln, kaum Abfallkörben, aber vor allem Biotonnen entkommenden Eiweißzersetzungs-, sprich Fäulnis- und Verwesungsdüfte so intensiver Natur, als hätten sich in diese Behälter gestrandete Fische zum wohlgeborgenen Verwesen zurückgezogen oder verludertes Wild in ungestörtes Veraasen. und was da noch im Sich-zersetzen zu gären oder zu verfaulen vermag, stimmt in die Gesänge des Nichbestatteten ein, sogar die ihrer Rutsche in einen Ledersack entkommenen, an Straßenrändern zerquetscht hinterbliebenen Roßäpfel der Fiakerpferde. und aus welchen Kanälen nächst Donaukanal

und Wienfluß finden Kloakendüfte an die Oberwelt, nämlich
bis in die Waggons der U4 nächst Station Roßauer Lände,
nämlich so intensiv, daß Wien-Touristen herumriechen, welcher Fahrgast seine Exkremente in seinen Hosen aufbewahrt?
hat diesem Gestank ein Unterweltgott Oberlichten geöffnet,
begeistert von der Cloaca maxima, der Seele der Menschen?
diese Samstag- und Sonntagsdüfte werden aber, so Gott will,
Montagfrüh aus unseren Nasen geschafft, von den von uns
bedankten orangerot Uniformierten in gleichfalls orangeroten, anders als Särge von Planen verschlossenen Speziallastwagen. und ein uns trotz Dringlichkeit an dafür nicht
vorgesehenem Ort nicht Lospissenden gnädig gestimmter
Regen wird Hausmauern, Laternenstangen und Stiegen
säumende Wände reinwaschen von dem, was an eingeätztem
Urin auf Vorbeigehende deutlicher zurückstrahlt als schäumend verrinnende Pferdepisse. der auf von der Sonne versengten Böschungen versöhnende Geruch wild aufgegangener
Kamille, von Salbei- und Brennesseldüften durchzogen!

*

Du grauer Strand, du graues Meer!
und so wie ihr die graue Stadt dahin,
seitab von euch gelegen, nun vermißt.
kein Nebel, welcher noch auf Dächer drückt,
weshalb, was Stadtrand war, nun kahl,
wie nirgendwo ein Nordseestrand.
Du mir samt mehr als deinem Meer
im Altersgrau versunkene Jugendstadt!
du grauer Strand am grauen Meer, und mit
euch beiden die graue Stadt verschwunden,
auf Nordseesand gebaut gewesen.
Am grauen Strand, am grauen Meer
seitab der Stadt ein Wildgansschrei?
Ihr Städte, fern dem grauen Meer
und seiner grauen Stadt –

dein Strand jedoch, du graue Stadt,
von einem Möwenschrei mir auferweckt!
Ihr Singvogelstimmen, ihr spät kennengelernte,
unter ziehenden Wildgänsen nie vermißte.
Du Wildgans, grau wie einstens
Meer und Stadt geblieben – und nicht
als nur noch leeres Wort vorhanden.
Ihr Städte, unbewohnt von grauem Sand –
nie dringt an euch mein Wildgansschrei
von einem hingegangen Strand!
‚du graue Stadt am Meer', einzig das von unserem Vater oft
vor sich hin gesagt worden.
8. August. An die Glaswand des anscheinend aufgelassenen Geschäftslokals gerückt, befinden sich fast zu eines Füßen gottlob nicht Zwillingszwerginnen, als welche sie, einzigartig mißbildet, lebensunfähig Totgeborene wären, sondern zwei ganz gleiche wohl en masse angefertigte, in Lebensgröße auf das reduzierte Auslagenpuppen, worauf es im speziellen Fall ankommt: aus rosa, sozusagen hautfarbenem Kunststoff geformt, sind sie erst halsabwärts (und mit Armstümpfen wie die Aphrodite von Knidos ausgestattet) bis zum Ansatz der Oberschenkel vorhanden, und dem sitzen sie auf. ihren Busen und Bauchpartien wären formae iononicae nachzurühmen, welche Körperbeschaffenheit Wiener Schneiderinnen vom alten Schlag als ‚figurell gut beisammen' umschreiben, und daher wohl für die Zurschaustellung von Badeanzügen, Büstenhaltern und weiblicher Unterwäsche für wohlbeleibte ältere Damen beruten gewesen – nicht nur zum Schwimmen benötigte Arme und Beine für dergleichen Bekleidungsstücke verzichtbar und Köpfe mit üblicherweise jugendlichen Gesichtern als eine Kränkung der Umworbenen vermieden worden. wie zur Halbzeit des Umgekleidetwerdens die beiden nackt, wohl für immer (und bei der Räumung des Geschäfts als ein Gag zurückgelassen). nimmt man dann

aber im Halbdunkel da drinnen aufgehäufte Betontrümmer wahr, hat man in ihnen die traumhafte Beschönigung einer lokalen Katastrophe vor sich.

Holt euch, was euch zusteht!, das ruft klassenkämpferisch der Bundeskanzler im Ruhestand Befindlichen zu, aktiv sollen sie an der Aufbesserung ihres Ruhegenusses mitwirken. sind noch am Überlegen, ob sie mit Hämmern und Sicheln oder ausgeborgten Krücken den zu niederen und obendrein nicht wertgesicherten Renten zu Leibe rücken sollen.

Am **9. August** steht aus dem nun steinigen, von Unkrautbüschen durchwuchertem Steilhang, vor zwei Jahren noch ein Sonnenblumenfeld gewesen, ziemlich hoch oben eine schmächtige Nachfahrin in leuchtender Farbe aus der Trübseligkeit rundum heraus. die hol ich mir und bette sie in meinen Rucksack. erst in der zweiten Nacht nach diesem ab der Früh heißen Tag während Geblitzes aufzufahren; hab sie in Dunkelhaft verdursten lassen! mit vor Ermattung schlaff hängenden, in der Enge da drinnen zusammengestauchten gewesenen Blütenblättern, gerade noch gelb und nicht schon braun, liegt dann die herausgeholt vielleicht ins Überleben Gerettete in meiner Hand, wird gekürzten Stengels geduscht und mit Trinkwasser versorgt in mein Kaffeehäferl gesetzt. am Morgen lohnt sie mir das Zuviel an schlechtem Gewissen – hab sie schon so weit gelabt, daß sich die Blütenblätter zu strecken mühen, zwei grüne Blätter schon gestrafft. und am Tag darauf blüht sie stramm, von der Fastenzeit sich zu kräftigen stimuliert worden; und heute, am vierten Tag seit ihrer Entführung, wie frisch aufgeblüht! ist als Nachgeborene noch schöner anzusehen, als es ihre vollaufgeblühten Vorfahren im Morgenlicht waren – das Zentrum der kleinen Korbblütlerin ein gelb und schwarz gepunktetes Körbchen, dem nur mithilfe der Lupe anzusehen ist, was nicht zu Kernen werden wird. los, auf den Kahlenberg, an ihrer Geburtsstätte vorbei, von der ihr aber kein Geschwister heimzuholen ist. oben, nahe zum Hotel, überlegt im Um-sich-Schauen ein junges Mädchen, was nun zu tun sei – entscheidet sich für den Weg, den ich dort immer nehme, und sobald mein Anorak in den Rucksack gesteckt ist, gehe ich nicht zu knapp hinter ihrem bunten Stoffrucksackerl her, pfeifend, damit sie mich hinter sich weiß. kehrt sich kurz um und wird deutlich langsamer, möchte offensichtlich vom hinter ihr Hergehenden überholt werden, nun geht es ja ein Stück durch den Wald. Fräulein, sage ich raschen sie-Überholens, sie dürfte schon eher eine Studentin als eine frische Maturantin sein, der Weg da führt über den Hermannskogel, aber so weit muß man nicht gehen!, und da lacht sie mich an und geht bald so knapp hinter mir, daß sie manchmal an meiner Seite ist. als ich, einem Hirschkäfer aus der Rückenlage aufzuhelfen, innehalte, tut das auch sie und schaut mir bei meinen Hantierungen zu. Das da nun der erste Weg, der zur Kreuzeiche hinunterführt und weiter zum Cobenzl, wo man in einen Bus nach Heiligenstadt einsteigen kann! da lacht sie mich wieder an und folgt mir auf meinem. nach einiger Zeit wieder ich: Und das der zweite Weg zum Cobenzl!, und sie lacht mich wieder an. Sie verstehen deutsch?, und da lacht sie nicht nur, sondern nickt auch. und wir gehen weiter. Das wäre jetzt der dritte Weg abwärts gewesen, und bald sind wir bei einer Brücke, unter der hindurch es zwischen bewaldeten Hängen auf einem etwas steinigen Weg nicht weit nach Grinzing ist. aber schöner wird es gleich auf unserem Weg, etwas bergauf! und sie lacht wieder und wartet, bis ich vor ihr hergehe, als wäre der Weg nun für ein Nebeneinandergehen zu schmal. Bald sehen Sie aufs Stift Klosterneuburg hinunter!, indem ich mich, ohne stehenzubleiben, zu ihr umdrehe. muß mich im Gehen nach dem Stift ausschauen sehen, bekommt dann aber nur zu hören: Schade, den Blick haben wir offenbar versäumt, zu spät geschaut! ab da manchmal zurückzuhorchen, ob sie mir noch nachgeht, und dabei langsamer zu werden, bis mir ihre Schritte wieder nahe sind. schaut mir dann zu, wie ich einen labil geschichteten Stoß von Holztrümmern photographiere. So, geradeaus geht es auf den Hermannskogel, ich aber zweige nun nach Sievering ab!, und schau mich nicht um, ob sie mir nachschaut, als wäre da nur festzustellen gewesen, daß sie weg ist; nicht hinter Bäumen meiner Sicht entschwunden, mir nicht von Sträuchern verborgen gehalten, sondern wie nicht einmal eine Täuschung lang vor mir, hinter mir oder neben mir gewesen. mich allein nach Sievering zu beeilen, das dann so alleinig, als wär ich nicht meistens allüberall allein unterwegs. hatte einmal an einer Weggabelung: Ich komm mir ja schon wie ein Fremdenführer, wie ein stolzer Bergführer vor! laut vor mich hingesagt, auch dazu mit geschlossen bleibendem Mund von ihr angelacht – eine Engländerin oder Schwedin meine stumme Begleiterin gewesen, vielleicht nach meinem Wegschwenken im vor uns gelegenen Wirtshaus zum Agnesbrünndl für eine Stärkung zugekehrt?

12. August. Wie an jedem Hochsommer-Samstag schon um acht in der Früh auf dem Yppenmarkt anzulangen, zu der Zeit also, zu der du erst die Morgenzeitungen liest – bei einem Zusammentreffen gegen Mittag hin würdest du mich lachend verdächtigen, auf dich gelauert, dich abgepaßt zu haben! einmal du am Staritzbüchlerschen Standel hinter mir gewesen – deine Hand an meiner Schulter hatt ich sofort erkannt, mich aber erst auf ein Wort über so viel Weinbedarf zu dir umgewandt. du findest dich hier seltener ein, am Stand der Familie Frank, ganz nah zu dem meinen, um Eier zu kaufen, nur heute sicher nicht, da du in Salzburg bei den Festspielen bist. höchst unwahrscheinlich, daß dich der dortige Regen in die Yppenmarkter Sonne holt. gehe nun aber, meine zwei Weine im Rucksack, alle Standeln ab, um dich ungeniert auszuspionieren – kaufst hier ja auch manchmal bei einer Kräutlerin das, was dann das Abendessen würzt, zu dem ich

eingeladen bin. nein, ich schaue nicht nach dir aus, versenke mich besser in die Dahlien hier und dort: wird nicht schwer sein, den dir sympathischesten Strauß herauszufinden, und sollt ich dafür deren zwei zusammenfügen wie schon einmal. vor den schönsten Dahlien dreh ich mich nicht nach dir um. aber die Paradeiser da – tief gekerbt wie die vom auch von dir geschätzten Meléndez gemalten?
14. August. Dort spät von einer neuen Informationstafel aufgeklärt, im Pötzleinsdorfer Schloßpark enttäuscht aufzutrumpfen: Nein, du frischgeweißelte Übergröße, die Flora bist du also so wenig wie der O-Laute produzierende weiße Riese ein Demosthenes ist, Ihr seid mit den zwei anderen, vom Feuer unangetastet belassen, bald nach dem Ringtheaterbrand, bei dem also 384 Personen zu Tode gekommen sind, als Sopran, Alt, Tenor und Baß von der Attika heruntergeholt, hierher transferiert worden, in frischer Luft eure Arien weiterzusingen! links vom vom Neustifter Friedhof abwärtsführenden Weg am Rand von Gebüsch erstmals eine Kreuzigungsgruppe wahrzunehmen – der Gekreuzigte selbdritt oder die zwei Schächer ausnahmsweise nicht ans Kreuz gebunden, sondern gleichfalls ans Kreuz geschlagen? hinzutreten und – ach so! – vom Sockel dieser Dreiheit das zu lesen:
Wir gedenken in Dankbarkeit unserer Ahnen.
hier befand sich achtzig Jahre
der Neustifter Friedhof. Der Weinbauernverein.
da sind nun also drei gußeiserne Grabkruzifixe dreier da begraben gewesener Weinbauernfamilien so vereint worden, als lägen die nun unter den Hollerbüschen als Drillinge. am Nachmittag vor der Auslage der Buchhandlung Stöger, Obkirchergasse, kurz stehen geblieben, Erblicktes im Weitergehen so fortgesetzt: Ich bin, der ich werde! oder: Ich werde, der ich bin! – ja warum sollte denn nicht eine Körperempfindung im Mutterleib, so wir daran eine Erinnerung hätten, in solch einen Satz zu übertragen sein? einzig dem,

der: „Ich bin, der ich bin!" zu uns spricht, weil es zu Gott keinen Oberbegriff gibt, wäre die Ich-Werdung wesensfremd. ‚Ich bin seit immer der, welcher ich immer sein werde!', auch so hätt Er sich definieren können, der er ja, versteht sich, in der von ihm erschaffenen Welt nicht von einer von ihm miterschaffenen Mutter geboren worden sein kann. aber sein Sohn, der Menschensohn, könnte im jungfräulichen Mutterschoß schon gespürt haben, daß er vom Vatergott zum Opfertod ausersehen ist. ob über dergleichen von den Kirchenvätern des Mittelalters ernstlich spekuliert worden ist? Ich möchte mit Gottes Hilfe noch eine Zeit lang der bleiben dürfen, der ich gesegneten Alters bin!, so könnte meinesgleichen sein Lebensgefühl ausdrücken. aber: *Ich will ich werden!?* diesen Satz, Titel seines Buchs in der Auslage, pflegt wohl der Psychiater oder Psychotherapeut seinen Patienten respektive Klienten als ein Dogma aufzuoktroyieren!
Früher Morgen von **Mariae Himmelfahrt**. Jetzt, gnädige Frau, wo wir alle da sogleich zum Abflug nach New York diese Eisenleitern bis zum dreißigsten Stockwerk hinansteigen müssen, merke ich, mit einem leeren Stadtrucksackerl angestellt zu sein – nicht einmal meinen Paß hab ich bei mir. muß also den Flug verfallen lassen und gehe! Moment, bleiben Sie! Sie schauen meinem Mann zum Verwechseln ähnlich, dem solch Vergessen auch ähnlich sähe, und dessen Paß hab ich bei mir. und hab auch zwei seiner Unterwäschegarnituren eingepackt – mit denen kann ich Ihnen für die New Yorker Tage aushelfen. Ihr geliebtes Taschenmesser werden Sie aber beim Einchecken zurücklassen müssen, um die da oben nachsichtig zu stimmen! (dem war anderes vorangegangen: Aber wie ist das denn möglich, daß ein Zweiarmiger das Ping-Pong-Match gegen einen Einarmigen nur knapp gewinnt? und daß das Reglement solch einen Kampf überhaupt zuläßt? / Na, da ist Ihnen entgangen, daß der Beidarmige zur Kompensation des Handicaps seines Wider-

sachers auch noch gegen Sturmböen zu spielen hatte, mit der ihm nicht amputierten linken Hand – / Ihrer Auffassung nach dürften also Rechtshänder nicht gegen Linkshänder spielen, was aber üblich ist!, und war dann mit eingeschlafenem rechtem Arm kurz wach)

gut ausgeschlafen in der Obkirchergasse vor einem Plakat der Stiegl-Brauerei kurz innezuhalten: *Gemma mal wieder ein Bier trinken?* eine Sprachvermischung. Gemma endlich amoi wieder auf a Bier?, so hätt das in Austria zu heißen.

16. August. Ihr Perseiden, von mir allzu lange für die Damen eines Sternbildes gehalten! um zwei Uhr früh von nichts und wieder nichts aus dem Schlaf geholt, ans Fenster zu treten, wiewohl mir ganz sicher, euch Tränenschwärmen ferner Sterne wäre das schnuppe. und so ist es dann auch – immerhin fährt ein weißer Kreidestrich wie an einer Schiefertafel vom Himmel herunter. aber nicht zu nehmen ist mir die längst verjährte Altausseer Nacht, in der ein weißer Steinschlag, eine weiße Steinlawine von einem hohen Himmel heruntergestürzt ist, ohne Gepolter!

19. August. In einem Wiener Laufhaus gibt es als „Zusatzangebot üppige Fetischpuppen für Freier, die einen Fetisch für Puppen haben" – ja dieses Faible gibt es! und endlich zu wissen, warum mir im Unterschied zum längst üblichen ‚vertonen' ‚vertanzen' unsympathisch ist – das Wort reimt, unrein zwar, auf ‚verpatzen', auf ‚verwanzen', ‚zerkratzen'.

*

Mitten im Schreiben dieser Zeile
blieb der Bleistift des Dichters für immer stehen.
In dieser Briefzeile angelangt, fiel der alten Dame
ihr Schreibgerät aus der Hand und sank zu Boden, ihm nach.
Während der Poet diesen edel ziselierten Vers mithilfe
seiner Goldfüllfeder Montblanc zu vollenden im Begriffe war,
wurde er in die Unsterblichkeit abberufen.
Gegen diese Holzwand warf der Zimmermann

seinen Zimmermannbleistift, trat hinaus und erhängte sich an einem Apfelbaum.

*

Zwei Hinterbliebene, die, quer über ihn gekrümmt,
den Toten zum langen Abschied abküssen, nackt sie wie er?
die einverleiben sich als ein Totenmahl seinen Leib –
sind aber nicht durch eine Fehldeutung der katholischen
   Kommunion
Theo- oder Homophagen,
sondern Nacktschnecken, die sich am Kadaver
des zerquetschten Artgenossen gütlich tun!

21. August. Worauf mich das Thema ‚Stille' hätte beschränken sollen: auf den hoch aufgerichteten Sommernachtshimmel, aus dem, wie schon notiert, kaum daß aus dem Schlaf an ein Altausseer Verandafenster getreten, wie ein Wasserfall weißes Geröll seewärts gestürzt ist, aber stummer Steinschlag blieb, indem es nichts hören ließ vom Aneinanderprallen der heruntergeschütteten Steine, da dieser Sturzbach einer aus Sternschnuppen war. diese Sekunden nicht von himmlischer Stille, nur der Schauder eines gewesen, der, gleich plötzlich ertaubt, das Herniederkrachen einer doch wohl kreischenden Steinlawine anstarrt.

würde einem, läse man in der Sommerhitze romantische Deskriptionen nördlichster, von Eisbergen zusätzlich gekühlter Meere, etwas wohler oder gleich noch heißer? in einem trotz Jännerkälte ungeheizten Zimmer geriete man bei solcher Lektüre in das Gezitter frierender Hunde.

jüngsten Traum als ein Gleichnis für die Treue nicht verblendet gewesener Liebe zu sich selbst zu deuten, da sie nicht wie plötzlich sehen gemachte blinde Liebe auch schon erblindet? eine einstmals Geliebte, längst tot, flehst du um eine einzig dir vorbehaltene Stunde an, nur verwundert, daß ihr, offenbar von ihr unbemerkt, aus den Wangen Haarlocken gewachsen sind, die duften wie Heu. (bist, im Schwimmen immer nur auf Tempo bedacht gewesen, nie in Bilder der jeweiligen Liebe eingetaucht, schon gar nicht in Selbstbespiegelungen, die doch einer spiegelglatten Wasseroberfläche bedurft hätten. aber im Hinunterschauen auf den Grund klaren Seewassers war momentweise eins zu werden mit den Falken, die, hoch oben auf Luft gebettet, im Ausschauhalten stillhalten; aber schiefmäuligen Kraulens sich Haien anzubiedern?)

26. August. Gar nicht wohl ist dem Golden Retriever, weiß wie kein Schaf, der als einziger in der weiten Wiese des Türkenschanzparks regungslos dasteht und seinem Herrn befehlsgemäß entgegenschaut, während der mit seinem so und so auf ihn gerichteten Smartphone hantiert – wird zwar nicht wie durch ein Zielfernrohr anvisiert, aber die Scheu feiner Hunde vorm auf sie gerichteten Photoapparat ist ihm erhalten geblieben. beginnt, als es ernst wird, zu hecheln und drückt sich entgegen dem Zeichen, er solle auf seinen Herrn zulaufen, auf den Boden und dreht den Kopf weg, um seine Erschießung nicht mitansehen zu müssen. ja, gottergeben wie ein Opfertier vorm Kehlschnitt – was weißt denn du Kalfakter vom Los der Osterlämmer! – scheint er zu verharren, bis der auf ihn zugegangen kommt. ein Freudensprung seine Auferstehung. zu jung, sich bedächtig zu erheben.

Altpapiercontainer bitte nur zerlegt und flachgedrückt in den Karton! (Maria, 85, bekommt am Telephon von einer Jugendfreundin zu hören, sie befinde sich in einer Hernalser Privatklinik, zugleich aber auch im Textilgeschäft ihrer Mutter, denn sie müsse die sympathischeste Angestellte entlassen, weil sich die allzu oft vermesse. Und wenn dir solch ein Los beschieden wäre? / Da rufe ich Hilde Spiel an, wann denn endlich nach St. Wolfgang aufgebrochen wird!)

28. August. An einem dieser heißen Spätaugustnachmittage mich durch Stammersdorf geschlichen und dann die Kellergasse hinangeplagt, tags darauf im mir unbekannt gewesenen

Strebersdorf ähnlich. da wie dort führt eine Gartenstiege die Lößwand hinan in einen Heurigengarten unter Obstbäumen am Rand der Weingärten – der Strebersdorfersche dem Bisamberg näher. dich gewundert, daß die beiden Kellergassen oben in einem spitzen Winkel einander berühren – bist die Stammersdorfersche also nie zu Ende gegangen. und heute vormittag mit Veronika und Janko-Hund an der Donau und Neuen Donau – sooft er nach einem ‚Hunterlschwumm' da oder dort auf mich zueilt, ruf ich ihm: Schnell zur Veronika! zu, worauf er sich vor ihr abbeutelt; das erste Mal ist sie über meinen Zuruf befremdet, darauf ich: Der Blau und der Grün sind auf Löwenjagd. der nur leicht verletzte Löwe kommt zähnefletschend auf die beiden zugestürzt, und der Blau zeigt auf den Grün und ruft dem Löwen zu: Der Samy wars, der gschossen hat!

Ende August. Die einen, die Menschen, haben ihre Häuser zu verlassen und vor dem Hochwasser zu flüchten, schleppen sich und etwas Hab und Gut wie auch kleine Kinder durch die zu reißenden Bächen gewordenen Straßen, die anderen entkommen schwimmend ihren Gefängnissen, Aligatoren-Farmen, streben in die Freiheit, doch nicht hinter den zu Fuß Flüchtenden her!

*

Du bist schon ein sehr lieber Mensch!,
diese telephonische Feststellung, an ihrer herben Art
   gemessen,
geradezu emphatisch an dich gedrungen, samt dem Anlaß
(hatte mich aus dem Auto, von mir unbemerkt,
ein junges Mädchen im Rollstuhl schieben sehen)
mir vor Minuten zurückgekommen, kaum daß sie mir,
an die zehn Jahre danach, von unserer Wanderung
einige Zeit nach mir Heimchauffiertem heimgekehrt,
was ins Ohr sagt, in Gefühlsäußerungen keusch geblieben?
Das ist schon sehr lieb gewesen, wie du

dem ... (ihrem Leihhund) Wasser zugereicht hast! –
ja, nach Stunden ohne Wasser,
zuletzt einem ausgetrockneten Bach entlang,
mißlingt es ihm, von ihr halb hinangehoben,
mit der Schnauze an die Brunnenschale zu gelangen,
und so bekommt er aus den zu einer Schüssel
geformten Händen zu trinken. und unterdrücke,
was ihren lieben Worten zu erwidern mir naheläge:
Und mit verzahnten Händen hätt ich dir damals
die Räuberleiter gemacht, wenn du mit mir
in ein anderes Leben hättest entkommen wollen.
Das war sehr lieb von dir!, das wäre, mit mir
in demselben angelangt, deine Antwort gewesen!
3. September. Womit hast du da, schon am Wachwerden, in
eingebildeter Versformation Zuhörer behelligt? kaum besser
als so:
Sittsam zieht der Mond auf sattsam bekannter
   Luftschwebebahn
in erhebend erhabener Gemächlichkeit am Himmel dahin,
also ohne jemals, hat ja keine Eile, seine unmerklichen
   Schritte
zu beschleunigen, mag sein, gleichbleibend langsam von
   der Sorge
weitergetragen, er entriete mit Wechselschritten aus dem
ihm eingeborenen Tempo seiner mondscheinigen
   Erdumkreisungen –
sehnsüchtiger, nie flüchtiger Blicke sein Strahlen
auf die Erde gerichtet, kehre er ihr niemals den Rücken zu,
auch dann nicht, wenn sie in Konspiration mit der Sonne
seine Begehrlichkeit überschatte.
Wolken jedoch seien so manche Nacht
auf den Eindruck der Erdenbewohner bedacht,
das Gleichmaß, mit dem er ja auch diese umrunde,
geriete dann und wann in ein Stocken oder Getaumel,

woraus er sich im Durchschnellen dieser luftigen Fluten
wie aus den Dardanellen
zu befreien trachte, wobei er sich,
mit des Gleichgewichts verlustigen, an Hausmauern
sich klammernden Betrunkenen vergleichbar,
im Sich-Lehnen an Wolkenbänke blaue Flecken hole
und zur Seite kippe.
einem Glenn Gould jedoch es gelänge,
mit seiner Wiedergabe der Mondscheinsonate
ihn Mond zu einem Automaten zu machen,
als Mondersatz von Technikerhand in den Himmel
der Mondnächte hinangejagt.

Vom 4. bis 7. September bei Gudrun W. im burgenländischen Maria Bild nächst Schlachtenort Mogersdorf so angenehm verbrachte Tage, daß lieber länger geblieben wäre ... läßt sich, ein paar Blumen aus ihrem Garten in der Hand, durch ihren Wald und über einen ihn durchfließenden Bach zu einem Bildstöckl jenseits der Grundgrenze begleiten, welche Blumen sie dort den in einem Glas vorhandenen nach Entfernung der über Nacht welk gewordenen hinzufügt, ehe sie aus einer hinterm Bildstöckl aufbewahrten Mineralwasserflasche etwas nachgießt – die kleinen Blumen bedürfen nur ein paar Schluck frischen Wassers, dahin ihr Hochsommerdurst nun zur Zeit der Zyklamen, deren etliche mit ihrem Duft in meinen Nächten für ein rasches Einschlafen sorgen – als würden sie, von mir nicht verhätschelt, also kaum gegossen, meinen Zigarettenrauch trinken. am nächsten Morgen, allmorgens beginnt sie nach dem Morgentee den Tag mit dieser Wanderung. auch bei starkem Regen wandere sie, ohne eine Regenpause abzuwarten, so zeitig zum Bildstöckl – das sei ihr eine Morgenandacht, und der kann sie sich auch in meiner Begleitung widmen, gehe ja wortlos neben und hinter ihr her. ihr Morgengebet was denn sonst als eine Danksagung ohne Worte an die Natur, von der um-

geben sie etliche Wochen zu jeder Jahreszeit in Abgeschiedenheit lebt, davon gestärkt für die Rückkehr ins Großstadtleben. ja, geehrt wußt ich mich wie vielleicht kein anderer Gast, die vollgefüllte Wasserflasche wie ein Weihrauchgefäß anvertraut zu bekommen – sie an meinem letzten Morgen an der Quelle zu füllen, dafür allerdings nicht ausersehen worden!
10. September. Aber wieso sollt ich dich denn auf dem Bad Ischler Friedhof besuchen, wenn ich doch mit dir in deiner Wiener Kuchel beisammensitze! und wollten wir nicht nach dem Mittagessen nach Wolfgang aufbrechen, dort deinen Geburtstag zu feiern, doch nicht deinen anderen Tag. und jetzt sag mir noch schnell: „I shall have been!", sagt man so im Englischen? dann noch einer der zwar raren Theaterträume, viel unangenehmer als geträumte Lesungen: im Warten auf meinen Auftritt allmählich meine Untauglichkeit zu begreifen, aber wie jetzt noch die Blamage verhindern können? ‚Romeo und Julia' ein einziges Mal in Jugendtagen zu sehen bekommen, nie gelesen, nur das Zitat von der Nachtigall und der Lerche mir bekannt, und trotzdem dazu bestimmt worden, wie einer aus Shakespeare-Zeiten dieses Mädchen darzustellen, aufgrund meiner theatralischen Unschuld. und ein Orchester sich einstimmen zu hören – diese Arie also hab ich zu singen! vor Schreck aus dem Schlaf aufgefahren, läßt die Erleichterung noch auf sich warten – für den Moment bin ich gerettet, liege ja noch in meinem Bett, und morgen früh werd ich mich wegen eitriger Stimmbandentzündungen von Etta krankmelden lassen!

*

WER DIE SCHÖNHEIT
I. Wer die Schönheit angeschaut mit Augen,
möchte augenblicklich blind sein,
erblindet im Augenblick ihrer Erschauung,
um, keiner mehr ansichtig zu werden erkoren,
einzig ihr, und wär sie ein Trugbild,

anheimgegeben, nur noch für eines zu taugen:
in nie endender Nacht einzig dem flammenden Bild
seiner schönen Verblendung zu trauen,
ohne Anschauung mit Augen blindlings dem hingegeben.
II. Wer die Schönheit angeschaut mit Augen,
bestimmt jedoch sei, von ihr zu scheiden,
der solle sie fliehen mit abgewendeten Augen?
wie aber vermöchte, wen ihr Erschauen
in allen Seelen- und Körperfasern entflammt hat,
dem Brennen, dem ihn durchhellenden,
zu entfliehen? sie reißt ja doch
ihn Hochauflodernden zu sich zurück!
und stieße sie ihn sodann von sich?
da scheute sich das ihr gehörige Herz,
sich ihr fern die Brandwunde schließen zu lassen –
ihrer mit Augen entraten, auch noch von ihr zu heilen,
niemals ließe das zu, von ihrer Erschauung versehrt,
das lebenslang brennend ihr hörige Herz:
von schmerzender Schönheit zu genesen,
das wäre für ihn ein Erlöschen für immer,
weit schlimmer als das im Tod.
III. Wer die Schönheit angeschaut mit Augen,
wird, von da an unbegabt zu lieben,
an Herzversagen kranken,
auf der Flucht vorm Sich-zu-Tode-Sehnen
einzig ihr Bild zu wahren taugen
und diesem seinem Bilde es zuzutrauen,
ihm das Urbild der geschauten Schönheit
zuzuführen, und müßt er angesichts dessen Erscheinens
im Erblinden das Augenlicht zurückgewinnen!
IV. Der die Schönheit nackt Geschaute –
von der in aktiver Verwendung falschen Substantivierung
des Perfektpartizips abgesehen: als Nackter er, nackt sie? –
wird im Schauen von ihr durchschauert,

seiner Sinne abhanden gekommen,
– ‚seiner Sinne … verlustig geraten' oder ‚seinen … abhanden gekommen' –
die Augen die eigenen Hände ihm auszureißen ermuntern,
– ‚die Augen' das Objekt ‚der Hände';
mit ‚den … Händen gestatten' wären die zwei Akkusativobjekte vermieden,
zumal deren zweites das Subjekt des zu einer Infinitivgruppe schwerlich verkürzbaren Satzes ist –
ehe eine von beiden (Händen)
den sinnesverwirrten Schädel
mit einer Revolverkugel unschädlich macht(?),
was eine Mißachtung der Logik wäre:
er Schönheitserschauer ja angesichts
nie zuvor geschauter Schönheit
dem Tode schon anheimgegeben,
ohne Schonzeit. (11. September)

13. September. Ja, ‚heute' hat sie gesagt. / Also was jetzt – hat sie dir heute gesagt, daß sie zu uns kommt. oder heut früh, daß sie noch heute zu uns kommt? / Gestern sagt sie, wenn du es genau wissen willst, daß sie heute kommt! / Und wie hat sie das gestern gesagt – da hat sie doch nicht ‚heute' gesagt, da hätt sie ja gestern kommen wollen! / Wie gesagt, sie hat eindeutig heute, den heutigen Tag, gemeint. / Also hat sie ‚Morgen komm ich zu euch!' gesagt – gestern war ja das jetzige heute ‚morgen'! und es ist zwar schon etwas spät für einen Besuch, aber noch immer ist heute ‚heute'! / Wozu verteidigst du eine seit jeher, nicht erst seit gestern Unverläßliche? und du bringst mich ganz durcheinander! / Inwiefern? / Also, entschuldige – heute, beteuert sie heute früh am Morgen, auch heute abend, entschuldige, komm ich mit meiner Zeit nicht zurecht! aber gern heute in einer Woche, von mir aus schon am Morgen!, das hat sie hinzugefügt. / Von mir aus, was kümmert mich der Besuch deiner Schwester, kann sie auch schon gestern oder doch erst morgen zu uns gekommen sein – nur den heutigen Abend möchte ich noch von euren Streitereien verschont bleiben! (mein in Halbschlafpausen halbwegs logisch funktionierendes Argumentieren)

Verzeih, ich etwas später zur vor etlichen Jahren gestorbenen Jugendfreundin, eine taktlose Frage: Kränkt es dich etwa, daß sich deine nun fünfundachtzigjährige Schwester seit dem Ende eures Zusammenlebens jung fühlt wie nicht einmal in der Jugend, im Denken dir plötzlich ebenbürtig? (am Morgen dann auf dem Kutschker-Markt eine mir Unbekannte zu grüßen. Ja, kennen Sie mich denn? Daß ja, sagt mir Ihr Blick, gnädige Frau!)

*

Wer nie von von Tränen durchweichtem Brot aß,
wer nie an seinem Tisch vor von Tränen gestriemtem Brief
saß und daher nie, von Tränen überströmt,
zu einem, von Tränen überschwemmt,
den Himmel durchschwimmenden Mond aufsah,
der kennt euch nicht, euch von liebesverlustbangen
   Herzattacken
heimgesuchten Nächte, in denen man sich selbst nicht
   mehr kennt –
es sei denn, Gottfried Benns Gedichtsbeginn ‚Einsamer nie'
   holt sich
den Beginn der letzten Zeile über das stolze ‚Gegenglück'
   an seine Seite:
nicht länger alleingelassen, wer darüber schreibt!
(auch wenn ihm kein Gott zu sagen gegeben hat, wie oder
   woran er leidet!)
Wer nie sein Brot in Tränen buk,
der aß euch nicht, ihr himmlischen Mächte!

*

Ob in dünnem Schlaf als ein Schulkind das Folgende
   aufgesagt?

O lieb, so lang du leben magst,
o sei so lieb und leb so lang, solang du lieben kannst –
der Tag, der kommt, an welchem lieb- und leblos du
in Gräbern liegst, solang du das beklagst! (an der Schultafel
hinter mir war eine monströse Pistole befestigt oder doch
nur mit Kreide gezeichnet, auf einen außerhalb ihrer Reichweite im Dunkel Gebliebenen gerichtet, aber dem Siegelring
des am Abzug befindlichen Zeigefingers war eine gleiche Pistole eingraviert samt das Original befleckenden grellroten
Blutstropfen. von Beteuerungen geweckt worden, das sei
nicht der an meinem Mittelfinger getragene Siegelring des
Großvaters gewesen! beides am 14. September)

16. Oktober. Himmelwärts strebt, dem Himmel den Rücken,
mir nämlich die Unterseite zugekehrt, das von meinem Fenster verglaste Blau hinan ein langbeiniges, zweifellos geflügeltes Insekt, wie denn ansonsten so hoch zu mir heraufgelangt. das Sonnenlicht verantwortlich für die gutgeheißene
Täuschung, ein Käfer klettere weit weg von mir die himmelblaue Luft hinan an vorsichtig sich hinantastenden rotbraunen Fadenbeinen, bekomme die gewählte Route als die
richtige von seinen Fühlern bestätigt und sei daher nicht einzuschüchtern von dem über seinen rötlichen Chitinpanzer
streichenden Kondensstreifen eines hinterrücks ihm in die
Quere geratenen Fliegers, schlanker, aber nicht ganz von
seiner Größe. auf streng beibehaltener Direttissima ist er an
der Himmelswand sogleich an deren Ausstieg angelangt, als
neben ihm unerschrockenem Himmelsstürmer ein Marienkäfer landet. der bleibt erst recht ausgesperrt! (ein italienischer Badestrand es gewesen, von dem mangels vergleichbarer Größen zu einem Fallschirmspringer aufzuschauen
war – was dann aber nicht vom Himmel fällt, entpuppt sich
als eine ferngesteuerte kleine Puppe. aber noch immer das
Vergnügen, zu Brücken aufzuschauen, auf denen Fahrräder
für sich allein unterwegs sind – nicht zu sehen die Auto-

dächer, auf denen sie ungetreten mitziehen). mich derzeit des öfteren, wohl da demnächst ihr Geburtstag, in Hilde Spiels St. Wolfgang zu träumen – und ihr dortiges Haus und seine Lage bleibt im Träumen so, wie ich es mir vorgestellt hatte. zum ersten Mal im Auto mit ihr dorthin unterwegs, wird sie in Altmünster(?) von einem Gendarmen aufgehalten, sie sei im Ortsgebiet zu schnell gefahren. sie beginnt zögerlich einen Disput, ich aber sage: Herr Inspektor, die Dame war viel schneller unterwegs, als Sie meinen – 90 km/h habe ich dem Tachometer abgelesen. und die Strafe möchte ich bezahlen!, und zücke mein Geld. darauf er: Also, gnä Frau, das nächste Mal korrekt und gute Weiterfahrt! erinnerst du dich daran? wir haben darüber kein Wort verloren – und ich hätt mich so gern als ein Kavalier erwiesen.

22. Oktober. Seit der Nacht aus Holland retour, und schon preisgegeben den taktlosen Beileidsbezeugungen, die mir erspart blieben, wenn wir es wie die frommen Juden hielten: Du sollst die Jahre nicht zählen! daß demnächst achtzig, ich weiß es, aber glaube es nicht. mich ‚in voller Geisteskraft' zu befinden, das hab ich mir bereits in Holland nachsagen lassen müssen, obwohl die von meinen Anfängen an maximal halbvoll war ... Utrecht: im calvinisierten Dom macht mich eine greise Aufseherin auf Reste der Bilder- und Statuenstürmerzeit stolz aufmerksam, auf die leeren Podeste, hoch oben an den Säulen angebracht belassen: und die Heruntergeholten seien enthauptet worden. ja, diese Tradition haben sich noch und noch gefällte Lenins gefallen lassen müssen. hier aber könnten wirklich so Getötete das ein zweites Mal ‚erlebt' haben: ein Johannes der Täufer, ein Paulus ... (‚enthauptet', ‚geköpft' mit in Calvins Werkstatt geschmiedetem Schwert? eher haben ihnen kräftige Reformierte die Schädel vom Hals gerissen und auf dem Dompflaster zerschmettert! nicht nach dem ja hinausgeräucherten Weihrauch riecht es nun dort drinnen, sondern nach Menschen). Den Haag: im Mauritshuis in einer Vitrine eine kleine Skulptur, von Brancusi seinem Vorbild in fast natürlicher Größe nachgebildet: ‚Kopf eines schlafenden Kindes'. einer Wange liegt er auf, die Augen geschlossen – ‚schlafend' daher entbehrlich? wäre er ohne dieses Attribut geblieben, könnte man argwöhnen, das sei die Wiedergabe eines entschlafenden oder schon entschlafenen, aber sicherlich nicht die eines geköpften Kindes – und wären beim sagenhaften Bethlehemitischen Kindermord Knaben die Köpfe abgeschlagen worden wie später Heiligenfiguren! nach langem zum zweiten Mal vor Vermeers ‚Delft' zu stehen. hatte damals, vor zehn Jahren, für das wunderbare Himmelslicht samt aufgehellten Wolken das Sonnenlicht mitverantwortlich gemacht, das zum Fenster herein Vermeers ‚Delft' geküßt hat, aber auch diesmal, bei scheußlichem Wetter, strahlt das Bild im schönsten, ihm gegebenen Licht! (bei uns gibt es Dohlen nur im Gebirge, in Den Haag sind sie heimisch wie in Wien die Tauben. und hinter der Österreichischen Botschaft fliegen in einem Garten mit edlen Laubbäumen gelbgrüne Papageien – sind die im Mauritshuis dem ‚Garten Eden' entflogen, den Rubens und Jan Brueghel gemeinsam gemalt haben? ‚Grachten', jetzt weißt du es, sind Gräben; so heißen auch die um Burgen gelegten.)

Am Tag des achtzigsten Jahresringes mich nicht mit da Naheliegendem abgegeben: Element Erde oder Element Feuer? das gehöre beizeiten entschieden und schriftlich festgelegt, das sagst du dir seit langem, und zögerst noch immer, wiewohl von ‚beizeiten' kaum noch die Rede sein kann. in davon noch weit entfernten Tagen hast du dich leichtfertig auf den Weg durchs Feuer festgelegt: der ende ja im Element Luft, als wäre die das erlöschende Krematoriumsfeuer! hast dich dann aber auf den Einwand einer Wohlmeinenden hin, nach Auschwitz käme das für sie nicht in Frage, ‚Feuer' durchzustreichen und ‚Erde' hinzuschreiben überwunden, auf einem unauffindbaren Blatt!

Allerseelentag. Meinen Achtzigsten, meinen Ach-ixten, mit schriftlichen Bedankungen der geschönten Beileidsbriefe verbracht, immer wieder im Begriff, sie mit 25.10.37 zu datieren. war am Abend vor meinem Vierzigsten vorm Belgrader Hotel auf und ab gegangen: noch bin ich nicht vierzig! anläßlich einer Abrüstungskonferenz mit zwei österreichischen, zwei west- und zwei ostdeutschen Kollegen für Lesungen zum Thema ‚Frieden' dorthin eingeladen gewesen. daß nun vierzig, das war dann am Morgen beim Hotelfrühstück sogleich vergessen: die ostdeutschen Kollegen, die bis dahin mit den westdeutschen nicht ein Wort gewechselt hatten, eilen strahlend auf die zu mit Gratulationen, schütteln ihnen die Hand, und gleich erfährst du, warum: Minuten davor hatte der DDR-Nachrichten-Sender gemeldet, Gudrun Ensslin, Andreas Baader und Jan-Carl Raspe hätten im Spandauer Gefängnis (???) Selbstmord begangen! und da war dir, die von Idealisten zu Mördern gewordenen Narren wollten dich deinen Geburtstag vergessen lassen. (etliche Tage vor deiner Geburtstagsnacht hatten sie sich umgebracht, was die BRD erst nach Untersuchungen durch Gerichtsmediziner verlautbart hat, ohne damit Spekulationen ‚Selbstmord oder doch Mord?' verhindern zu können.) die Freude der ostdeutschen Kollegen – hatte deren Obrigkeit befürchtet, die könnten in den Osten fliehen und dort im Namen des wahren Marxismus die Bevölkerung rebellisch stimmen? hast in diesen Tagen nicht den Mut gefunden, Stephan Hermlin, dem einzig prominenten DDR-Lyriker, Spanienkämpfer gewesen, deine Enttäuschung über seine Freude kundzutun!

daß unlängst für meine H. v. Kleist-Vorlesung sehr gut vorbereitet gewesen, das hat sich gelohnt – danach kommt dort nicht erwartete Etta auf mich zu, noch schöner, als vor genau fünfzehn Jahren anzuschauen gewesen. und trotzdem heute, deprimiert wie nur selten, zuhaus geblieben, in einer Erahnung von wie kein Meer grundlosem, aber unbegründetem

Lebensüberdruß. und so nun endlich to bed! im Liegen gewiß sogleich aufgeheitert vom Seufzer: Ach bist du, H. v. Kleist zu Ehren, schön gewesen, so schön wie jung! (und sie hat Zufall Gewesenes als beabsichtigt angesehen: daß an seinem Todestag Kleist von mir geehrt worden)

3. November. Nächst der Friedensbrücke hat einer, entweder von einem Boot aus oder ins Wasser gestiegen, an die eine der den Donaukanal durch Wien geleitenden Mauern mit roter Leuchtfarbe in kindsgroßen Lettern REFUGEES WELCOME! geschrieben, dieser Tage oder Nächte, von dir erst heute aus der U4 zu sehen bekommen. auf der Rückfahrt scheinen deine frühen Zweifel an ja bald hinweggefluteter Hilfsbegeisterung bestätigt zu werden, als würde sich eins der Rundfahrtschiffe voller Touristen den Aktionen der Rettungsschiffe im Mittelmeer brutal widersetzen: die von ihm verursachten Wellen fluten über das REFUGEES WELCOME! hin, wie wenn sie in und mit diesem Begrüßungssatz die also nicht mehr Willkommenen ertränken wollten: von Wogen überschüttet, tauchen, enggereiht an eine Bootswand oder eine Hafenmauer geklammert, rote Anoraks oder Schwimmwesten mehrmals bis zur Brust auf, gleich nur noch Kapuzen – wie ließe sich denn, von Wogen hinuntergedrückt, Luft holen!, aber dann ist der Spuk im Verebben: an die Bootswand gedrückt geblieben, werden sie zwar nicht aufgefischt, aber sozusagen wieder willkommen geheißen!

11. November. Früh am Morgen nach dem mit einem Christa- und-Kurt-Schwertsik-Abend beendeten Schutting-Symposion im Genuß der Übernächtigkeit vom Steiner Arte-Hotel in der Sonne der Donau entlang zum Kremser Bahnhof gewandert und im Hinüberschauen zum Stift Göttweig, als wär das das Stift Seitenstetten, kurz an den Vater gedacht, der ja Martin Pollacks Referat über zwei ‚Jaga', er groß an die Wand projiziert, in vielen Jagdposen begleitet hat. ob im ‚Vater-Buch' über das Photo auf dem Schutzumschlag, das auch eingeblendet wurde, etwas geschrieben steht? zu Breschnew-Zeiten mit Residenz-Kollegen in Leningrad ein altehrwürdiges Treppenhaus zum Schriftstellerverband hinangestiegen, das wie von Jagdtrophäen von sowjetischen Schriftstellern gesäumt war, alle mit Orden behängt und mit Gesichtern ausgestattet, die vermuten ließen, die hätten vor allem Denunziationen gedichtet, sich mit der Preisgabe andersdenkend denkender Kollegen ihre Lorbeeren erworben. ich werde in ein Extrabüro geholt, dort von zwei, drei Übersetzern erwartet. auf dem Tisch liegt mein Vater-Buch, und sie bekunden ihr Interesse an dieser Dostojewskischen Figur. die letzte Frage gilt seiner Aufmachung. im Vollgenuß des Faktums, daß diese kaltbrutalen Treppenhausvisagen mich einer anderen Welt zugehörigen Gast nicht einzuschüchtern vermögen, sage ich: Ja, mein Vater in Winteruniform der deutschen Wehrmacht, ein Fuchs baumelt an seinem Gurt. das war fünfzehn Kilometer vor Smolensk!, und schon bin ich hinauskomplimentiert. aber kaum, daß ich im Hinuntersteigen ohne Beklemmung die Staatsdichter hinter mich gebracht habe, reut mich mein Auftrumpfen – russischen Lesern würde der wie von einer Waldnacht Umdüsterte gewiß gefallen, würden ihm zutrinken!

13. November. Wem, außer mir, haben jemals gar schlüpfrige Fische in enge Schuhe zu schlüpfen geholfen! Nothelfer sie mir am ersten Morgen im Krems-Steiner Hotelzimmer gewesen, unverzichtbaren Schuhlöffel mitzunehmen vergessen. nicht waren aus der nahen Donau etliche deren Fische herbeigeschnellt, vielmehr haben mich scheckige Goldfische bewahrt, in Socken zur Tagung zu eilen, dank mißbräuchlicher Benutzung eines steifen und glatten Lesezeichens – nicht dick anzugreifen, aber zur Gewährung einer optischen Täuschung ein notwendigerweise zweischichtiges: neigt man es, ein flaches Fischglas, beginnen die Fische in ihrem tiefblauen Wasser übereinanderhin zu schwimmen.

das mir an die Ferse gedrückt zu halten, der voran sie sogleich in den Schuh gleiten – haben von der Expedition in ein düsteres Verlies keinen Schaden genommen, ihr Wasser ohne jeden Knick geblieben. Sylvia Treudl, die mir diese Karpfen vielleicht als Mahner, Korrekturen seien Zeile für Zeile zu prüfen, gewiß mit einer Anspielung auf ihren von Goldfischen bewohnten Schwimmteich verehrt hat, hab ihre fette Schar ja des öfteren grüßen lassen, werde ich fragen, ob denn die ihren bereit wären, ihrem Ehemann als Stiefelknechte zu Diensten zu sein! (unter den meinigen aber auch lila-weiß, weiß-braun und schwarz-gelb gefleckte, trotzdem eindeutig Goldfische geblieben). wäre das zu einem Schmecks-Gedicht zu verfremden?
Daß mir eines Tages gold-, violett- und grünscheckige Fische in die Schuhe helfen, nie hätt ich das gedacht!
in blitzblauem Wasser schwimmen sie unter meinen Füßen übereinander hin, wobei ihre Farbflecken
ungesehen sich aufs glänzendste verschieben.
als mir untergeschobene, den Füßen
ein Gleiten in die Schuhe ermöglichende Nothelfer
lassen sie sich unverletzt ans Licht zurückholen,
sobald der Fuß richtig sitzt.

16. November. Unser Bundespräsident hat meine Sympathie gewonnen mit einer poetischen Tat: bringt dem Papst als sein Gastgeschenk zwei Laib Brot aus seiner Heimat, dem Kaunertal, mit. und der nimmt das mit den Worten entgegen, er würde es am liebsten sofort einsegnen! (so wie bei der Wandlung ein recht anderes, blaß und hauchdünn kleinwinzig gebacken?)
„Wer rastet, der rostet" (der erste der altgriechischen Weisen)
„Wer hastet, der hustet" (röchelt der zweite)
„Wer rennet, nicht rettet" (der dritte)
„Heißes wird gegessen, bis es kocht" (der vierte)
„Es ist nicht aller Abende Tag" (der letzte)

(„... eine Personale, gewidmet dem Maler ..., der sich in den Achtziger- und Neunzigerjahren immer öfter umgebracht hat!" – aber zuletzt doch nicht jede Nacht!, halbwach von dir hinzugefügt)

18. November. Mit einem Seufzer, mehr wäre ungehörig seitens eines sparsam Spendenden, den Selbstmord eines elfjährigen Flüchtlingskindes zu kommentieren. dem kleinen Afghanen, mit dem Down-Syndrom behaftet gewesen, sich um seine fünf jüngeren Geschwister kümmern zu müssen, zu viel geworden. der Pflichteifer der Geschöpfe seinesgleichen ihn umgebracht.

Im Türkenschanzpark. Liebesspielereien oder doch Hahnenkampf?, kaum daß du ihrer ansichtig wirst (und dir darüber fast bis zuletzt unschlüssig geblieben). zwei Graureiher sind es, die da nahe zum Ufer im kleineren Teich, seichten Wasserstandes im Spätherbst, flügelschlagend aufeinander losfahren, bei raschem Wechsel zwischen Aktiv und Passiv einander unters Wasser drücken, zu heftigem Eingedresche mit linkem und rechtem Flügelbug auf den im Moment Unterlegenen, als wollte jeder von beiden den anderen raschest ertränken. schieben sich aber in kurzen Kampfpausen übereinander hin, als liefe ihr Rabiates ja doch auf eine Begattung hinaus – aber so, als wüßten sie noch nicht recht, wer über den Widerpart zu kommen hat (von dir Laien nicht wie Hahn und Henne zu unterscheiden, auch an Körpergröße einander vollkommen gleich). hält nun aus Erschöpfung inne, auf den sich der andere hinterrücks geworfen hat, oder beginnt so ohne Widerstand (eine Henne würde gackern) die Hochzeitsfeier? die unter dem Hochzeiter auf dem Wasser zu liegen Gekommene fügsam, da er sie ja mit dem Flügelpaar umklammert, um mit seiner Kloake zu der Leibesöffnung zu finden, die sich ihm vielleicht schon aufgetan hat? aber auch diese Phase kehrt so wieder, daß der eben noch wie unterlegen unterm Rivalen oder Gatten mit wippenden Flügeln auf dem Wasser zu liegen Gekommene sich aufrichtet und nach einer raschen Drehung auf den also nicht Stärkeren schnellt – ein Kampf auf Leben und Tod kann das nicht sein, da keiner von beiden Anstalten macht, seinen Schnabel, anzusehen wie eine Stichwaffe, dem andern ins Genick zu rennen (aber sie sind ja auch nicht Falke und geschwächte Schwalbe). Wildenten haben sich früher als du in Respektabstand als Zuschauer eingefunden. den hellen Morgen dieses Kampf- oder Liebesrituals verdüstert aber ein Schwarm von Krähen, der, nicht hoch über der Stätte, zu Schreien, die sich im Unterschied zu den Verständigungsrufen, wenn sie sich über den Weingärten zum Heimflug ins Winterquartier Ottakringer Friedhof oder Prateraun sammeln, aufgebracht, angriffslustig anhören, so als gäbe es da Konkurrenten bald Verendendes wegzuschnappen – hast gleich wieder im Ohr ihr ähnliches Gekreische, wenn du, als ein Kind im Augebüsch versteckt, zu ihrer Anlockung an der Kette zogst, die die Flügel des gut sichtbar an einer Lichtung plazierten ausgestopften Uhus in ruckende Bewegungen versetzte, etliche der Angelockten vom Vater zur Erprobung einer neuen Büchse sogleich vom Himmel heruntergeschossen. bald hat es mit dem Spiel oder Ernst ein Ende. fast gleichzeitig steigen die beiden an Land, einer macht sich mit bedächtigem Getrippel ins nächste Gebüsch auf – aha, dort ist, unter Ausschluß der Öffentlichkeit, das vorgesehen, wofür das alles ein Vorspiel war, aber nein: der andere folgt ihm nicht, und er hat sich offenbar aus dem Revier des Rivalen auch schon davongemacht. der aber steht, als du dich im Weitergehen umdrehst, auf einem hohen, mitten im Teich in den Boden gerammten Pfosten. dürfte als Triumphator Umschau halten – er der Herr dieses Teichs, auch weil er, von weitem gesehen, wie Stelzengänger zwei Meter lange Beine hat!

ein guter Morgen dieser 18. November! denn wenig später vor dem stattlichen Baumstumpf stehenzubleiben, den Gitter-

stäbe umschlossen halten. ein kleines Mädchen hat sich über
die hinweg auf ihn heben lassen, wähnt sich vielleicht im
Käfig eines Löwen, sitzt schon auf dem Rücken des ihr so
wohlgesonnenen, daß er sich von ihr streicheln läßt sein von
Schrunden und Wunden heimgesuchtes Fell!

*

Nichts für T. S. E.
I. Seit seinem Taufbad im Jordan, währenddessen ihm Fische,
den Menschenfischern entkommen, hilfreich an die
vom Schatten eines Adlers traktierte Leber geschnellt sind,
teilt der Fischerkönig sein Krankenlager mit solchen,
die ihm die Herzwunde lecken,
nicht im Ritterkampf erworben, sondern
gebrochenen Keuschheitsgelübdes wegen
ihm im heiligen Geist der Tafelrunde verpaßt worden,
und so spenden ihm zuletzt Forellen die Krankenölung.
Ja, deine Symbole möchten wir werden!,
indem sie mit aus ihren Fettflossen gequetschten Tropfen
seine tiefsitzend heillose Körperwunde salben.
läßt sich sodann auf der vom Tischlerkönig gezimmerten
Totenbahre ins Hochgebirge tragen, um im hoch oben
errichteten Schutzhaus zwölfen, die dort Zuflucht
gefunden haben, die erfrorenen Füße heiß zu baden.
schleppt dann, ohne im Ewigen Eis dreimal zu stürzen,
sein von Wieland dem Schmied geschmiedetes, als Gipfel-
kreuz ausersehenes Kreuz dorthin, wo es im Morgenrot
erstrahlen soll. speist noch – ja, beiderlei sei ich! –
mit einem vielmals gebrochenen Stück Brot ihn lobpreisende
Bergdohlen und zu hunderten ihm nachgefolgte Brotlose
mit dem nur geflüsterten Wort FISCH, da es sich
in ihrer aller Händen in einen gebratenen Fisch verwandelt,
ehe ihn, aller Sicht genommen, eine weißliche Wolke
hinanhebt zum Vater aller Berge und Gewässer.
II. Die Schwanenjungfrauen, die Leichenwäscherinnen,

die nach jedem Parforce-Ritt über Walstattgefels
ihre geflügelten Helme mit Rheinwasser füllen,
damit die darin über Nacht eingewässerten Helden-
sagen in ihren Köpfen nicht leichenbleich verwelken.
auf der Kreisbahn eines anderen Sagenkreises jagt
Schwanenvater Hildebrand Schwanensohn Hadubrand
(oder hieße der Senior wie hier fälschlich der Junior?
Hadu im Alphabet vor *Hilde*, *brand* aber
der beiden eingebrannte Familienname)
Runde nach Runde über dem Altausseer See vor sich her,
bis der als ein Heimatvertriebener des Vaters Land flieht,
auf dessen Geheiß anderswo Sohnesland zu gründen?
wird als ein Fremdling wiederkehren, wird als
   nichterkannter
Sohn den flügellahm nicht wiedererkannten Alten im Blut
der Blutsverwandtschaft ertränken oder von dem,
hoch zu Roß wie er, niedergestochen und notfalls
mit dem Grenzbalken erschlagen werden!
wie nach Rheingold im Toplitzsee zu tauchen vergeblich,
wird sich weder des Vaters noch des Sohnes
   Schwanengerippe
im Altausseer See auffischen lassen von bestgerüsteten
   Tauchern!
(diese Mischkulanz mir als Antwort auf den von Bildung
strotzenden Anmerkungsapparat einfallen lassen, den T. S.
Eliot seinen Gedichten folgen läßt – zwischen beiderlei von
mir kaum eine Zusammengehörigkeit zu erkennen.
   22. November)
   *
Was mich an deiner Seite bisweilen jenseitig anmutet,
ein Hauch von dorther, wo wir zugleich,
Herbstlaub oder unseligen Geistern gleich,
durchs Unbekanntland geweht würden Seite an Seite,
das ist schon das Diesseits, sooft vertraut geblieben fremd

auch gewordenem Ort in die Nähe gekommen,
nicht verwehten Empfindungen wir unverhofft folgen –
jenseits von Traurigkeit du unterwegs,
jenseits unserer Wiederkehr neben dir ich.
was mich dann an deiner Seite ins stillgelegte Herz trifft?
daß du mich unversehens so anlachst, wie du mich
angelacht hast in den allüberall unser gewesenen Tagen!
   (22. November)
25. November. Maler und Komponist Wolfgang Seierl möchte über oder um meinige Gedichtsskizzen Zeichnungen legen, für einen seiner an dergleichen interessierten Sammler. also hab ich ihm auf Packpapier weit auseinandergerückt beispielsweise das, was folgt, in Blau oder Schwarz und mit roten Korrekturen versehen, hingeschrieben:
Waswas – Drachentöter?
Rattenretter kommen angerattert!
fette Ratten, die natterngleich schnattern,
schlittern stotternd mit ihren ihrer bald
satten Gatten auf mit Watte gepolsterte
grüne Matten – bis diese, flattrig ermattet
zu Schatten, platt daliegen wie Latten,
was sattsam bekannt ist!
Debatten zwischen Ratten und Rattlern
über Teilnahme an Ruderregatta!
Wo nehm ich, wenn
und den Schatten der Erde?
Ihr holden Kähne!
mit wilden Rossen und voller
gelber Dirnen drängt ihr das Lamm
in den Schnee, und trunken
von Schüssen – weh mir! – tunkt ihr
wie Schwäne das heilig-nüchterne
Wasser in den Euch küssenden See,
voll von wilden Matrosen –

die Bauern stehn ratlos und alt,
im Winde klirren und irren
die Ahnen – weh mir! – und der Sonnenschein übernachtet in des Dichters
Umnachtung, weh ihm!
Mit gelben --- und voll mit ... dränget und hänget
das Vaterland in den See – weh dem, der jetzt noch keine
   Heimat hat!
Ihr golden Gene, und trunken
von Küssen die Schüsse: die trauern,
stehn lautlos und kalt wie die Schwanen,
wie Ahnen und Fahnen!
Auf dem Grunde des Schwarzen Meeres
wie auf dem des Weißensees, Kärnten, ruht alles,
was sich begründen läßt, auf gesichertem Grunde
(und nicht in ‚von Gott verfluchten Gründen'),
aufgrund des ihm eingeborenen ‚Warum?' –
aus dem Dunkel da unten haben Taucher
mit dem jeweiligen ‚Weil'
ans Licht der Aufklärung wiederzukehren!
(hoffentlich kann sich W. S. was damit anfangen)

   *

Im Gratisblatt HEUTE eine Statue verhüllt und darunter un-
verhüllt abgebildet, so als wäre sie feierlich enthüllt worden;
die Abfolge der Bilder aber trügt: Jahrzehnte lang dürfte der
Heilige in Mönchskutte (der Statue ist ihr Alter nicht anzusehen) von seinem Sockel herunter (und notwendigerweise
etwas nach vorne gebeugt) dem zu ihm aufschauenden kleinen Buben anstatt eines kargen Stück Brotes ein längliches
Gebäck zugereicht haben, für heutige Augen die es dem Kleinen darbietende Hand dem Unterbauch des Heiligen zu nahe.
und daher die beiden verhängt worden.
26. November. Die allem übrigen Gevögel an meßbarer
Intelligenz überlegenen Krähen. ihre Wahrnehmung von

Raum, ihr Sinn für Perspektivisches gibt ihnen ein, wie weit sie beispielsweise zu ebener Erd mit Erbeutetem in eine Einfahrt zurückzutreten haben, um vom Konkurrenten, der von höher oben, von einem Mauervorsprung oder vom Dach, hinunterspäht, nicht gesehen zu werden. aber daß eine Grenze ihrer Intelligenz die Fensterbretter und Balkongitter markieren, auf denen zu ihrer Abwehr hölzerne Artgenossen postiert worden sind? selbst Amseln sind von Kirschbäumen mit Fetzenpuppen nur für die zwei, drei Tage fernzuhalten, die den Kirschen zur vollen Reife noch fehlen. wird dann nicht gepflückt, machen sie sich über die her, und sollten die Hexen noch so tanzen im Wind. Verzeiht, ihr Rabenvögel – eure Abbilder posieren als Abwehrkämpfer zur Verringerung der Taubenplage!

Vergebliche Liebesmüh.
Den zu einem Messer geschärften Bleistift
dem von stolzer Leere strotzenden Blatt
in Stellvertretung der verstockten Gedanken
an die Brust zu setzen. die aber, unverletzbar
nur von Einfällen in Bewegung zu versetzen,
denken nicht daran, sich erpressen zu lassen –
da vermöchte noch eher Herzblut sich zu ergießen,
wie rote Tinte übers Papier zu fließen!

27. November. „Man darf doch nicht Federn wie Stein behandeln – viel zu scharf dieses Licht" (diese Bemerkung gilt nicht einem Traum, sondern dem neuen Welt-Museum, das gottlob nicht mehr *Völkerkundemuseum* heißt)

in einer privaten Photoausstellung (*Die Ästhetik des Vergänglichen*) hat es mir ein Nature-morte-Bild angetan, wäre nur beschönigend ‚Stilleben' zu nennen: gemahnt an die barocken Vanitas-Gemälde, denen manchmal ein Totenschädel beigegeben ist, obwohl sein einziger Gegenstand eine in schonungsvollem Halbdunkel gehaltene angefaulte Zitrone ist – grün-bläulich geschwollen zwei glanzlose Leichenflecken! dich auf dem Heimweg an eine Kunststudentin zu erinnern, die dich im Malen eines ‚Stillebens mit Äpfeln' zuschauen ließ. einer der ihr vorbildlichen hatte winzige braune Tupfen (in der Mundart ‚wie angestochen'), und ihre Wiedergabe ließ vermuten, daß unter einem noch intakten Mantel das Fruchtfleisch schon von Fäulnis heimgesucht war. „Ach so", sagt sie, „trotz der festen Haut?", und schneidet ihn durch. „Das haben Sie ihm angesehen?" (schwarzbraun sein Inneres). „Aber Sie doch auch – Sie haben unwissentlich meine Vermutung gemalt, und so habe ich ihm seine Beschaffenheit dank Ihrer Vermittlung abgelesen!" (heller kopiert mir zugeschickt, läßt die faulige Zitrone nicht länger an die Frau Welt denken mit unüblich uns zugekehrter Hinterseite, von Eiterbeulen heimgesucht, schon pfui, vorne sie noch hui, sondern an die Weltkugel, an unsere Erde, aus dem Weltall gesehen – das scheinbar Faule nun die Bläue der vorherrschenden Meere, denen gelbsandig eingebettet die Kontinente! Europa: an den Rand gerückt, wie ein Sichelmond anzusehen)

30. November. Erster Schnee! um 3 Uhr früh ins beginnende Schneien hinausgeschaut, aus dem Schlaf ans Fenster geholt. aber schon gestern abend die Heimfahrt aus dem burgenländischen Mogersdorf durch ein Niederschneien begonnen – als erstes die Regentropfen an der Windschutzscheibe des Busses wie Schneesterne anzuschauen gewesen. von Wiener Neustadt bis Wien aber Regen.

am Vormittag endlich in der Hofzeile seit Monaten an einer Villa ausgehängte Fahne identifiziert: dieses schwarze Rechteck, beinahe ein Quadrat, mit beinahe größtmöglich ihm eingeschriebenem dunkelrotem Kreis nimmt sich bedrohlich aus, als die Verbildlichung einer Parole wie ‚Es lebe der Tod, die ewige Nacht, das Weltuntergangsrot der sogleich in Feindesblut erlöschenden Sonne!', von Kämpfern für den Islamischen Staat ersonnen; weht aber an der Botschaft von

Bangladesh. hast immerhin nicht die Palästinenser verdächtigt.

1. Dezember, Sonne seit der Früh. in einer Türkenschanzpark-Wiese, reinweiß der Schnee, ein Streifen gelber Ahornblätter. die Farben des Vatikan-Staates, von der Natur nachempfunden.

*

Eine Pelikanin in der Hand
I. Wie bei vor langem aus der Mode gekommenen Seancen,
also spiritistischen Sitzungen, das in Trance geratene
   Medium
weiblichen Geschlechts Botschaften aus dem Jenseits
empfangen und dieselben in der Handschrift
des herbeizitierten Verstorbenen niedergeschrieben habe,
möge sich die Metallfeder der mir von Hochverehrter
und deren hochgeschätztem Gefährten verehrten Füllfeder
an den dem Himmel entgegengereckten Blitzableitern
ein Beispiel nehmen, auch wenn sie dem Papierblatt
zugeneigt bleibt: soll sich, zwar in meiner Handschrift,
mir selbst noch Unbekanntes aus Himmelshöhen
diktieren zu lassen, dafür meiner Hand einzig als Hilfsbediensteter, als Handlangerin bedürftig, auf daß zuletzt
von mir als Eingebungen des Himmels Lesbares
auf dem Blatt Papier geschrieben stünde,
unwissentlich mir ja doch aus streng geheimen Quellen
   aufgestiegen –
ja, von mir wie nicht aus mir hervorgebracht Geschriebenes,
weil über mir bis dato Gegebenes erhaben,
das sollte sich eigenhändig begeben können!
II. Edlem Werkzeug, spät dir eingehändigt worden,
möge es gegeben sein, dir in altersgemäß abgeklärte Verse
die Hand zu führen: du wie nie zuvor des Werkzeugs
   Werkzeug
als sein Handlanger, sofern du dich dieses Experiment lang

aller Einfälle enthältst und auch im Aufschreiben
nicht auf das schaust, was es, einstmals ein Gänsekiel
    gewesen,
von der seinem Tank eingeflößten Tinte sichtbar gemacht,
sogleich hervorgebracht haben wird aus seinem gold-
glänzenden Schnabel – daß dieses edle Werkzeug
den zurückgehaltenen Einfällen die Flügel entfalte,
seinem Namen PELIKAN sich würdig erweise,
dem komme der Namenspatron dieser Füllfeder entgegen,
ihr werktätiger Kopf ja schwertförmig
wie der Schnabel eines Pelikans,
der in der Mär seine Brut mit seinem Herzblut nährt –
die meiner Pelikanin aus mir mitverehrtem Glasfaß
anders als Blut gespendete Tinte solle Vorgänge
in meinem Herzen in Buchstabenschrift registrieren,
ohne Angewiesenheit auf mein Herzblut! (2. Dezember)
    *
Unsinnigste aller Ungeduldsn!
Kaum sind zwei Züge getan,
nein: kaum hab ich ihr Feuer gegeben,
möchte die Zigarette schon ausgeraucht sein,
als solltest du längst nach der nächsten greifen!
Tag für Tag spät zu Bett, spät daher eingeschlafen,
drei Stunden später scheinbar ausgeschlafen mit einem Blick
auf die Uhr die verschlafen verlangsamte Zeit zu einem ihr
nächtliches Schleichen aufholenden Tempo bewegen zu
    wollen,
um nicht mehr lang im Schlaf durchhalten zu müssen,
als wäre, bis es wirklich sieben Uhr ist, am Schreibplatz
oder im Freien nie mehr Wiederkehrendes versäumt.
aber Zeit lassen durften sich Tag- und Nachtzeit
vor jedem somit zu seiner Vertiefung verzögertem
‚endlich-ach!' des dir-Entgegenstürzens.
und so manches, nicht ein jedes Gedicht darf sich

im noch Verborgenen Gestalt anzunehmen bequemen,
sofern frohgemute Gelassenheit eines mir kundtut:
aus dem unberührt ruhen gelassenen Blatt
werde es heraustreten nach meiner Heimkehr! (3. Dezember)
5. Dezember. Dezember haben wir, daher ists ein Adventabend, am Schreibplatz in Gesellschaft eines Glases Wein, eines Aschenbechers samt Zubehör und auf der Schreibplatte verstreuter Kugelschreiber hingebracht, deren einer, ein dünn schreibender neuer, in meiner Hand liegt, die Hinterseite eines Caritas-Kuverts vor sich – die beiden haben vor Minuten einen dem entnommenen Erlagschein korrekt ausgefüllt. nur dieser Satz, wie von selbst hingeschrieben, sollte der Einübung des ‚fine-liners' dienlich sein, nun aber möchte sich anderes hinzugesellen: Adventabende einzig die gewesen, an denen die nach und nach erhellten Fenster jenseits des Saarplatzes, aber auch die eingefinsterten, eine Art Adventkalender-Fenster waren – zu ihnen hinüberzuschauen ja nicht ein Warten auf den schon in Christuskind-Kindertagen alljährlich Weggebliebenen gewesen: frohgemut war auszuschauen nach Autoscheinwerfern, aus ähnlichen oder gleichen von einem Zucken des Herzens herauszukennen, und die Blinkzeichen wenig später die frohe Botschaft, daß die Spätheimkehrerin meinen Schatten ihrer Ankunft entgegenlehnen sieht – wird, dem Auto auf der für mich sichtbaren Straßenseite sogleich entstiegen, zu mir heraufwinken, also vor langem heraufgewinkt haben, und während ihrer Schritte über die Straße auf ihr meinen Blicken vorenthaltenes Haustor zu, fließt mir, rasch zum Telephon getreten, via Handy ein mein Herz stillendes ‚Gute Nacht!' zu oder zur Vollendung meiner Adventfeier die Einladung auf ein Glas Wein. daß solche Abende seit langem vorbei, das geht mir noch immer nicht ein. und es hat in diesen Jahren weder getaute Himmel noch Wolken heruntergeregnet – ihr zum Willkomm hat es geschneit! (und die Wiedersehensungeduld,

von einem ruhigen Schlaf auf Zeit erlöst, weil nur vertagt,
war nicht vergeblich gewesen, wie das Warten der frommen
Juden auf den Messias es weiterhin ist)
   *
Im Halbschlaf auf der Donau dahinzutreiben, ohne daß dir
aus dem Wasser Reminiszenzen aus den Tagen aufsteigen,
an denen du dich auf der Donau von der damaligen Donau
von einer Sandbank bei Markt Ardagger weg
ein kleines Stück Donauweges hast tragen lassen,
bald ängstlich bedacht, dem Donauuferweg mit Kraftanstrengung in einem nicht zu spitzen Winkel zuzustreben
(wer weiß, wie weit du dich dann zum Badeplatz
zurückkämpfen müßtest durch Ufergestrüpp!) –
die Donau, auf der du dahintreibst, ist ja längst eine andere;
ist jetzt die, welche Wien hinter sich bringen möchte
und auf welcher zur jetzigen Jahreszeit nicht von
   Schwimmern
geschwommen wird, wie ja auch du nichtschwimmend
auf ihr unterwegs bist, während du auf Herbstspaziergängen
der Donau bis zum Kahlenbergerdorf entlangeilst,
ihr entgegen gegen ihren Schwimmverlauf –
ihre Fließgeschwindigkeit (aber wolltest du dich nicht
am Donaukanal stadtwärts tummeln?) läßt nicht zu,
daß es dich grundwärts zieht; wird dich schon
beizeiten schlaftrunken wie Schwäne anschwemmen
in lächerlich durchnäßter Wanderkleidung, obwohl dir so ist,
du triebest, von Donauwellen überlaufen, in einem schwarzen
Sakko auf ihr, die Taschen voller Wasser und es, vom Wasser
aufgerissen, nicht mehr nah am Körper, auch das Hemd
voller Wasser und Arme und Beine, halb eingeschlafen,
neben beziehungsweise halb unter dir, letztere
lahm in ein Baumeln versetzt.
nicht angespült, dafür aufgefischt zu werden,
wär dir das lieber?

schon zu lange her das vergebliche Tasten
nach der vollgesoffen dir weggerissenen Wollschaf-
oder doch nur Schlafwohlmütze?
und was ist mit dem Brief, den du über den Donaukanal
zur Hauptpost nächst Schwedenplatz tragen wolltest?
mit nassen Händen nach ihm in die Brusttasche zu greifen,
oder hätt es ihn dir aus der Hosentasche ins Donauwasser
   gespült?
zur Schwedenbrücke treibt es mich nicht, die quert
ja den Donaukanal, und der ist die Donau nicht.
bekommt sie nun einen unleserlichen Brief zugestellt,
nicht mit dokumentenechter Tinte geschrieben?
mit nassen Haaren jedenfalls würd ich mir
auf jedem der zugigen Rundfahrtschiffe den Tod holen.
und aus den Hosensäcken müßte mir das Wasser
gebeutelt werden, auch aus den Anoraktaschen, wäre ich
wie gestern im Anorak zur Hauptpost auf dem Weg,
oder befände sich die über Nacht nicht mehr nächst
   Schwedenbrücke?
eher rede ich im Dahintreiben da nur im Donaukanal
   mit mir,
nur den Mund und die Lungen voller Donauwasser!
ach Flußbett, du mein Schlafbett – noch nicht
geschriebener Brief gerettet! (Frühwinter 2017)

*

Endlich wieder hat Gerhard Gutruf als der Konstruktivist, der er ist, in der Linoldruck-Technik einem der großen Meister die Reverenz erwiesen – hat sich mit souveräner Eigenmächtigkeit Antoine Watteaus ‚Pierrot Gilles' zu eigen gemacht, durch die Reduktion dieses Gemäldes aufs (für ihn) Essentielle, durch die Hervorhebung perspektivischer Besonderheiten, durch die Einzeichnung dort nicht vorhandener Konstruktionslinien, durch eine radikale Veränderung des Raumes. seine intellektuell-asketische Verfahrensweise müßte einen Watteau verblüffen! Gilles steht auf einem Erdhügel wie auf einer Ein-Mann-Freilichtbühne, unseren Blicken frontal preisgegeben und zu seinen Füßen wie von Publikum von etlichen anderen Schauspielern umlagert. gemahnt in seiner gottergebenen Haltung an ein gemobbtes Kind. schaut man ihm flüchtig ins Gesicht, nimmt er sich, offenbar von unaufhellbarer Schwermut heimgesucht, betrunken aus oder arm im Geiste, weil zurückgeblieben – das ‚Lache-Bajazzo'-Lachen scheint ihm für immer erstorben zu sein. Gutruf verschärft die Melancholie, die den armen Kerl auf sich eingeengt hält, indem er ihn, wie Patienten auf eine andere Station verlegt werden, ins Bühneneck eines Kellertheaters versetzt – oder müßte man sich diesen engen Raum als eine Polizeistube deuten? dann hätten sie ihn, den zu Unrecht Verdächtigten, wie auf einen Laufsteg in die totale Preisgegebenheit kommandiert, und dann könnte hinter ihm kaum noch erkennbarer ‚Doktor auf Esel' ein Vernehmungsorgan mit Amtskappe sein, das geduckt ihm Verdächtiges notiert. das Eselsauge, inmitten scharfkantiger Abstraktion vorhanden geblieben, das Auge eines, der ihn ausspioniert hat? wie auf dem Ölgemälde steht Gilles mit schlaff hängenden Armen da, nur daß sich nun seine Hände aus Verlegenheit am liebsten verstecken wollten: scheinen sich an der Kasperljacke festzukrallen, damit ihm nicht Handschellen angelegt werden, auch wenn es zu seiner Zeit nur tönende Schellen gegeben hat. oder wird er von Gerhard Gutruf einem Ärztekonsortium als ein interessanter Fall vorgeführt? wie in Erwartung seiner Hinrichtung steht er schweräugig da, die schwarzen Nachzeichnungen seiner Umrisse und all das Grau an und um ihn in Korrespondenz mit seinem Gemütszustand. Originalhut oder Originalhaube nun ein eingeschwärzter Kopfverband, als wär der das Negativ eines Heiligenscheins. aus der strikt beibehaltenen Untersicht zu Gilles aufzuschauen und ‚Ecce homo' zu denken.

9. Dezember. Aus Wolf Werdigiers Ausstellung großformatiger Acrylbilder begleitet mich das mir als einziges wie meiner flüchtig nur kurz vor die Augen gekommene heimwärts – habe da, was mit meiner Erinnerung, deren Erscheinungsbild, einigermaßen übereinstimmen möge, drei üppige Frauen grellrot geschminkter Münder in bunten Badetrikots vor mir, im Beisammensitzen an einem Badestrand. beigegeben war (die Länge des Textes für eine Bildlegende ungeeignet), was sich nicht als eine Einbildung erweisen möge: im Malen dieses Bildes sei ihm eine der Mutter gegolten habende Kinderzeitangst aufgestiegen, vermischt mit ihren dreierlei Parfums. wäre ihm da, das frage ich mich im Dahineilen, als wäre ich er, ohne sein Wissen ein Selbdritt-Bild der damals großmächtigen Mutter geglückt, oder hätten die drei denn nicht geschwisterliche Gesichtszüge aufzuweisen gehabt? umzukehren reicht nicht die Zeit. sollten die drei also die damals angstvoll über alles geliebte Mutter sein, dann hat sie vorm Eintauchen ins Wasser ihre unterschiedlichen Parfums gleichzeitig an sich gehabt, dank seiner späten Vermischung der von ihr bevorzugten Düfte im Malen – und dann könnte in seine frühe Angst um ihre Liebe (und daher auch in seine Angst vor der Mutter als der Verkörperung angsteinflößend weiblicher Natur) eine diese Angst verringernde Angst gemischt gewesen sein, er war ja ein kleiner Bub: ein Meereslufthauch werde sie innig umschmeicheln, um ihr den Duft ihres Sonnenschutzparfums zu rauben und den hinanzuspülen in den Himmel! größer könnte die Angst gewesen sein, das Meerwasser, reich an Raubfischen, werde der Mutter das verlockend bunte Badetrikot rauben, Meereswogen würden ihr den blutroten Mund mit leckenden Zungen totenblaß küssen, bis sie danach schutzlos ans Ufer wanke. so könnte er, von sich in meerestiefe Angst versetzt, befürchtet haben, die Mutter werde ihm dergestalt entrissen werden, daß sie ihn, von ihren zwei

Freundinnen oder Schwestern dazu angestiftet, für immer allein zurückläßt, ihm sogleich in ein anderswo neues Leben davongeschwommen! oder hat er, in der fremden Meeresluft des Duftes ihrer Haut verlustig geraten, einen kraftvoll Herbeischwimmenden als den Wassermann angesehen, der die Mutter verlocken wird, ihm in Meerestiefen zu folgen? möge er, des Schwimmens noch unkundig, nur nicht eine Scheu gehabt haben, von ihr an der Hand genommen, mit ihr durch seichtes Wasser zu waten – von der Angst verschont geblieben, sie wolle ihn ertränken oder werde vor seinen Augen ertrinken, er zu klein, die Großmächtige zu retten! oder kann sich, von Ängsten freigegeben, an diesem Badeplatz der Wunsch Gehör verschafft haben, die Mutter möge ihn hinter sich herziehen in plötzlich so tiefes Wasser, daß er dort von ihr umschlossen werde wie während seiner Menschwerdung, vollendet mit dem ihm nicht erinnerlichen Aus-ihr-gehoben-werden, eins mit dem ersten Trennungsschmerz? (das aber ihm fremde Damen gewesen!)

10. Dezember. In den frühen Nächten wie auch jetzt am noch finsteren Morgen Menschenschatten schräg unter mir durch den Saarpark unterwegs. die Gesichter der Näherkommenden leuchten blaugrün, die Wegstrebenden halten sich über winzige, blauleuchtende Laternen gebeugt. Handy-Menschen aus Fleisch und Blut! spätnachts huschen hellblau leuchtende handgroße Vierecke alleingelassen und vereinzelt an den Büschen dahin. im Begriff, mir eine Zigarette anzuzünden, habe ich derzeit die Wahl, das in Milano, in Meran, in der Auvergne oder in der Bretagne zu tun – darf da bloß nicht blind nach einem der mir von Reisen mitgebrachten Feuerzeuge greifen!

„Der Viel- oder Mehrdeutigkeit der Kunst wohnen voneinander abweichende Deutungen inne – Sie können bloß nicht eine blutige Hinrichtung als Geburt der Venus deuten!", das flüstert der Halbschlaf mir zu, denn am nächsten Abend soll ich in einer Galerie mitdiskutieren. „Tritt man, wie viele andere zu einer Vernissage Eingeladene beispielsweise hier ein, wird man die ausgestellten Bilder in den Blick zu bekommen trachten, ehe man auf das zugeht, das einem einen kleinen elektrischen Schlag versetzt –", aber da werde ich schon von einer Philosophie-Professorin unterbrochen: „Wenn ich nur ,man' höre!" – sie würde also ,Trete ich ... in eine Galerie, trachte ich ...', als beschriebe sie da ein Verhalten, das sich von dem aller anderen unterscheidet. ja, die Empfindlichkeit mancher gegenüber jedem ,man', denen als Kindern des öfteren ,Das tut man nicht' zugerufen worden ist oder die sich von notwendigerweise knappen Anordnungen wie ,Wenn ..., dann bewahre man Ruhe und befolge die Anweisungen des Personals' in ihrer Individualität bedroht fühlen. lasse Goethen hochleben dafür, daß er als Direktor des Weimarer Theaters aus seiner Loge dem einer Tragödie beiwohnenden Publikum: „Man lache nicht!" zugerufen hat.

15. Dezember. Abendgast bei Etta, bringe adventviolette Tulpen mit. Wohnungstür steht schon offen, kommt auf mich zu. „Bist du bekümmert?" / „Hab mich im Stiegenhaus nur gefragt, ob auch dir manchmal um uns beide leid ist." ihren Blick mir zu deuten? der entlockt mir Tränen bloß deshalb nicht, weil sie ihn sogleich mit dem Ausruf löscht: „Aber der Abend beginnt doch erst!" und mir, was immer das besagen sollte, mit den Tulpen enteilt, also voraneilt. von ihrem Aussehen belebt, gelingt es mir, sie anhand mitgebrachter Notizen und Zeitungsausschnitte wie in alten Zeiten zu amüsieren. fehlt nur, daß es mich wieder nachhause drängt, sie und von ihr Gesagtes zu besingen.

15. Dezember, an der Station Saarplatz: „Heast, wie lang no kummt der 39er in fünf Minuten?"

23. Dezember. Ja, die Fichten und Tannen, bei Tag auf den Christkindlmärkten wie Sklaven aufs Erwähltwerden in gute Stuben bedacht – die noch verschmähten werden abends wie

Raubtiere hinter Käfiggitter gebracht. und diejenigen wenigen, die niemand gekauft haben wird? die werden noch am Heiligen Abend mittels Köpfung als Christbäume unbrauchbar gemacht und in Sammellager am Straßenrand gestoßen, nach den Feiertagen von Befugten zu Vernichtungsstätten transportiert.

Du meinst, dem Juwelier wird es einleuchten, daß ihm jemand in der Heiligen Nacht die Auslage eingeschlagen hat, um, durch die eingestiegen, den im Schatten des dargebotenen Schmucks arg vernachlässigten Zimmerpflanzen Wasser zu bringen in einem hingeschleppten Kübel? (so war ich aufgewacht). ein Ölbild *Am Mondsee*, an die Hauswand gelehnt eines Trödlers: das Boot gleicht einem gestauchten Fassel, das Segel einer blassen Flamme. also segelt da eine in einem Kerzenbehälter wohlgeborgene Kerze über den Mondsee, von ihrer Flamme wohlgesinnten Winden ans andere Ufer gelenkt.

24. Dezember, herrlicher Morgenhimmel! Gedichte, auch als Nicht-du-Gedichte an die Geliebte dann gerichtet, wenn sie der als dem Urquell einer neuen Welt entspringen, als in allen Zeilen zum Stillhalten gebrachte Wellen? und sollten alle Gedichte der Geliebten sich zuschreiben, als hätte der Dichter nicht nur das aufgeschrieben, was in leeren Zeilen, in blinden Fenstern heimlich schon vorhanden war – nicht einmal an sich selbst sind sie gerichtet, aber sie lassen durch sich hindurch den Dichter auf sich schauen: was immer er zum Ausdruck bringt, er ihr Gegenstand; aufs reinste dann, wenn er das vor sich geheimhält. zur Sonnenuntergangsstunde am Himmel, tief unter einem Sichelmond, ein Geschwader an schlanken glutroten Fischen – nicht Goldfische; ihre Mäuler die von Raubfischen!

1. Jänner 2018. Wandertag. von uns in die Mitte genommen, wandert die von uns beiden um die Wette verehrte Frau Professor nur mit uns, haben ja die anderen weit zurückgelassen. plötzlich hat Othmar eine Zigarette im Mundwinkel wippen, und auf ihr: „Ja, sag einmal!" hin zeichnet er mit der Hand von der Hose weg eine steile Kurve in die Luft – die Frau Professor wird doch hoffentlich nicht verstehen, was eine ansonsten heimlich gerauchte Zigarette an ihm bewirkt, sondern vermuten, am Rauchen gefalle ihm einzig der himmelwärts steigende Rauch. „Und du?", kehrt sie sich mir zu. „Ich noch nicht!" / „Gehgeh!", und lacht mich kokett wie in den Englischstunden an. „Ich nur, wenn ich in der Nacht vor einer Englisch-Schularbeit nicht und nicht einschlafen kann." (und wenig später liegt sie auf Heu gebettet, hält mich mit Armen und Beinen umklammert. „Frau Professor", stottere ich an ihrem Mund, „bitte umfassen Sie mit der Hand einen meiner Oberarmmuskeln, und gleich spüren Sie, daß er mir nicht anschwillt – mit einem weichen geht das nicht!", und hab mich ihr schon ins Wachwerden entwunden)

4. Jänner. Frau Doktor Feldners Festnetznummer? statt Neujahrswünschen etliche Male meine Telephonzeichen ins Leere geschickt – wider ihr Vorhaben für die Dauer der Weihnachtsferien doch verreist? seit zwei Tagen das Telephon abgeschaltet. Lebenszeichen selbst des treuesten Patienten, seit mehr als fünfzig Jahren der ihre, unerwünscht? ihr Handy, auf dem man ihr Nachrichten hinterlassen solle, hat wie nie zuvor keinerlei Rückruf bewirkt, und seit gestern wird man nicht einmal mehr von ihrer Ansage vertröstet, denn nun ersetzt eine weibliche Computerstimme die ihre mit der dir von anderen Speichern bekannten Empfehlung, Sie können nach dem Piep eine Nachricht hinterlassen. aber auch daraufhin erfolgt nichts. ihre Stimme herzlos gelöscht worden? und gestern so beklommen gewesen – sie ist ja etliche Jahre älter als ich –, daß nochmals die Handynummer gewählt und das ihrem Handy anvertraut: „Ja, das ist nochmals der J. Sch.; möchte nur sagen, daß mir um die Frau Doktor sehr bang ist. auch wenn ich hoffe, daß mich mein Instinkt trügt!" das also, über sie hinweg, an ihre mir wohlvertraute Tochter gerichtet – hätt ich noch hinzufügen sollen, Lieblingsenkelin Laura möge mich zurückrufen, als einzige aus einer Großfamilie von Ärzten eine Psychologiestudentin? wieder nichts, auch jetzt nichts. den Feldners ein Briefchen an die Haustür zu stecken? geh ja nicht einmal nachschauen, ob die Fenster des obersten Stockwerks finster sind oder erleuchtet, weil wichtige Papiere zusammenzusuchen sind. sie selbst mit einem Schlaganfall in einem Spital, der die Weiterführung der Praxis undenkbar macht oder gar schon ... ja, und was wird dann aus mir? ihre Tochter eine Psychiaterin, ein Sohn ein Orthopäde. und welcher erstmals von mir aufgesuchte Internist wüßte sofort gelegentliche Herzbeschwerden als nervös abzutun. aber nie mehr dir durchs Telephon ihr: „Feldner?" zufließen zu hören, das charmante jüdische ‚l'? und heute morgen läutet mein Telephon, und mir strömt ihr „Feldner" entgegen, das ich einmal noch vom Tonband hätte hören wollen, und sie ist es wirklich. „Frau Doktor, Gott sei Dank!" / „Sie hätten schon eine Parte zugeschickt bekommen!" / „Ach, bin ich erleichtert – hab ja befürchtet, Sie lägen nach einem schweren Unfall im Spital. ganz glücklich haben Sie mich jetzt gemacht!" / „Na, dann kommen Sie am Dienstag um fünfzehn Uhr zehn in die Ordination!", und lacht.

von der Auferstehung einer tot Vermuteten recht anders beschwingt als nach Versöhnungen mit einer schon verloren geglaubten Geliebten, über den Türkenschanzpark („Sie können nicht wissen, wie schön unser Schrebergarten zur Zeit der blühenden Kirschbäume war. nur wie mein Gatte ausgesehen hat, daran kann ich mich nie erinnern!") stadtwärts losgezogen. ‚Sprache der Bilder. Bilder der Sprache', so wirbt auf dem nächstbesten Plakat das neueröffnete Diözesanmuseum um Besucher – Körpersprache gleich Seelensprache(?) die Sprache der Mutter studiert Muttersprachen(?) Sprechende Bilder ersetzen Wortbildungen(?) Bilder sprechen, Worte schweigen(?) Bilder reden beredt den Wörtern drein, bis die wortelos schweigen(?) Wortspiele verachten Spielwörter(?) Schluß mit diesem Wanderschmus! an einer Litfaßsäule hingegen wirbt in mehr als voller Lebensgröße der Rubenssche *Ecce homo* fürs Kunsthistorische Museum – stolz zurückgelehnt, präsentiert er (die Dornenkrone ihm nur ein Kopfputz) seinen bis weit unter den Nabel entblößten schönen Körper – der aber ist, anders als auf dem Original, von winzigen rostroten Blutstropfen bedeckt, wie Schnee vom Blechdach heruntergerieselt.

6. Jänner, Dreikönigswanderung über den Kahlenberg. in Grinzing Dreiköniginnen und Gefolgschaft nachgelaufen – unser Haustor, nur nach Funkzwiesprache zu öffnen, schreckt ihresgleichen ab (hab mir für schäbige zehn Euro nur eine Strophe singen lassen). im Hinansteigen nehmen Nebelschwaden, zart wie Zigarettenrauch, die Sonne hinweg, aber hinter den höher oben befindlichen Buchen taucht eine Meeresbläue auf. dort im schlierigen Morast des hingeschmolzenen Schnees halb aus den Schuhen gehoben worden, aber nicht ausgerutscht – die bis an die Knie blauschwarz bespritzten Jeans wie die von Schlier bedeckten Schuhe zuhaus gegen andere getauscht und mit der U-Bahn in die Stadt gefahren, um dort die Wanderzeit auf drei Stunden aufzubessern.

14. Jänner. Sagen Sie mir, sagt mir von ferne Erinnerlicher auf der Straße zu mir, wie habe ich korrekt zu sagen, wenn es so weit ist: „Es ist besser, wenn einem genommen wird, als daß man nie gehabt hat!" oder „Besser, Sie nehmen mir, was mein war, als Sie hätten mir nichts zu nehmen?" oder wäre richtiger: „Mir nehmen zu lassen, was gerade noch mein ist, das ist doch besser, als es nie besessen zu haben!" / „Was soll

ich da sagen, außer daß ich verwundert bin, daß Ihnen eine Kastration droht!", und gehe im Halbschlaf rasch weiter.
15. Jänner. Im Aufwachen um halb sieben nach allerdings sehr kurzem Schlaf der Wand zugekehrt und in Rumpfhöhe ihr die rechte Hand aufgelegt, einen ersten Blick lang beinahe so befremdet gewesen, wie wenn es mir denkbar vorkäme, durch ein durch viele Mauern hindurch mir zum Hof aufgetanes Fenster zum Greifen nahe zu haben reich verzweigtes, der Jahreszeit entsprechend Nacktes an Laubbaum, liege ja nicht dem Fenster zugekehrt. läge ich aber mit hohem Fieber tief unter mir, wären mir diese hin und her bewegten Zweige vielleicht schattenhafte Erinnerungen der vor langem von unserem Straßenrand entfernten Sträucher an sich selbst. oder zeichnen sich jetzt, vom stumm bleibenden Sturm mir wachgerufen, Kindheitserinnerungen an kahle Obstbäume an meine Bettwand? dieses hin und her schwankende Schattenbild, dank dem Verlust der dritten Dimension wie eine japanische Naturstudie in allen Details durchgezeichnet und dabei fast durchsichtig, dieses edle Abbild aus zarten Schatten, wie eine Baumkrone anzusehen, hat aber vergleichsweise Schäbiges zum Vorbild: mich etwas aufgerichtet dem Fenster zuzukehren, und von der mir als Ganzes vorenthaltenen Platane steht dort, wohin mein Blick reicht, ein schmächtiger, aber von Verzweigungen beengter Ast ab, wie ein Rutenbesen anzusehen. sehe zwar manchmal nachts an derselben Wand oberhalb meiner Wange das Blinken sich spiegeln des scharfen blauen Scheinwerferlichts, das vom Dach des AKH Rettungshubschraubern Zeichen gibt, sie könnten landen; aber welcher Scheinwerfer projiziert mir einen schönen Baum, den es genauso in der Wirklichkeit nicht gibt, wie an eine Leinwand neben meinem Bett an die Wand? ans Fenster zu treten, und am erdämmernden Nachthimmel steht eine vollmondgroße blitzblau strahlende Scheibe, von einem dieser Tage installierten Kran hinangehoben –

bald aber die Dämmerung so weit fortgeschritten, daß mein Wandbild erlischt. sein Erzeuger erst nach Sonnenaufgang abgeschaltet. und der hat mich nun schon den dritten Morgen vor halb sieben geweckt, denn da bekomme ich sein Erstrahlen zu sehen; mich dann zu mühen, dem Schattenbaum zugekehrt noch ein wenig zu schlafen.

16. Jänner. Saint-Ex, wie Freunde den Dichter nannten, wird im Radio in Beantwortung der Frage zitiert, wann ein Kunstwerk fertiggestellt sei: „Nicht, wenn nichts mehr hinzuzufügen ist, sondern wenn nichts mehr wegzulassen ist!" – ja, so ist es, und das möge etliches von mir Geschriebene bestätigen: würde ich dies oder das als scheinbar entbehrlich auch noch streichen, verlöre mit ihm der Satz seine Kontur und es geriete das Ganze an wenigen Sätzen nicht-eingenebelt in die Auflösung von Turner-Bildern. wie leicht hat es vergleichsweise die Musik – im Radio (der Komponist überhörten Namens habe zur Französischen Revolution das Seine beigetragen) eine ‚Schottische Landschaft', die ihre Nebelnacht der Weglassung von Geigen zu danken habe! (bei uns ein düsterer Regentag, schon der zweite)

*

Kommt einer im Halbdunkel auf dich zugegangen,
so laß ihn so weit herankommen,
daß ihm ein Kinnhaken zu versetzen ist,
noch eh er den Hut ziehen könnte.
holt einer, dir einen Backenstreich zu versetzen,
weit aus, so hau du ihm schneller,
als er schauen kann, links und rechts eine herunter,
oder du haust ihm, noch besser,
den Arm der ausholenden Hand ab
und vorbeugend auch die andere.
streckt dir einer die Hand entgegen,
so spuck in sie hinein, es sei denn,
er will dich aus einem Hochwasser retten.

umarmt dich, sich an dich drückend,
ein wildfremdes Weib, so laß es gewähren,
bis es dir nach Betastungen deiner Hosensäcke
in die Gesäßtasche greift mit langen Fingern –
dann endlich schmier ihr eine!
umklammert ein viel zu jung zum Betteln
ausgeschicktes Kind zu dir aufschauend
eins deiner Beine, so weiß dir nicht auch nur einer
der Schriftgelehrten oder der Evangelisten einen Rat!
(24. Jänner)

27. Jänner. Um zwei Uhr früh wach geworden, die letzte Zigarette zu rauchen, und dann von der Trafikantin gesagt zu bekommen: „Ihre Marke gibt es leider nur mehr mit Knoblauchgeschmack!" (um ... Uhr rauche ich die letzte Zigarette = keine weitere; sie könnte sich allerdings meine letzte gewesen zu sein erweisen – Zigarettenschachtel leer und der Tschick da, das war sie. „Es gibt leider nur mehr", das ist endgültig; „Es gibt leider nur noch", das gilt bloß für die Zeit, bis ... wieder verfügbar – nicht schlecht, den Morgen so zu beginnen)

Ein später Rückblick auf Milano. Weggehen sehe ich mich, einzig vom vollgepackten Rucksack bedrückt: nichts bleibt zurückgelassen, alles andere schon die letzten Heimreisemale mitgekommen in erbarmungsloser Voraussicht; Vorahnungen des Endes waren längst hinter dich gebracht. grußlos gegangen? das wohl nicht, aber verlegen trotz Bemühung, mir die Verlegenheit nicht anmerken zu lassen. wie nie zuvor Haustür offen gestanden, von Handwerkern aufgespreizt, und so war am Tag unseres Endzeit-Endes zum ersten Mal nicht nach dem Knopf des Türöffners zu tasten. schon vorm Hinaustreten Sonnenlicht mir entgegengeflutet, als hätt es solcher Ermutigung oder Ermunterung noch bedurft. aber woher die Erinnerung nehmen, ob mich nach Überquerung der Straße wie all die Male vor der Rückfahrt nach Wien noch einmal umgedreht und pro forma ihrem Küchenfenster zugewinkt als dem stets von roten Vorhängen gerandeten, vom zweiten Ankommen an daher verläßlich erkennbar geblieben. mich umzudrehen und einmal noch hinaufzuschauen, davor mich etwa gehütet, wenn doch, nun aber wirklich für immer von ihr zu gehen, für mich so festgestanden, daß selbst ein allerletztes Hinaufwinken, einem ihr-Nachwinken wesensgleich, mich nicht ein letztes Mal sentimentalisch durchzuckt hätte zugunsten eines Aufschubs des endgültigen Abschieds, und wäre der mangels diesbezüglichen Abschiedswortes bei mir noch zu widerrufen gewesen! falls aber doch kurz zurückgeschaut und auf die mir kurz Zuwinkende mein Blick getroffen, so hat mein Herz nicht einmal einen Streifschuß abbekommen – falls aber doch, hätt ich mich an im Einschlafen und im Aufwachen gedachtes ‚Nun nie mehr wieder, gut so!' gehalten, und sei es erst in der Bahn. und hätt ich das genauso erst zum ersten Mal gedacht, weil nicht mehr wie bei den anderen Endzeit-Abschiedsmalen solch einem: ‚Nun nie mehr wieder!' ein: ‚Wie kann das denn sein?' sich hinzugesellt hat, zur Vertagung des Abschieds auf ein anderes Mal. aufgeschaut und sie auch nicht an einem der anderen Fenster stehen sehen zu haben, das wäre mir ungeschmerzt im Gedächtnis geblieben – wozu, würde ich mir gesagt haben, sollten wir denn mit Handzeichen und Uns-Zunicken unwiderruflich verstandenes Auseinandergehen besiegeln, etwa zur Weckung des Wunsches nach einem Wiedersehen in der Ewigkeit? nach unserem Ende nur mehr dreimal in Mailand gewesen. habe mich auf jedem Rundgang durch die Altstadt gescheut, ihrer Fensterfront in die Nähe zu kommen, so als hätt sie, bald nach uns anderswohin übersiedelt, nur eines im Sinn: an solch einem Tag an einem der ihrer gewesenen Fenster zu stehen und mir ein ‚Willkommen!' zuzuwinken, dieser Tage tot seit drei Jahren. (Ende Jänner 2018)

30. Jänner. Auf ein Papiertaschentuch neben meinem Bett im Finstern hingekritzeltes *Vater unser Totenschädel*. nein, da fehlt nicht ein Beistrich nach ‚Vater', als würde der als unser Totenschädel angeredet, nach ‚Vater unser' fehlt ein Punkt. sollte also im Schlafen zweierlei nicht vergessen: 1) unserem Papst zu sagen, was jedes Kind im Pater noster richtig versteht – Führe uns nicht in Versuchung (et ne nos inducas in temptationem) besage: Laß uns nicht vor Entscheidungen geraten, denen wir moralisch nicht gewachsen sind! (Bürde uns nicht ein Übermaß an Willensfreiheit auf!) – und, so gesehen, könnte der Heilige Vater der Peinlichkeit entgehen, Satan, den undenkbar Gewordenen, als den Versucher zu bezeichnen, als wäre das Böse nicht in uns, mit Gottes Hilfe im Tiefschlaf! 2) Unscheinbares zu beschreiben: vor der Karlskirche, auf dem hohen Podest der Säule mit einem Engel mit Kreuz, liegt Letzterem auf einer Draperie, einem frisch gekalkten Faltenwurf, in Augenhöhe ein Totenschädel in natürlicher Größe zu Füßen. aus den ihm offenstehenden Kinnladen scheint er uns aber dank ungünstiger Plazierung auf einem langen Zipfel der Draperie seine unversehrte, gleichfalls kreideweiße Zunge zu zeigen. und schaut man ihm genauer ins Maul, ist auch, was immer da von hinten an Unterlage in dessen Höhle hineinreicht, sein intakt gebliebenes Zäpfchen wie ein Tropfstein zu erspähen.

1. Februar. Bei meiner Natasha, in der Nähe von Belgrad geboren, Haare schneiden gewesen, weiß ich nun endlich Bescheid, was es mit den Eichenlaubbuschen und auch Eichenlaubzweigen auf sich hat, die am 5. Jänner, am Vortag unserer Heiligen Drei Könige bzw. der Weihnacht der orthodoxen Christen, am Brunnenmarkt nächst der serbischen Kirche in Körben gesammelt zum Verkauf angeboten und auch reichlich gekauft werden – meist von Vätern mit Kindern in die Kirche oder gleich heimwärts getragen. eine Entsprechung zu unserem weihnachtlichen Tannengraß? aber sicherlich nicht zu unseren österlichen Palmbuschen! zu Hause, gesegnet worden oder auch nicht, in Vasen gesteckt? ein aus den serbischen Eichenwäldern mitgebrachter Brauch, weil dieses graubraun dürre Laub als das einzige vorm oder im Winter nicht abfällt, sondern erst im Frühling, wenn junges Laub nachdrängt? von nicht einem einzigen dieser Buschen und Zweige, unzimperlich angefaßt, ist auch nur ein Blatt zu Boden gefallen. also: das alles wird über unseren Christtag hinaus im Keller bzw. im Kellerabteil der Familien im Finstern eingeschlossen, am 7. Jänner aber, dem zweiten Weihnachtsfesttag nach dem im serbisch-orthodoxen Kirchenjahr beibehaltenen Julischen Kalender, in der Früh in die Küche heraufgeholt, denn da wird dann mit dem Eichenlaub gegen den eingeheizten Küchenherd oder die zum Glühen gebrachte Herdplatte geschlagen, zu Wünschen für ein gutes neues Jahr, und da dürfen (hab nachgefragt) so manche Eichenblätter verglosen oder Feuer fangen! auch an Natashas Mutter ist nichts von der Entstehung dieses Brauches gedrungen, obwohl der doch eine Vorgeschichte haben muß. bei mir jedoch stellt sich nach siebzig Jahren eine Erinnerung an ein steirisches(?) Büchlein ein, an Buben mit Nichtkrampusruten, die (gemäß S. H.) das aufsagen: „Frisch und g'sund, frisch und g'sund, lang leben und g'sund bleim. nix klunzn, nix klogn, und a guats neichs Joahr, bis i wieda kumm schlogn!"

Am **10. Februar** wolltest du gern im Hinüberschauen aufs Parlament vom Ring ein Schulkind sagen hören: „Der Bau, die Stelle, das Parlament!" – geschrieben steht dort nämlich in großen Lettern auf einem Transparent:

BAU STELLE PARLAMENT

(ein Aufruf also der Parlamentarier zur unerschrocken fortgesetzten Analphabetisierung)

„Das wirst du doch ästimieren!" das hör ich die Großmutter sagen, während ich einer Anzeigetafel der Schnell-

bahn die den ‚vorgesehenen Abfahrtszeiten' beigegebene englische Version ablese:
‚estimated travel time' –
die von Nichtengländern wertgeschätzte, appreziierte? (auch das ihr Wort gewesen)

„Sie beide, ein apartes Paar!" dieses mein Kompliment hatte Univ.-Prof. H. L. gemäß der mir nicht bekannt gewesenen Wahrheit relativiert: „Ja, da ja ‚apart' auch anderes bedeutet" – als veraltet für ‚gesondert', ‚getrennt' mir nicht geläufig gewesen, nur noch als ‚A parte' für das auf der Bühne beiseite Gesprochene. in einem der Gratisblätter wird eine australische Universitätsprofessorin von einer Studentin als ‚unqualifiziert' bezeichnet: habe ihr bei der Prüfung nicht glauben wollen, daß Australien ein Land sei – ein Kontinent, der ein Staat ist, darauf wird sie beharrt haben! und im selben Blatt das: die Queen habe in allen im Besitz der Familie befindlichen Schlössern und Ländereien die Verwendung von Plastikmaterial untersagt, daher auch Strohhalme – da klammere ich mich an den letzten! werden nun also die englischen Trinkhalme (Trinkröhrchen) aus hinter Windsor Castle gedroschenem Stroh zurechtgeschnitten? (ganz nebenbei recht anderes: „Ascorbinsäure, bitte – aber nicht die unterm Namen ‚Aspirin' teuer verkaufte!" kaum aber kann man das noch zu hören bekommen: „Eine schwarze Schmollpaste, bitte, aber von Collonil!")

16. Februar. Mit dem mir neuwertig von ihm überlassenen Handy als ersten Bruder Heimo anzurufen. Gespräch zu Ende, aber ich hab es noch am Ohr, als würde er mir noch etwas sagen. aber das, was er sagt – hat das seine auch nicht abgeschaltet – gilt einem Gast, der offenbar mit Familiärem nicht vertraut ist: „das war jetzt mein Wiener Bruder, ein Schriftsteller", das hätt ich gern zu hören bekommen, nicht aber das: „... als Jutta Schutting geboren" – abgesehen davon, daß ich wie er namenlos geboren worden bin, mit diesem

Vornamen aber heranwachsen mußte und den erst im späteren Erwachsenenalter losgeworden bin: „Ursprünglich hat der da Jakob Eckstein geheißen!", auch so haben Razzien begonnen. möge aufs Bruderherz nicht zutreffen, was ich zur Zeit der Waldheimlichkeiten englischen Seelenforschern ins Mikrophon gesagt habe: „Some are Nazis, but they don't know, they are!"

28. Februar. „... Schicksallos wie der schlafende Säugling. Götterlüfte rühren euch leicht, wie die Finger der Künstlerin heilige Saiten" – daraus war in einer meiner Variationen das geworden: „fingerlos rührt die Künstlerin heillose Saiten" – und nun wird im Radio ein Sänger namens Fingerlos vorgestellt, sein Name mutet mich wie ein Plagiat an, auch wenn er nicht sogleich seinen Gesang fingerlos auf dem Klavier begleitet.

erst mit dem Februar ist es richtiger Winter geworden, und der hält an! seit gut zehn Tagen jede Nacht minus zehn Grad. ich unterwegs gut eingemummelt, aber der Wind bleibt im Gesicht schmerzhaft, die Zahnnerven könnten mir die Einbildung von von allen Zähnen geteiltem Zahnweh bescheren. da an das Wort der Schwägerin zu denken: „Erfrieren ist aber sehr schmerzhaft!", was ihre Antwort war auf meine Bemerkung, wie ich dem Alter der Demütigungen entkommen wolle. jetzt gibt es aber windstille Nächte, nur möchte ich noch nicht in den Wienerwald aufbrechen – das wird schon nicht der letzte dafür ideale Winter sein! und das Gewünschte wird auch glücken, wenn ich mich winterlich gekleidet im Wald niederlasse nach einem mitgeführten Schlaftrunk. nicht nur alkoholisierte Obdachlose entschlafen, und ich gewiß rasch unterkühlt ...

1. März. Ja, was es nicht alles an nichtentmenschten, bloß unbekümmerten Menschen so gibt – daß welche in nicht bewachte Fresken gern Beglaubigungen ihres Dortgewesenseins ritzen, ist uns bekannt; und trotzdem könnte es dich schaudern vor der Photographie, auf der eine fröhliche Partie vor einem ertrunken frisch angespülten Wal posiert, dessen Seite der mit einem Messer in der Hand was immer eingeschnitten hat – sei das wirklich nur eine Leichenschändung und nicht die Schändung eines Sterbenden gewesen!

nach den Massakern, die gemütskranke Exschüler in ‚ihren‘ Schulen angerichtet haben, wahllosen Drauflosschießens auch mit Sturmgewehren, erwägt der Präsident der Vereinigten Staaten nicht etwa eine Reformierung der Waffengesetze, sondern die Bewaffnung der Lehrpersonen. da schlag ich ihm doch Darüberhinausgehendes vor: da dann ja von solchen Amokläufern als erstes die bewaffneten Lehrer erschossen würden, möge er doch besser gleich für die Schüler der Unterstufe als Freigegenstand, für die der Oberstufe als Pflichtfach ‚Schießübungen‘ durchsetzen – Reminiszenzen an den ‚Wilden Westen‘ würden sich freilich erst einstellen, wenn die Angreifer angeritten kämen!

auf der Einladungskarte zu beider nächstem Konzert schauen dir Sängerin und Begleiter zur Gitarre durch vor ihren Gesichtern locker arrangierte kahle Zweige entgegen – beider Augen liegen frei, beider ernster Blick uneingeschränkt auf dich gerichtet, und trotzdem möchtest du die die Sicht auf ihre Gesichter mindernden Kirsch(?)zweige zur Seite schwenken.

2. März. Das eine Gratisblatt teilt uns mit, eine 77-jährige Ukrainerin habe in ihrer Wohnung dreißig Jahre mit ihrer mumifizierten Mutter gelebt (wohl schon zu Lebzeiten nur mehr ‚Haut und Knochen‘ gewesen und vielleicht in beider Kellerwohnung auf den in Mönchsklöstern einstmals zu diesem Zweck genutzten Lehmboden gebettet worden), das andere adelt dieselbe ins ‚Einbalsamierte‘ (aber auch in Nichtgratisblättern werden alljährlich die kleinen Krönchen der Opernball-Debütantinnen ‚Tiara‘ genannt).

Nur weil du in Fieberhaft genommen, müßten sich Reimwörter, verdinglicht, als Fallensteller verdingen?

Wort für Wort sinnentleert, jagten daher
geträumte Zeilen sinnenleer hinter dir her?
hast doch vielmehr, sich wiederbetätigenden Autos
   willfährig,
vom Schnee über Nacht geräumte Häuserzeilen vor dir,
von Schauflern hinter ihm Schnee her
auch Schuhabdrücke des Schneeweiß beraubt –
zurückgeblieben dir zu Füßen
ein Streifen Eis, nicht weggescheuert:
gibt deinem Schatten Lebens-, also Lesezeichen.
feind deinem Spiegelbild entziffert der,
wie einzig *eine* deine Spiegelschrift,
die Stadtlandschaft des Straßenpflasters,
blank unter eisigem Verschluß gehalten.
und du erweise dich gefälligst als ein Dichter,
indem du, schon am Fallen, doch nicht aufprallst:
zurückgerissen wie zu selten vorm Gebrauch
nichtswürdiger Wörter! (bei Schneefall, am 3. März 2018)

4. März. In einer später (vielleicht als sentimental?) unterdrückten Glosse habe Adorno sich zu erklären versucht, warum ihm bei Schubert Tränen kämen – habe sich, frei wiedergegeben, mit der Vermutung begnügt, die Tränen kämen ihm, weil Schubert ein nicht erreichbares Ideal hörbar mache. Ja, solch eine Musik bist du mir auf jeden Blick gewesen! und dir, du holde Kunst der Tränenunterdrückung, ich danke dir dafür!

   *

Es ehre vor ihrem Untergang
die Sonne mit ihrem wie mit Speeren
auf die marmornen Heroen geworfenem Feuer
deren von Höherem als von Kampfgeist errungene Siege!
Komme doch, dem Zerriebenwerden entkommen,
das Gerempel und Geknirsche des von Gebirgsflüssen
mitgerissenen Gerölls vor Troja zu liegen, den auch

an anderen Schlachtenorten eingeschlagenen
und zertrümmerten Schädeln zum Gedächtnis!
Mögen doch im Geprassel der vom Meer ausgespieen
an Küsten geschleuderten Schotter
Homersche Gesänge in sich zurückzufinden trachten!
Aber aus ans Ohr geholten Tritonmuscheln
ist nichts an verrauschenden Heldengesängen
zu erlauschen, bloß das Zirkulieren
des eigenen Blutes verschafft sich Gehör! (detto 4. März)
5. März. Was sich, durchs Eisenbahnfenster entdeckt, im Schnee an Rebhühnern aneinander drückt, gibt sich in Gleichem als freigeblasene Maulwurfshügel zu erkennen, und schneller, als die alle einen anderen als dich an Grabhügel gemahnen könnten, an frisch auf die jüngsten Toten aufgehäufte Friedhofserde, hat es dir das Herz und die Eingeweide zusammengezogen: Wie gibt es denn das, daß die und die und die, sie alle, seit langem tot sind und du das jetzt erst spürst, wie frisch erfahren? das hatte sich angekündigt im Vorbeirauschen an Amstetten mit nicht zum ersten Mal dort Gedachtem: Nie mehr da von der Höf den Fuhrweg mit der Mutter zum Litzlachner hinan, weder zur Zeit der Himmelsschlüssel noch der der Mostbirnen mit ihr zu wandern, wie kann das nur sein! diese Allerseelenanwandlung (ja, es hat mir imponiert und war mir recht, daß die und die nach unserem Auseinandergehen mich nicht mehr sehen wollte, auch nicht, als es ans Sterben ging; und was die als letzte Gestorbene betrifft, hab ich ihrem Sohn, als sie darniederlag, ohne schlechtes Gewissen geantwortet, nur wenn sie ausdrücklich nach mir fragt, dann besuche ich sie) löst sich nicht erst im Hotelzimmer auf, im Einschalten des zuhaus nie vermißten TV-Apparats, als da sogleich ein Eisbär, der es auf ein Möwenküken abgesehen hat, von der Mutter vertrieben wird, indem sie ihn anfliegt und mit dem Schnabel seiner Schnauze blutende Wunden hackt! ob die ihm gern die

Augen ausgestochen hätte? kaum denkbar, daß er das befürchtet hat – dergleichen wird einem Artgenossen kaum jemals widerfahren sein!

10. März. Mit Gerhard Zeillinger gestern auf die unselige Waldheimzeit zu sprechen gekommen; ihm da Erzähltes müsse ich aufschreiben. hatte mich für zwei Stunden zum ‚Mahnwache-Halten' vorm Stephansdom einteilen lassen, und dort steh ich dann mit Reimo Wukounig. ein englisches Fernseh-Team findet sich ein, und da kommt einer in passender Aufmachung im Stechschritt der SS anmarschiert, defiliert vor uns hin und her, wird mitgefilmt, als gehörte er zu uns. dann tritt ein älterer Mann zu uns her, sei bei der deutschen Wehrmacht gewesen. „Wissen Sie auch, wie das war, in einem Panzer zu sitzen, wenn der vor dir gerade getroffen worden ist?" zwei uns beigegebene Frauen, leidenschaftliche Antifaschistinnen, sind im Begriff, ihn als einen alten Nazi niederzumachen. endlich darf ich etwas sagen: „Die Angst im Panzer kann ich Ihnen nachfühlen. und wir im Hinterland, ich war ein Kind, waren Bombenangriffen preisgegeben, relativ spät. aber es ist doch ein großer Unterschied, ob man vom Zufall in den Tod gerissen wird, oder ob man aufgrund seiner Abstammung zum Umgebrachtwerden bestimmt war!" wie er mich daraufhin angeschaut hat, das weiß ich noch. „So hab ich mir das noch nie überlegt!", und schüttelt mir die Hand. ja, den Kriegsteilnehmern hätte danach beigestanden werden müssen. wer hat die getröstet, die auf dem Rückzug schwerstverwundete Kameraden mit Flammenwerfern auszulöschen hatten? was damals an Witzen grassiert ist, möchte ich vergessen haben bis auf einen: ein Autofahrer begeht an einer Kreuzung einen gottlob folgenlos gebliebenen argen Fauxpas, der hinter ihm zu stehen Gekommene springt aus dem Auto und bringt den dazu, das Fenster herunterzukurbeln. „Sind Sie Jude?" / „Nein!", und daraufhin schmiert er ihm eine. hab das so verstanden, daß überlebt Habende einen Freibrief haben sollten, sich lebenslang nicht nur im Straßenverkehr schlecht zu benehmen. aber diese einem Christen verabreichte Watschen ist leider von etlichen der von mir Befragten so gedeutet worden, der Watschnende habe sich bloß die Gewißheit verschafft, nicht als ein Antisemit bestraft zu werden. (ja, und das widerliche Lachen eines, der zu Unrecht als ein Fallensteller triumphiert hat: „Millionen Juden und vierundzwanzig Briefträger hat der Führer vergasen lassen!", nämlich auf die verkürzte Frage hin: „Wieso denn die?" – solch einer hat bloß nicht ihm wie allen Bekanntes seiner Frage vorausgeschickt, daraufhin scheinbar als einer erkannt, der wie der Witzbold die Millionenzahl gutheißt. oder der Studienkollege, der Mitte der 1960er-Jahre seiner Behauptung, Adolf Eichmann sei vor seiner Hinrichtung zum mosaischen Glauben konvertiert, zwar verlegen lachend, die Erklärung folgen läßt: „Na, ein Jud weniger!" – welch eine Charakterisierung fanatischer Verranntheit, der nicht einmal die Nähe des eigenen Todes Einsicht beschert!)

13. März. Welches Jahr es gewesen, in welchem im Radio der unglückselige 13. März 1938 durch etliche Tage immer näher heranrücken gemacht worden ist? die Steigerung in ein Crescendo hat wohl nicht nur den beiden nach dem Ende des Teufelsspuks aus dem Entkommen Heimgekehrten und mir ihnen dann Befreundetem wie eine sadistische Inszenierung zugesetzt, so als würde da ohne Rücksichtnahme auf die lebenslang an Erinnerungen laborierenden Seelen der dem Terror und dem Umgebrachtwerden Entronnenen eine unzimperliche Volksaufklärung betrieben – beider Abwehr gegen solche Heraufbeschwörungen des Geistes des Antichrist und seiner Gefolgschaft aus der Hölle war zu verstehen, aber nachfühlen kann ich sie ihnen allen erst jetzt, wo das mit tickender Zeituhr und reicherem Dokumentationsmaterial wie nie zuvor gesendeten Interviews aus den Tagen nach Schreckensende im Radio stundenlang vor sich geht –

fehlt nicht viel, daß mir wie 1978(?) Hilde Spiel und Katrin Beer danach ist, meinen Koffer zu packen und Österreich hinter mir zu lassen! (welches Unbehagen vielleicht von der Zusammensetzung unserer derzeitigen Regierung verstärkt wird). in den Radio-Diskussionen über den ab 1938 brutalisiert zutage getretenen Antisemitismus immer noch eines zu vermissen: daß die kaisertreuen jüdischen Bankiers aufgrund ihrer internationalen Verwandtschaftsverflechtungen dem christlichen Bürgertum verdächtig waren wie die international verflochtene Aristokratie! (Marie Antoinette bis zuletzt ‚L'Autrichienne', die ‚Bourbonin' Zita)

Erinnerungen an Erinnerungen nicht das Meine. nicht angewiesen auf das Photoalbum, in welchem ich, gut eingemummelt, auf einem Schlitten, einer Rodel mit Lehne, sitze. habe genau die handkolorierte Wollmütze der über mich gebeugten Mutter vor mir, schwarz-weiß-rot quergestreift. reicht über ihren Hinterkopf hinaus, hat aber nicht einmal den Zipfel einer Zipfelmütze. und trotzdem vermeine ich mich, heute mehr als damals, von einer an der baumelnden, aber nicht vorhandenen Quaste an den Wangen gestreichelt, während die Mutter an meiner Decke hantiert – so lebendig mir diese eingebildete Liebkosung geblieben, weil ich mich an nicht eine einzige erinnern kann? und nicht der geringste Zweifel stellt sich an einem ein, trotz wegbleibender Örtlichkeit: Holzpritsche im Alten Badhaus? Sandbank der Ybbs? das Lotterbett in der Küche, auf dem manchmal eins der Dackelkinder dem Mittagsschläfchen der Mutter beigelegen hat, kann es nicht gewesen sein, sie dort ja bekleidet! nicht einer der Dackel, vielmehr ich lecke heimlich an ihrem entblößten Oberschenkel, habe genau behalten, wie der geschmeckt hat. am ehesten so, wie wenn man sich von einer kleinen Wunde Blut wegleckt. etwas rostig?

15. März. Heute eine Veranstaltung mit Lotte Tobisch, Titel „Ich erinnere mich." Ich erinnere mich. genau jetzt an mich.

aus der Ferne an mich. mir daher nicht sonderlich ähnlich geblieben. dafür mir mehrheitlich ich ins Vergessen geraten. für gelegentliches Auftauchen aus weitgehend intakten Erinnerungen ans mir nicht mehr gegenwärtige Ich. an Ich-Schwäche etwa schon als ein Kind laboriert? da müßte mir aber erinnerlich sein, von mir in der dritten Person geredet zu haben – hätt ich also „Der Schnurzi will aber noch spielen!" beharrt, mit dem Subjekt ‚der Schnurzi' meine Wenigkeit gemeint? meine Mutter wüßte diesbezüglich Auskunft zu geben. im Moment aber telephonisch nicht zu erreichen. sie neuerlich anzurufen, wenn erwiesenermaßen nicht einmal flehentlich angerufene Heilige fernmündlich antworten? wer erinnert mich an solche Erfahrungen, wenn schon nicht mich an mich? (unwahrscheinlich, daß Lotte Tobisch so zu plaudern beginnt)

17. März, Tag des irischen Missionars St. Patrick. der habe auf dem höchsten Berg Irlands eine so süße Bergpredigt gehalten, daß alle Giftschlangen (gibts in Irland seit damals keine mehr?) Selbstmord begangen hätten. haben die sich oder einander ihr Gift eingespritzt? haben sich aber kaum wie Judas (Werkzeug der Heilsgeschichte gewesen) erhängt! wirst an sie denken, sobald du wieder eine Äskulapnatter an einer Wienerwaldbuche baumeln siehst!

Eisenbahnfahrt nach Retz (Lesung). ob nun Märzenschnee wirklich wehtut den Saaten oder das Reimdichtung ist – für seinen Einbruch in den schon etablierten Frühling dem Winter dankbar, und wär das nur ich! in Wien zarter Schneefall, aber nicht erst im Weinviertel Schneetreiben und Schneefegen, bekanntlich zweierlei. Sonnenblumen-, Kürbis- und auch Getreidefelder Gewesenes an den nicht eingeackerten unterschiedlich strohigen Rückständen zu erkennen. was für Felder die von violettem Schneeschimmer zugedeckten? Mohn dort kaum gestanden. das hellgrüne zirka 2 cm hohe Wintergetreide nur angestäubt, als würde es im Wachsen

Schnee abwehrende Wärme entwickeln. die schwarzen Ränder der schneeweißen Äcker. in einer Wiesensenke mit nun graugrün oder grüngrau gestreiften Halmen, auch auf einem gleich gemeschten Wiesenhügel nächst den Geleisen liegt ein Rudel recht jung und zart sich ausnehmender Rehe beisammen, keines schaut zu uns her. umso reizender, nämlich zum Auflachen, die vielen Osterhasen, die, eben noch allein, zu zweit, zu dritt ... herumgehoppelt, in Panik dem Horizont entgegenrennen, blind davonstürzen, obwohl unser Zug nicht aus den Schienen springt, sie durch Wiesen, Felder und Äcker zu verfolgen. zwischen den Sträuchern von Böschungen einige Fasane zu erspähen, und ein Mäusebussard senkt sich zu einer nackten Böschung – nicht zu sehen, ob sich eine Maus aus der Erde gewagt hat, als wäre das Niederschneien Sonnenstrahlen. nach der Lesung den nächtlichen Stadtplatz (nicht nur die ehrwürdigen Gebäude in mildes gelbes Licht getaucht) mehrmals abgewandert, erst dann ins Quartier. von sattem Gelb auch das Licht der Haus- und Straßenlaternen. hättest du ein, zwei Glas Retzer Rotwein mehr getrunken, befändest du dich in einer tschechischen Kleinstadt, weiter weg als im nahen Znaim! (über Nacht, wie gedacht, der nasse Schnee in den Gassen und auch auf den Straßen stattlichem Glatteis gewichen. an einem Sonntagmorgen kein Streuwagen unterwegs, du der einzige Mensch. dein zögerliches Dahingeschlitter. langst aber rechtzeitig am Bahnhof an)

*

QUELLNYMPHEN
Seit wann denn – seit der Antike doch nicht! –
kämen übers Gletschereis Nejaden angeschlittert,
um sich im reinsten aller Wässer anzulächeln?
Wann jemals kommen Nejaden angetänzelt,
um aus Eifersucht auf deren Schönheit
ihre Spiegelbilder in reißenden Flüssen zu versenken –
wenn sie doch nicht einmal, in deren Schönheit

schönheitstrunken versunken, sich mit denen
in überquellenden Brunnenbecken verschwistern,
im Eintauchen mit denen verschmelzen!
einem der Schloßpark-Springbrunnen entsprungen,
erobern sich drei Nejaden in Ballettschritten
den Spiegelsaal von Versailles,
um sich an ihren sich ins Unendliche
fortsetzenden Abbildern zu ergötzen
und sich in denen, kichernd wie Quellen,
als ihnen Innewohnendes anzubeten! (Mitte März, einfach
so hingeschrieben)

*

Und siehe – siehst du die Sehenden und die Blinden?
Sehe die Sehenden erblinden, die Blinden
jedoch das Licht der Welt erblicken!
Und sieh nun und horch!
Nun, in nichtewiger Nacht? nichts zu ersehen,
nichts zu erschauen, trotz Aushorchens nichts zu hören –
aber deshalb doch nicht soeben des Augenlichts
und Gehörs beraubt worden? oder wäre ganz leise
das Ertauben der Erblindeten doch zu erhören?
Aber jetzt, wo doch einmal noch die Sonne
aus der Finsternis aufersteht?
Da werden – sieh nur! – die Blinden wie sehend
den Himmel erschauen, da hört man, wie am Ertauben,
taub Geborene mit Ertaubten
über ein in der Luft liegendes Ende tuscheln
und sieht die von Anbeginn blind gewesene Menschheit
was immer an Zeichen nicht erblicken! (18. März)
20. März. Einer der erst Mitte Februar gewordenen Wintertage es gewesen, an welchem du, von dem eisigen Wind fast tränenblind, mit vor Kälte schmerzhaft starren Händen den Photoapparat zum Wienfluß, einzig der am Vereisen, hinabgesenkt hältst und immer schneller drauflos drückst, der

Verschwendung des Materials dir längst sicher – nur verschwommenes Grau werde das Resultat sein. und dann? hast dann, als wärest du da nicht bloß an einer der Stadtpark-Brücken gelehnt, eine Serie aus einem Flugzeug erblickter Gebirge vor dir, von Gletschereis ihre Höhenzüge zusammengehalten wie auch von erstarrten Wasserfällen, angereichert ihr Himmel von starr darübergelegten Wolkenschatten.

Sehr geehrte Leser, vielleicht sollten Sie die gleich folgende Fahrt über den Semmering überblättern – viel zu genau, ich aber unfähig, vernünftig zu kürzen! Mehr als einen Monat später ist nach Frühlingstagen wieder Winter, aber wer auf der ehrwürdigen Eisenbahnstrecke über den Semmering, edler Ritter von Ghega!, seinen Photoapparat nicht bei sich hat, das bin ich. kann meinen Blicken Preisgegebenes nicht aus den Augen lassen, auch weil da nun mehr Schnee vorhanden ist als Mitte Februar. angetan haben es mir die linkerhand weiter entfernten Vorgebirgslandschaften, die hoch hinan reichenden schmalen, von Schnee bedeckten Inseln, aus den bewaldeten Hängen ans Licht geholt worden, also die von vielreihigen Stämmen, über denen wie Wolken die Wipfel hängen, wie von Pfosten umschlossenen Lichtungen. unverzichtbar aber die uns zur Rechten und uns ganz nahe endenden Ausläufer des hoch darüber nicht Ausnehmbaren: vorbeimanövriert zu werden an einem steilen Gelände, dessen rasch wechselnde Bilder sich erfreulicherweise zum Verwechseln ähnlich bleiben und in sich die Ruhe bewahren, die in ihrem weltfern Idyllischen kleinere Bergstürze gefunden haben könnten – das, was Gebirgsalltag ist, wird ja nur von unserer Fahrgeschwindigkeit in Reste von Bewegung versetzt: Steintrümmer, wohl vor langem talwärts unterwegs gewesen, nackt liegengeblieben oder auch bloß aus dem Untergrund herausgewaschen worden. was an Steinen, von Schnee gefleckt, in schneeigen Rinnen, in schmalen Schluchten liegt, wird dort wie von seinen Schneeflecken festgehalten. von Schnee gerundete Geröllsteine, häufig an Felstrümmer geschmiegt. aber was wäre das ohne dem Wald abhanden Gekommenes! Baumstrünke, kümmerliche Stämme mit Aststummeln, Wurzelstöcke, Stämme mit Schürfwunden und auch der Länge nach aufgerissen, wobei die Tiefe der Risse, freiliegend wie Fleischwunden anzusehen, wie mit Wattebäuschen sie stopfender Schnee meist verborgen hält – vieles von diesem Holz ist an Felsbrocken hängengeblieben oder, wie dorthin gezerrt worden, in den Felsrinnen zum Stillstand gekommen, das aber auch zerschmettert erst nächst unseren Schienen übereinanderhin, und so ist all dieses Gehölz in nun friedseliger Rast in eine letzte Koexistenz mit Gestein geraten, als wäre es nicht in die Tiefe gerissen oder von Waldarbeitern heruntergeschleift worden. wo sich den Felsrinnen in Serpentinen angelegte Steige oder auch Wildpfade blockiert hinzugesellen; wo Geröllrinnen leeren Bachbetten oder auch Holzrutschen gleichen, nicht einmal dort hat ein Kampf um die Oberherrschaft in der Talsohle zwischen bergflüchtigen Lärchen und bergflüchtigem Geröll oder Gefels stattgefunden – die meisten Felsblöcke ja doch wohl von Stürmen von Laub- und Erddecken befreit worden, immer schon dort ansässig gewesen, wo sie sich befinden. angestäubt von Schnee, was an Wipfeln, von denen gebrochen, die Stämme losgeworden ist. und was da nicht alles, wie um einander zu stützen, ineinander verkeilt der Aufstörung aus diesem Frieden trotzt – und wäre manches an höher oben Zusammengebrochenem erst in diesem Winter da angelangt, wo es sich anderem hinzugesellt hat, gleichfalls Wald oder Kalkalpen gewesen. mehrmals nächst den Schienen, viel Platz ist da ja nicht, von Waldarbeitern ineinander gedrehtes Geäst und Gezweig, und solch luftige Drehkörper bis zu drei Etagen gestapelt. der Schnee, manchmal auf den Steinen wie Moos anzusehen, an den Rinden und Felsblöcken wie verblaßte Markierungen. sein goldgelbes Leuchten in der

Sonne, sein violett Angehauchtes auf der Schattseite, seine goldgelben oder violetten Nachzeichnungen querstehender Äste da herunten intakter Laub- und Nadelbäume, aber auch das vielerlei Grau der Felsblöcke und vieles mehr macht erahnbar die Augenfreude, wenn du das alles photographiert vor dir hättest, da ja die Photographie Landschaftsdetails schönt, also adelt wie ein Stillebenmaler seiner Vorlage Abgeschautes. mancher Blick aus dem Bahnfenster hat dir ein von der Natur der Dinge, von deren Vorgeschichte und auch vom Zufall arrangiertes Ungeordnetes wohlgeordnet gezeigt, als das Gegenteil der Idee ‚Chaos'. als ein solches könnte ja bei dir Eingetretener das wahrnehmen, was da, nur das wenigste von Steinen beschwert, an ineinander geschoben, an übereinander gerückten Blättern auf deinem Fußboden liegt, manches wie blindlings verstreut.

23. März. Im düsteren Zehnerbus, dem noch nicht letzten, gilt mein Interesse einer älteren Frau, der aus oben offener roter Sportkappe ein grauer Roßschweif entquillt und einer Schulter aufliegt. in der gegenüberliegenden Reihe sitzt sie vor mir, hat einen Paperbook-Wälzer in Kleindruck vor sich, auf besseres Licht nicht angewiesen: hat vorerst in der rechten Hand eine zierliche Taschenlampe, kaum länger als ein Bleistiftstummel, und deren Lichtkreis läßt sie wie einen winzigen Vollmond bedächtig die in der Mitte des Ganzen aufgeschlagenen Seiten queren, ohne ihn dann und wann für mehr als ein kurzes Zurückgleiten anzuhalten. die Lektüre müßte ihr aber erschweren, daß dieser Scheinwerfer die jeweilige Zeile nicht überblickbar ans Licht holt, nämlich im Dahinrücken nicht nur die von ihr ins Auge gefaßte Wortgruppe beleuchtet, sondern auch, was seiner Kreisform anzulasten ist, was in der Zeile darüber und darunter geschrieben steht, als wollte sie sich solche Dreiheiten auf einmal zu eigen machen, wie unsinnig das auch wäre! relativ schnell läßt sie nun ihre Lichtquelle weiterwandern, was den

Anschein erweckt, sie suche ihr Wohlvertrautes nach bestimmten Wendungen ab. flott verfährt sie nun für zwei, drei Seiten, dann erst macht sie da und dort mit einem Bleistiftstummel am Rand eine Notiz. bald aber wird sie genauer: als hätte sie drei Hände, plaziert sie ein steifes Kärtchen unter der Stelle, die ihr, wie durch eine Lupe betrachtet, ihr Lämpchen als bemerkenswert erscheinen läßt, und unterstreicht sie. etliche Seiten später unterstreicht sie hintereinander mehrere Zeilen rasch und sicher, das Bus-Gerumpel geniert sie nicht. versiert in diesem Tun, weil Lektorin gewesen? hat sie ein philosophisches Werk zu rezensieren, nun bei einem Kapitel angelangt, an dem ihr vieles zweifelhaft erscheint? nicht mehr kontemplativ, sondern nur konzentriert einer Pflichtlektüre hingegeben, mit der sie bald zu Ende kommen möchte? hat sie eine Übersetzung zu beurteilen und gönnt sie es sich, mit der immer unzufriedener zu werden? ungeduldig wird sie nicht, da sie ja vor jedem Unterstreichen bedächtig verharrt. ja und warum sollte sie nicht seit ihrer Pensionierung Sprachwissenschaften studieren, also dabei sein, das Wichtigste sich einzuprägen? den Buchdeckel nur kurz zu sehen bekommen: ein rötliches tempelähnliches Gebäude oder ein Bergmassiv im Sonnenaufgangslicht? vorm Aussteigen mich über sie zu beugen; „Seit Ottakring rätsle ich ..." – war ihre Antwort, das sei die (oder eine) Heilige Schrift?

24. März. Daß morgen Palmsonntag, auf dem Yppenmarkt den vielen Palmgestecken abgelesen (Osterhasen ja seit Weihnachten trotz zu Ohren gewordenen Nikolomützen in den Supermärkten nichtsbesagend vorhanden). ein Blickfang dort die langen, schwarz lackierten Fingernägel eines verwegen gekleideten Mädchens. habe sie dem rechten Handrücken doch nur mit schwarzer Tinte seine Zierde eingezeichnet oder einzeichnen lassen! ein seitenverkehrtes Hakenkreuz, das von einem kranzförmigen Geflecht umgeben ist: als locker gerollter Stacheldraht von mir angesehen, so wie wenn ich sie bei einem Verhör bezüglich neonazistischer Gesinnung und deren Zurschaustellung zu verteidigen hätte: Die junge Dame hat symbolisch zum Ausdruck gebracht, daß die Wahrmachung der NS-Ideologie fürs erste Deutschland von der übrigen Welt isoliert und bald zu einem Gefängnis aller Deutschen gemacht hat, denn der von ihr angedeutete Stacheldraht meint nicht nur die elektrisch geladenen Zäune, die um Vernichtungslager errichtet waren. das von Stacheldraht umschlossene Hakenkreuz, von einer, der die Urgroßelternzeit nur aus dem Geschichtsunterricht bekannt ist, gegen den Uhrzeigersinn gezeichnet, soll doch besagen, daß sich das NS-‚Gedankengut' von der bis dahin weitgehend praktizierten humanitas und den Erkenntnissen der längst etablierten Naturwissenschaften zurückbewegt hat, in niemals so barbarisch oder vergleichbar verbrecherisch gewesene Zeiten! keinesfalls also ist aus dem von Stacheldraht eingeengten Hakenkreuz herauszulesen, die junge Dame habe eine heimliche Warnung an diejenigen ergehen lassen, die dem verbotenen Irrglauben neuerdings anhängen: kämen, falls sie sich öffentlich zu ihm bekennten, ins Gefängnis!

Gründonnerstagnacht. Vom mir eingeschlafenen linken Oberarm aus dünnem Schlaf gezogen, taucht mir kurz davor Geträumtes auf: schwarzlockig wie seine drei Zigeuner schneidet Nikolaus Lenau mit Klagelieder singenden Zigeunerfrauen Schilf, in schwarze Trachten sie gekleidet. ach, das sind die Frauen gewesen, die in Auschwitzer Wintern ins eiskalte Wasser eines der Teiche Schilfschneiden geschickt worden sind, die meisten an einer Lungenentzündung gestorben!

Karfreitagmorgen. Die vom Observatorium den Gestirnen entrissene Sphärenmusik werde am Konservatorium für Alte und Neue Musik für Zeit und Ewigkeit konserviert – habe ihre weltfernen Harmonien in einem mehrstündigen Konversatorium den Astronomen zu erörtern!

1. April. Was folgt, als eine Vorstudie zu den dann folgenden Römischen Elegien auszugeben? einer also, der nicht nur an den Abenden, wo ihm einzig nach einem Vergnügen der Sinn steht, mit der dafür Erwählten in dem für sie günstig gelegenen Heurigenlokal zukehrt. merkt ihm bald an, ob ihm am jeweiligen Abend danach ist oder auch nicht. falls ja, sagt sie früher, als er unruhig wird: Draußen ist es längst dunkel – soll ich Sie zur Schnellbahn begleiten? und fügt manchmal, was seine noch bescheidene Erregung festigt, etwas wie das hinzu: Aber es wird sich auch an den hellen Frühlings- und Sommerabenden ein lauschiges, zwischen Bäumen und Sträuchern uneingesehenes Plätzchen finden! gehen wir? ja, und von dem beleuchteten Sektor des Perrons, wo etliche auf die Stadtbahn warten, zieht es die beiden, manchmal sie ihm voran, in dessen vom Nachtdunkel umhüllte Fortsetzung. im Stehenbleiben schaut sie um sich, muß ihm nicht zunicken, lacht nur verschämt, denn da hat er ihr schon den Mantel aufgetan und umschließt mit dem zum Schutz vor Blicken ihre Hüften – hat sich manchmal ihre Hand hinzuholen, wenn die nicht sogleich von selbst hingefunden hat. eingebürgert dürfte sich haben, daß sie, je nach Hose, an den Knöpfen hantiert, er aber den Reißverschluß öffnet. Aber ich werde doch nicht nur als eine Handlangerin geschätzt? und er schätzt es sich, daß ihre Hand genau erfühlt, wie er es bekommen möchte. bemüht sich währenddessen, still zu halten, auch wenn er sich dann ja doch halbwegs unauffällig mitbewegt, nicht mehr ruhigen Atmens. und der Genuß nicht zu rasch vorbei, wenn wegen einfahrender Schnellbahn pausiert werden muß. und kommen Wartende im Auf-und-ab-gehen näher? Ich lehne mich an Sie und tu so, als würde ich zum Mond aufschauen!, während sie das Zusammenspiel ihrer Hand und des der hingegebenen Objekts, ihr ein Musikinstrument, miterregt beobachtet, was ihm auch ihre lebhaften Atemzüge verraten. daß er das strenggeheim nur mit ihr teile; daß er das von keiner anderen

jemals so schön bekommen habe, das läßt ihr das als eine Liebesbeziehung erscheinen, zumal er ihr bisweilen am Telephon einen Gruß ihres kleinen Geliebten ausrichtet: das von ihr Gutgeheißene bloß für sie nicht befriedigend. und wird er nicht manchmal von ihr dazu animiert, indem sie ihn anruft und beispielsweise sagt: Heute ists zwar recht kalt – aber was wärs mit einem Friedhofsspaziergang am Nachmittag, wie unlängst bei Nebel? es schneit, aber ich bin gut durchwärmt, schlüpfe gern aus dem Handschuh! / Und der hört mit, regt sich schon – Sie sind mir vielleicht eine ausgeschamte Verführerin! nun aber in freier Wiedergabe der Dichter:
RÖMISCHE ELEGIE I
Ach Götter – irdisch himmlische Regungen
ihr uns bescherende Mächte!
das durchschauert den kleinen Abgott des Roma
soeben noch animolos musternden Großen,
was sogleich dessen Seele erbauet,
da sich im Schatten der Villa Julia blutjunge Dirne
an ihn Erschauernden wie an jenen schmiegt wie ein Kind,
stünde weiterhin zu Diensten.
Signorina – hätt ich denn schon in Euer Stübchen gefunden?
also habe Euch Amor nun vom Aventin einzig mir
wie einst Properzen zugeführt!
Hinter der Villa Borghese habt Ihr,
von Ansteckungsangst Befallener
im Namen des oversexed Dings
Handlangerdienste nicht verschmäht!
So ergreife doch Amors Gesandtin
den ihr Entgegenstehenden,
hantiere kunstreich am für solchen Genuß
frei von Schutzkleid gebliebenen Instrument!
Und nichts nötigt Euch mangels Zwiegesangs
zur Einfühlung in die weibliche Psyche!
Bedächtiger ihn mir zu streichen, liebes Kind,

Endpunkt ansonsten verfrüht erreicht!
Aber wenn Ihr Euch so heftig mitbewegt, Ihr Unjunger?
Ach Götter! nicht länger ist zurückzuhalten
die Ausschüttung ins Universum!
Befleckung meines Kleidchens jedoch fordert
höhern Lohn!
Nehme sie das und das, und dann entschwinde sie –
oder verlangt es Euch nach Arrest,
freche Zugrifflichkeit dessen Grund?
Aber wenn dann doch Eurem Ding baldigst
der Sinn danach steht?
Dann führt mich Amor zu Eurer Zelle
und gibt Euch freie Hand!

RÖMISCHE ELEGIE II, nun fröhlich

Was denn dabei, wenn vermeintlicher Freier
im Promenieren an meiner Seite
meines Geplauders jäh satt
frech aufgetanen Mantels unverfroren nah
vor mir steht mit stehend
mir Entgegengerecktem, auf daß rasch hingeholter Hand
Stehschwanz gestrichen bekommt, bis er den,
auf mich gerichtet, zu Ankunftsgekreische
eigenhändig drückt: Frohbotschaft ‚Aspergo te!'
nimmt ihren Lauf. ringt sich danach ein ‚Pardone!'
ab, als hätt der Rede nicht werter Erguß
irrtümlich mein kurz zuvor von einem Blutjungen
beflecktes Kleidchen befleckt und als hätt nicht
auch er im Es-beflecken die Jungfrau gemeint,
als welche ich all denen erscheine,
die es nach meiner Hand verlangt,
feind jedem Fick – wagen es allesamt nicht,
im Befriedigtwerden Zunge zu stecken mir
in den Mund:
Küsse ja unserm Beschützer vorbehalten!

5. April. Was für lächerliche Empfindlichkeiten! ob die Fahne für ‚Pest an Bord' mit einem schwarzen Totenkopf auf giftgelbem Grund gekennzeichnet war oder umgekehrt mit gelbem Totenschädel auf Schwarz, was fragst du dich das vor einem Plakat für ein Pop- oder Rockkonzert? ja, weil dessen Mitte auf Grellgelb in großen schwarzen Blockbuchstaben KISS eingeschrieben steht, nämlich das Doppel-S so kantig dreibalkig schräg auf- oder abwärts wie das SS der SS ausgeführt, als hätte sich die junge englische Rock- oder Pop-Gruppe eine Entlehnung zuschulden kommen lassen! und so ist dir angesichts dieses SS, das vor Blitz- oder Stromschlägen zu warnen scheint, als erstes die ‚Pest an Bord'-Fahne aufgestiegen, in vager Erinnerung an die Totenkopfverbände der SS, die an der Schirmkappe als ihr Emblem einen kleinen Totenkopf angebracht hatten. das vom Doppel-S der SS wie von zwei Schüssen verunstaltete englische Wort für Kuß versinkt dir ein paar Schritte später vor einer Parkbank, auf der ein wohl einem Schulkind verlorengegangener Radiergummi liegt. weißer als der dein gewesene, weil vielleicht mit einem zweiten sauber radiert worden, und vielleicht hat dieses nicht nur auf seine eigene Sauberkeit bedachte Kind von der Deckfläche den Elefanten wegradiert, der dich glauben machen wollte, diese Sorte Radierer bestünde nicht aus weichem Gummi, sondern aus geglätteten Elefantenfußschwielen. wie bei dem deinen sind seine Kanten durch eifriges Radieren Rundungen gewichen, und schon hat dieses Fehler zu tilgen geübte Kind dir unvernünftige Abirrungen in für immer befleckte Zeiten aus dem einem Gedenken allzu oft geneigten Gedächtnis radiert, bis zum nächsten Rückfall.

aus einer Abendgesellschaft heimgekehrt, aus mir dort gegebenem Anlaß in meinem alten Bildband ‚Die Gemäldegalerie der Bildenden Künste zu Wien' den nichtgemochten Rubensschinken nachzuschlagen. Boreas also heißt der muskulöse, vor Kraftanstrengung wie bei einem cholerischen

Ausbruch rotgesichtige Alte, der da, als Nordwind also geflügelt und stürmisch aufgewühlten weißen Haupthaars und Rübezahlbarts, die entführte Rubensfleischige, fast ins Vollnackte entblößt, namens Oreithyia durch die Lüfte davonträgt, sie eher hingebungsvoll als halbohnmächtig anzusehen. ja, dieses Kolossalgemälde war vor Jahren im Kunsthistorischen Museum zu Gast, in der Sonderausstellung WINTER, und zwar zu Recht wegen der Putten oder Amoretten, die hinter jenes Boreas' Beute mit festen Schneebällen aufeinander zielen – werden der doch nicht hinterrücks eine Abreibung verpassen! dieser Winddämon Boreas alias Nordwind wird wohl mit diesem rosig-milchig blühenden Weib, was das mythologische Lexikon verschweigt, die uns allen bekannte Bora gezeugt und an der dalmatinischen Küste ausgesetzt haben.

7. April. In einer der metaphysisch angehauchten Radiosendungen darf einer kurz nacherzählen, was Bruno Kreisky in seinen Memoiren festgehalten hat: es gebe Situationen, in denen auch ein Nichtgläubiger dem Bedürfnis nachkommt, für eine Danksagung niederzuknien. als ein Flüchtling erreicht er in einem Boot als dessen einziger Passagier, also Übergeholter, Schweden, und als erstes kniet er auf dem von mir menschenleer und gottverlassen gedachten Strand zum Dank für die Rettung nieder – das wird sofort so hastig wie wider die Logik von einer Spezialistin für Körpersprache kommentiert: solch ein Niederknien sei keineswegs religiös motiviert, sei vielmehr als ein Zeichen für Sich-klein-machen, ja für Unterwerfung, gefährlich. Frau Sachverständige, Sie tun ja so, als hätte der Gerettete nicht einem menschenfreundlichen Land symbolisch gedankt, sondern als wäre er, sie anzubeten, vor seinen Verfolgern in die Knie gegangen! (‚Heldenhaften Einsatz' hingegen muß sich ein Kinderarzt wofür nachrühmen lassen? daß er aus dem Schwimmbecken eines Hotels ein Mädchen herausgezogen und es ‚erfolgreich' reanimiert hat!)

9. April. Nein, so etwas!, im Hinaustreten aus der Haustür. hast fürs erste dir zugekehrt den Rücken vor dir. großgewachsen steht er auch noch auf Stöckelschuhen, die seine Wadeln, eines Radrennfahrers würdig, so deutlich sichtbar machen, wie wenn er in die Pedale träte. extrem kurz sein Kleidchen. dreht sich nun telephonierend hin und her, sein Handy ruht in einer Pranke. grellrot überschminkt der Mund eines glattrasierten, markanten Gesichts – sein Profil wie den Münzen römischer Cäsaren entlehnt. lange blonde Mähne. hat sich schon ganz weggedreht, und noch ehe mir nach einem der Heldenbrust verpaßten Busen auszuschauen einfällt, hält sein Taxi! es hat ihn also, wie gedacht, keiner unserer Mitbewohner zu sich bestellt. wenige Stunden später, wie vom Zufall für mich arrangiert, in einer Hernalser Gasse plötzlich vor mir hergehen zu haben eine exzentrische Dame, vermutlich eine Verrückte, und ihr nachzugehen. die Absätze ihrer rosa Schühlein sind noch höher als die des blonden Burschen, sie aber gerät auf dem Stöckelpflaster nicht in ein Torkeln, schwebt darüber hinweg. und du könntest aufseufzen angesichts ihrer langen Beine – ihr Kleidchen, kurz wie das seine, gibt ihre Oberschenkel bis an den Popo frei, es ist ja ein Tutu, falls Ballettröckchen so heißen, zusammengesetzt aus von ihr wegwippenden rosa Tüllschichten. noch niemals so geradlinige Beine zu sehen bekommen (nicht einmal an einer Artemis oder den Grazien aus Marmor diese ideal-weiblichen Beine erblickt, schon gar nicht auf Renaissance-Gemälden, ebenfalls mythologischen Figuren anempfunden, weil keinesfalls einer Lebenden abzuschauen gewesen): von makelloser Schönheit, nichts an Geäder oder Fettgewebe an so edel Geformtem. und die Zartheit der spindelförmigen Waden wird nicht beeinträchtigt vom Druck der hinangehobenen Fersen. trägt wie der Blonde farblos glänzende Strumpfhosen. und ist mit einem rosa Jäckchen bekleidet, dessen Rücken in Silber ‚Pink Lady Molly' aufgestickt oder aufgedruckt ist. weitausladend wie die Pleureusenhüte der Belle Époque ihr rosa Hut, mit rosa Schleiern umhüllt; den hat sie sich gewiß in einem Theaterfundus ausgesucht. wir nähern uns einer Konditorei, vor der an Tischchen gesessen wird – wie wird ihr entgegengeschaut? zwei wechseln nachsichtige, nicht verwunderte Blicke, es wird ihr aber auch zu fröhlichem Lachen zugewinkt – ist hier also bekannt, gehört zu diesem Grätzel. sie zu überholen, als sie sich lachend welchen zukehrt, weil ihr die etwas zurufen – ist vermutlich nicht so alt, wie ihr grellrosa Mund vermuten läßt, kaum daß nur ein Eckzahn und ein Schneidezahn mit ihr mitlachen!

10. April. Welcher gemeinnützige Beruf hätte uns Lyrikern tröstliche Analogien zu bieten? beispielsweise der des Gärtners – da leg ich vielzeilige Blumenbeete an, gliedere die durch in die Erde getretene fußschmale Zwischenwege in Strophen, und deren Zeilen haben statt Wörtern in die Erde getane Tulpenzwiebeln zu füllen, ihre Wahl und Reihung dem Zufall überlassen, zur Vermeidung der Einheitsfarben von Tulpenfeldern. auf einem Fischmarkt deinen Fang zu einem Stillleben zu arrangieren, manches davon filetiert, auch das wäre als ein Gedicht zu deuten. und gäbe es noch Gebirgsbundschuhe, genagelte, wollte ich A. Stifter zu Ehren wie sein Schuster im ‚Bergkristall' die Nagelsohle zu einem Abbild des Firmaments machen. in einem Konstruktionsbüro mitzuarbeiten? allzu verwandt dortige Verfahrensweisen heutigem ‚Dichten'! noch nie ein Bügeleisen in der Hand gehalten, aber als ein Bügler mir den Lebensunterhalt zu verdienen! auf das Bügeln von Weißwäsche spezialisiert, auf Leintücher und alles übrige an weißer Bettwäsche, sehe ich mich mit einem Dampfbügeleisen über einen langen Bügeltisch gebeugt, in Kontemplation den bügelnden Bewegungen meiner linken Hand hingegeben, dem Glätten von Knittrigem und nicht vorgesehenen Falten, und so würde eine Bahn nach der anderen zu weiß belassenen seriellen Gedichten, zu einer Einstimmung auf die kurzen, die, bis all dieses Rohmaterial schön gefaltet wie Bücher gestapelt ist, zuhause aufs Hingeschrieben-werden geduldig warten! ihre Blätter nebeneinander gereiht wie auf einem Bügelbrett Hand- und Taschentücher. aus der ersten skizzierten Version dürfte sich mit der zweiten eine andere Abfolge ergeben, wie ich ja auch auf dem Bügelbrett reinweiße Taschentücher aus der Reihe karierter herausnähme für ihre bevorzugte Behandlung als erste oder als letzte. Glättungen anderer Art als beim Bügeln unzulässig.

12. April. *Lebenshilfe* rechts oben und *Ja zur Inklusion* links unten Blatt für Blatt dem Schreibblock aufgedruckt, vor dem soeben noch kopfleer gesessen. ja, eine Lebenshilfe mir manchmal eines: den Kugelschreiber mir die Hand zu führen zu gewinnen, nicht länger verloren, sobald was auch immer in der ersten der linierten Zeilen geschrieben steht und meiner Inklusion nur mehr Gezauder vor einer Nebelwand entgegensteht, als wär die eine Mauer. ‚morgen Sonntag' hat sich mir hingeschrieben, auch: ‚heute am Morgen', und daraus hat sich das ergeben:

Der Sonntagberg und die von ihm, als watete er durch die
   Ybbs,
mangels Armen und Händen auf den Schultern getragene
   Basilika
vergnügen sich montags als Mond-Tagbergs Sonnenkirche,
von Wallfahrern HEUTE RUHETAG
in Ruhe gelassen, sich selbst überlassen.
die Birnblüte (Blüte Einzahl) eindeutig auf zig
   Mostbirnbäumen
in Vorwegnahme künftiger Mostbirnen gleichzeitig
   vorhanden,
schneit das Mostviertel zu, während letztere spätere
mehr Freude als im Aufschlagen in Gräben daran hätten,
im Fallen Mostschädeln die Mostschädel einzuschlagen.

auf den Ettiketten der Mostflaschen die Vierkanthöfe
dermaßen geschrumpft, daß durch ihre Sonnentore kaum
 noch
Schwalben aus- und einfliegen. aber in den Mostfässern
plaudert nach wie vor, was von Birnsaft zu Most wird.
und schenkt uns Mostviertlern sich hebender Nebel den
 Blick
auf die Voralpen, auf den Ötscher, wird der mithinangehoben
in den Himmel, der auch über den Stellagen
mit wie Ziegelsteine gestapelten Mostbirntrebern hängt,
bloß von den von Rauch geschwärzten Dörrhäuseln
der Kinderzeit, vom schwarzen Fleck
überm schwarzen Eisentürl, nichts mehr weiß.
15. April. Sich im Alter öfter jung als alt zu träumen, das
dürfte üblich sein. aber ob es so manchem wie heut nacht mir
widerfährt, sich als alt und jung vis-à-vis zu sitzen und sich
weder im einen noch im andern sofort zu erkennen? in dieser
unguten Kaffeehausszene, möglicherweise vor einer Spiegel-
wand wir gesessen, hätt ich mich lieber als erstes in demje-
nigen erkannt, dessen Züge spätnachts vorm Badezimmer-
spiegel denen des gealterten Vaters ähneln, erkenne mich
aber fürs erste in seinem Vis-à-vis, dem es sogleich peinlich
ist, in einem karierten Schottenrock dazusitzen, peinlicher,
als wenn mir der begütigend die Hand auf ein Knie legte,
angerührt er von der also vor einem Spiegel hinter ihm ge-
troffenen Selbsteinschätzung: Ja, dieses Aussehens hast du
zu deinem Kummer auch nichtschwulen älteren Männern
gefallen!, auch wenn mir genau dieses Aussehens nur von
einer Atelier-Aufnahme erinnerlich, mir damals nicht wirklich widerwärtig gewesen. wenigstens bleibt aus, daß ich,
nicht sogleich als der reichlich spät aus mir Herausgeholte
erkannt, diesem von mir wie hinuntergeschlungen oder auf-
gesaugt zum Verschwinden gebrachten geschlechtlich
zweigesichtigen Wesen Komplimente mache wie so mancher

jungen Frau! (woraufhin ich mir doch, wie ins Vorgeburtliche zurückgestoßen, einen Hieb versetzen müßte)
17. April. Bison-Züchter starb bei Ferrari-Crash. Am Sonntagnachmittag unternahm der 59-Jährige, der in Fornach eine Bisonfarm betreibt, um das magere cholesterinfreie Fleisch zu vertreiben, eine Ausfahrt mit dem roten Schmuckstück auf vier Rädern. Auf der Rückfahrt zum Hof passierte es ... (was sagt man dazu? am besten: „Allerhand!")

   ab morgen in Tirol. damit sich meine schöne junge Nachbarin (könnte ja sein) keine Gedanken macht über die Stille nebenan, schreib ich ihr auf ein Karterl, die Schonzeit seitens meines Radios habe sie in Kürze meiner mehrtägigen Abwesenheit (Tirol) zuzuschreiben. ihre prompte Antwort nun vor meiner Tür plaziert: Lieber J. Sch., ich werde Sie vermissen! herzlichst ... (ja, der Tag wird kommen. nicht notwendigerweise früher, als du denkst.) in jungen Lyrikblättern die Zugluft blättern und eine Kompilation vornehmen zu lassen: Realize, daß man nicht länger mit frau schläft!
Ja, Alter!
private hits – nicht länger jeder schrei
projizierter intellekt
die körper bleiben unbemannt
öffne den reißverschluß am bauch
von den händen in den hosentaschen
kontrollierte emotion
so schliefen wir uns durch die jahrhunderte (wie ein
Fremdkörper diese Zeile, wie von einem Dichter
   übernommen)
und erwachten erst wieder, als ich mir
das warme weiche wegwischte
und sehr deutlich zu sehen war
ein nicht näher beschreibbarer punkt
bei starkem wellengang
rattert die liebe ins leere

neue körpersprachen
erhitzen die kommunikation
der nachtigallen in der wüste
   *

„Ich dichte, während ich
mit den herrschenden Verhältnissen
im Streit liege" – wäre das nicht ein Zitat aus der Zeit der
Bücherverbrennungen, einer Gedenkveranstaltung vorangestellt, sondern Ausdruck des Selbstgefühls eines heutigen
Schriftstellers, wäre eine Parodie geboten:
Ich dichte, indem ich mit der Geliebten im Bett liege
und ihrem Rücken mit der Zunge meine Liebe einschreibe.
Ich dichte, während ich im Halbschlaf mit Fieber
   darniederliege.
Hochpolitisches dichte ich im Liegen auf dem Diwan,
während ich andernfalls die Welt gelangweilt durchschritte.
Es sei mir gegeben, im Liegen im Sterbebett
Hochoriginelles zu dichten, wenn es mir schon
versagt sein wird, im Gebet auf den Knien zu liegen.
Ich liege wohlgebettet im Streit mit mir, ob angesichts
des Weltuntergangs in Versen zu dichten angebracht wäre.
Ich dichte aufs überzeugendste,
während ich dem Scheißen schweigend obliege.

18.–21. April (Innsbrucker Poetikvorlesungen – gut hinter
mich gebracht). Den großen Rucksack, mir auf den rar gewordenen größeren Reisen ein Begleiter gewesen, aus dem
hintersten Winkel der finstren Garderobe wie aus der Verbannung ans Licht zu holen: mit Vorfreude, ihn demnächst
geschultert durch eine ihm unbekannte Stadt zu schleppen,
schwergewichtiger durch den ihm bald eingelasteten Bücherstapel, aber auch mit leichtem Unbehagen, als würdest du in
seinen Außentaschen fremdes Eigentum abstieren müssen.
lächerlich sein Eigengewicht, da nichts an Leder an ihm. hat
sich schon im Greifen nach seinem Genick als eindeutig dein

zu erkennen gegeben, dank den dort befestigten Bändern, die im Dahineilen in Rot und Grün an ihm flattern werden; hast ihm ja nicht wie Weidevieh ein Besitzzeichen einbrennen können. ein nach der letzten Inanspruchnahme seiner Dienste in einer der Außentaschen zurückgebliebener Apfel hätte dich bald mit angenehm fauligem Geruch zu ihm gerufen; oder hättest du jemals Wurstsemmeln mit dir geführt? aus der kleinsten der Außentaschen einen Kaffeelöffel, das lang vermißte Taschenmesser, ein paar Papiertaschentücher und Notizzettel herauszuholen, eine dir nichts besagende Adresse. in seinen leeren Bauch hinabzutasten, was wäre daran indiskret?, und die ganz unten ertasteten, wie beim Kauf noch zusammengeklammerten Socken bekommen zum In-ihm-Heimischwerden ein zusammengerolltes Pyjama beigegeben. Bahnhofsnamen verwischt dann der Railjet, nicht aber die Birnblüte zwischen Amstetten–Krennstetten und Wels. in drei Hotelnächten ist dann bei weggezogenem Vorhang zum Vollmond, einem wie im Winter weiß-hellen, aufzuschauen – scheint unverrückbar aus der Kugellampe eines zwei Stockwerke höher gelegenen Gangfensters auf dich herunter. und sooft du für eine Mittagsrast vor der nächsten Nachmittagsvorlesung ins Hotelzimmer heimkehrst, hast du tief unterm unauffindbaren Mond hinter großen Fenstern im Parterre und im ersten Stock an langen Tischen noch und noch Studenten mit dir zugekehrtem Rücken vor Computern sitzen – durch ein Fernglas wäre zu studieren, was auf ihren Bildschirmen stillhält, bis es weiterhuscht. aber an einem Fenster einiges darüber hast du das Halbprofil eines blonden Mädchens vor dir – das Schirmbild, zu dem es sich manchmal hinbeugt, ist, gleichfalls in halber Seitenansicht, kaum auszunehmen. nur bis an die Schultern siehst du sie, aber denen sind ausgreifende Armbewegungen abzulesen – Entspannungsübungen? endlich zu begreifen, daß sie aufgeschlagene Noten vor sich hat und Klavier spielt!

in einem Wirtshaus ein ‚echt-naives' Hinterglasbild, vermutlich das Werk eines Schulmädchens: Drei Heilige Königinnen! alter Freund Peter Qu. führt mich nach der letzten Vorlesung zu einem Renaissance-Bürgerhaus, Hofgasse 12(?), zu dessen Marmorportal, oben gesäumt von einem elliptischen Doppelbogen. das Ganze tragen zwei Säulenpaare, die man aber eher wie je zwei Wülste wahrnimmt, bloß weil sie, ohne sich das recht ansehen zu lassen, einander nicht wirklich berühren, da ihnen von oben bis unten eine Rille eingemeißelt worden ist (wie notwendigerweise, was man bloß noch nicht weiß, analog auch dem Bogen oben). Peter beugt sich zu den linken Säulen hin, ich mich, wie er es will, zu den rechten, habe mein Ohr an deren Zwischenraum zu schieben. und aus dem dringt, was er in den seiner Säulen flüstert, nämlich deutlich und laut, wie verstärkt. der Schall, die von seinem Geflüster erzeugten Schallwellen, bewege sich aufwärts, oben drüber, und finde herab an mein Ohr, was dann auch umgekehrt funktioniert. dann oben im Bogen einige parallel eingravierte Linien zu entdecken – als Leitlinien den Schallwellen dienlich? dieses physikalische Phänomen sei auch in Klosterbibliotheken genutzt worden – Mönche, die Klostergeheimnisse einander nicht lieber ins Ohr flüstern? wieder Herr meiner Zeit, Zukehr bei Albins Familie in Thaur. kleine Wanderung zu einem Bergkircherl, einem Romedius geweiht, abgebildet auf seinem Ritt auf einem Bären italienwärts, heiliggesprochen als ein Missionar. Romed heißen in Thaur nicht nur auf Grabsteinen alte Männer, auch Schulkinder. in einem Hohlweg kommt uns ein wuscheliges übergroßes schwarzes Pferd entgegen, an einem langen rosa Band von einem Naturburschen geführt. bewegt sich, auch die Hufe von viel Fell bedeckt, locker wie durch Tiefschnee. hat an der Bergtour wenig Lust, wird manchmal mit dem rosa Band, mahnend ihm übergeworfen, gekitzelt. schaut aus großen Augen auf uns Wegelagerer herunter – ein so urtüm-

lich anmutendes noch nie zu Gesicht bekommen – ein Abkömmling von Wildpferden? das Fell ein lockig dichter Pelz!
   *

NAENIE
Niemals, ach glaubt mir, erweicht
selbst der schönsten aller Naenien Klaglied
vorm Leichnam des ihr umgebrachten Geliebten
gesungen, den unterweltschen Schattenregenten –
unerreichbar bleibt der Beherrscher der
   Menschenschatten
von ihrer Beklagung, daß selbst vollkommene
Schönheit, von einem Herzschlag zum nächsten
wie eine Fackel erloschen, nur noch in ihrer Beweinung
des irdischen Loses nachlebt, nicht länger im Gedächtnis
der unser aller Sterblichkeit Vergessenen vorhanden,
und klagte mit ihr von Aphrodite geliehener Stimme
eine gleich schöne Naenie um den ihr aus Eifersucht
auf seine Schönheit und beider Liebe
vom Marsschen Eber zerfleischten Adonis.
Niemals, ach glaubt mir, wird eine aus der Naenien
schönem Geschlecht mit ihrer Klage, anstelle der
vor Schmerz verstummten Mutter Hektors gesungen,
das eherne Herz des Unterweltkönigs
Eisenring nach Eisenring zu sprengen vermögen –
das Schöne, das Götter wie Göttinnen bezwinget,
als schöner Schein von ihnen allen beweinet,
wird nie-niemals zu seiner Erhellung
an jenen Lichtlosen dringen, taub und blind bleibt der
da unten für die uns Sterbliche allzu oft zugrunde
rettende Schönheit. einmal nur scheint einem Dichter,
dessen Gesang selbst Bestien gezähmet,
eines zu gelingen: am Höllentor vom scheinbar Erweichten
die ihm entrissene Geliebte freizubekommen.
der aber pfeift die, aufgebracht von beider ‚Ach du!',

nach wenigen Schritten ins Leben hinan ins
Schattendasein zurück.
Schönheit, Bezwingerin du des Götter-
und Menschengeschlechts, ach glaub mir:
Nimm uns die Sehnsucht nach dem einem Abstumpfen
unserer Sinne anzulastenden allzu kurzen Glück an dir –
verordne dir abstoßende Züge! (22. April)

30. April. Gestern, wie mir gewünscht, mit Etta von Perchtoldsdorf bei zwar hochsommerlichen 24 Grad Celsius im Schatten auf den Parapluiberg gewandert, ich etwas ‚wech' bei Fuß, trotz Leukoplast an drei Zehen. oben beim Schutzhaus ein gelber Pfeil ‚Wiener Wallfahrerweg. nach Heiligenkreuz 3 St.' „Nur drei Stunden?" / „Das glaub ich auch nicht recht. könnte das im Sommer ausprobieren." / „Da wirst du übernachten müssen!" / „Aber es gibt doch Autobusse." (mich da erst zu erinnern, daß dieser Pilgerweg hinter der Burg beginnen dürfte.) und heute, am Donaukanal stadtwärts unterwegs, läßt mir das wie eine Wette keine Ruh – wie wär das, die Zehen spüre ich kaum, schon morgen zeitig in der Früh mit der S-Bahn nach Perchtoldsdorf zu fahren? mir am Abend einen Apfel, zwei Stück Brot und ein paar Socken in den kleinen Rucksack zu stecken, den Bahnausweis parat zu legen – es muß ja nicht Heiligenkreuz das Ziel sein!

1. Mai. Um 14 Uhr mit mitgeführtem, noch nicht genutztem Handy Ettas Telephonbeantworter das anzuvertrauen: „Von wo schick ich dir einen Gruß?", und zuhaus dann ihre Antwort vorzufinden: „Du bist unseren Spuren auf den Parapluiberg gefolgt?". am späteren Abend hab ich sie endlich am Telephon: „Nicht schlecht geraten, und das hab ich dir zugetraut. aus dem Stiftshof hab ich dich gegrüßt." / „Aus dem von Heiligenkreuz?" / „Ja, diesen Hatscher hätt ich mir kaum zugemutet – einzig die Vorfreude, dich raten zu lassen, hat mir Ausdauer gegeben und mich frisch beschwingt." / „Wie lange?" / „Von der Burg weg genau vier Stunden." / „Und zum

Trinken hast du wie immer nichts mitgehabt!" daß der Eilmarsch nicht eine dichterische Lügenmär, dürfte Etta den konkreten Details angehört haben: sei raschest mit einem Becher Zisterzienser-Bier des Bruder-Stifts Aigen-Schlögel dem Trubel im Stiftshof zum Autobus nach Mödling entflohen – Maibaumfest, Blasmusik, hunderte Angereiste ... die vielerlei, großteils mir unbekannt gewesenen Bergblumen, die Aussicht auf die Voralpen, Weiden mit ihre Kalberl stillenden Kühen, welche mit schwarzen und welche mit braunen Schafen, ein Gestüt und eine elegante einfache Burg noch schnell zu erwähnen, und diese Tour soll mit S-Bahn-Anreise bald einmal zu zweit wiederholt werden! (an manchen Wegwendungen das Wohlbefinden des Handys in der Brusttasche zu ertasten und, davon gestärkt, weiterzueilen, wie dir entgegen, das, bitte, ist es gewesen!)

3. Mai. Wegen heranrückenden Gewitters nur für die erste Szene ‚Andrea Chénier' vor der Opernplatz-Leinwand ausgeharrt. die aber wird, auf das schöne Paar Jonas Kaufmann und Anja Harteros reduziert, während des dann heftigen Gewitters am Fenster frei nach- und weitergedichtet (erst diesmal auf dem mitlaufenden Text die Erwähnung des Bankiers Necker entdeckt, dessen Reformplänen der Adel sich widersetzt hatte. wohl die einzige Oper, in der ein Finanzminister ...)
Contesse! Wäret Ihr nicht nur dem Anschein nach, wie ich
   wirklich,
ein Fremdkörper in dieser Abendgesellschaft Eurer Frau
   Mama,
würde ich Euch ‚Chère Madelaine' anreden –
so sehr hat mir im Eintreten eines ans Herz gegriffen:
Ihr bückt Euch, zum Mißfallen der Gastgeberin und deren
   Gästen,
um einem Altgedienten ein ihm aus der zittrigen Hand
gefallenes Notenblatt aufzuklauben
und es ihm wie eine Urkunde seiner Erhebung in die dereinst

klassenlose Gesellschaft aller Menschen zu überreichen!
das Mitgefühl mit dem Los der Seinen, Euren Augen
    abzulesen gewesen,
könnte mich an eine Besinnung der überprivilegierten
    Minderheit
auf ihre Menschenpflicht glauben machen.
Poeta! und Sie geben mit der Weigerung, den aufgeputzten
Greisen und Greisinnen eins Ihrer Gedichte zu rezitieren,
eins zu verstehen: nicht ein Automat zu sein,
an dessen Aufziehwerk man kurbelt, bis er Gefälliges von
    sich gibt.
Und Ihr, liebreizende Contesse, animiert mich daraufhin
mit dem Wunsch nach einem Liebesgedicht
zu dem sodann während Mißfallensgetuschels
    vorgetragenen!
Ihr Liebeslied, vom Pathos der Vaterlandsliebe getragen
und dem vom weltlichen und geistlichen Adel steuerfrei
ausgebeuteten Volk gewidmet, voll der Verachtung
für die es ausbeutende Klasse vorgetragen,
sei mit einem Eingeständnis bedankt: von Kind an
mir die Schufterei der Leibeigenen für so wenig Lohn,
daß er zum Verhungern gerade noch zu viel ist,
so widerwärtig gewesen, daß ich manchmal
unserem Überfluß entnommene Münzen den Unseren
in die Jackentaschen gesteckt habe.
zu so lächerlichen Festivitäten kleide ich mich, was mir
als eine Caprice nachgesehen wird, gegen protokollarische
    Usancen,
so als würde die gegen unseren Hochmut längst
    abgestumpfte Dienerschaft
die Zurschaustellung von Pretiosen noch als ihr zugedachte
Demütigung erachten – schmucklos stehe ich
vor Ihnen, den Standesdünkel losgeworden, in keine
    Corsage geschlüpft –

möge doch die noch an der Macht befindliche Bagage
wie meine nun verstörte Mutter erahnen,
daß der Geist der Aufklärung so manchem meinesgleichen
die Entmachtung wünschenswert erscheinen macht
unserer menschenverachtenden Klasse!
Ja, Madelaine, adorierenswerte! die Ideale
‚Freiheit, Gleichheit und Brüderlichkeit'
propagieren auch Euer Lafayette und Conte Mirabeau –
das Volk, der dritte Stand und die plebs misera,
schlägt schon gegen die Tore Eurer Paläste und Klöster!
Monsieur Chénier, das tun jetzt wortwörtlich mit Sicheln
    und Hämmern
die von benachbarten Großgrundbesitzern Unterdrückten,
schlagen gegen unser vergleichsweise bescheidenes
    Sommerpalais,
und der erste unserer Lakaien, noch livriert, wird sie
zur Störung des aufreizenden Sommerfestes
sogleich einlassen und in den Salon weiterbitten wollen –
aber angesichts der Luster und deren Spiegelungen in
    Spiegeln
und auch in den Marmorwänden wird die Courage,
all diesen Überfluß an Schönheit zu zertrümmern,
sogleich dahin sein – schwerlich zu meinem Bedauern!
Madelaine! Eurer Herkunft werdet Ihr abschwören,
um eine Citoyenne, eine Bürgerliche zu werden, eine Frau
    des Dritten Standes?
Verliebt habe ich mich vor Minuten in Ihren Patriotismus,
und nicht nur in den. eine Sympathisantin
Ihrer klassenkämpferischen Ideen vielleicht schon
im von Standesdünkel gepolsterten Mutterleib gewesen!
Madelaine! als die Verkörperung der liberté,
als eine Vorkämpferin für die Liberation der Ohnmächtigen,
als eine Adoptivtochter der nicht länger vergeblich
ihre Rechte fordernden Bürgerschaft sollst du

in der ersten Reihe der Revolutionäre mitmarschieren!
Die aber, weltfremder Dichter, werden nicht nur die
durch Diebstahl zu allzuviel Eigentum Gelangten
   enteignen –
sie werden, kalt-fanatischen Über-Leichen-Gehens,
den endlich freie Luft Atmenden ihre Ideale aufzwingen,
eins mit neuer Knechtschaft,
und Euch, Phantast und Menschenfreund,
werden die neuen Machthaber
als einen Contre-Revolutionär und Revisionisten
zum Tod verurteilen. wie in einer Hochzeitskutsche
werd ich mich mit dir zur Guillotine karren lassen!

4. Mai. Gestern zum ersten Mal einem kleinen Konzert im ‚Bösendorfer Salon' (Musikverein) nolens-volens beigewohnt, unter Zuhörern mehrheitlich meines Alters: „Seit meinem dritten Schlaganfall geht es mir blendend!" (auf dem Heimweg der Tür eines Installateurs die Empfehlung „Bei dringenden Störungen die Handy-Nummer ... anrufen" abzulesen – ja, ‚Störungen' haben wir kurzzeitige Verwirrungen der Großmutter liebevoll umschrieben. „Deiner gestrigen Störung hast du dich so rasch enthoben, wie kein Elektriker einen Kurzschluß beheben kann – darum weißt du nichts davon!")

   aus dem Radio ein witziges Karl-Marx-Wort an meinen Halbschlaf gedrungen, ist deshalb nur vage zu rekonstruieren: Man sollte in Gewässern fischen können, in denen sich die heimischen Fische nicht wohlfühlen ...(?) Es sollte Gewässer geben, deren Fische sich zur Freude der Fischer nicht wohlfühlen? ja, solche Gewässer gibt es längst, aber daß sich deren Bewohner lieber fangen und braten ließen, als in ihrem Element an der Ölpest zu ersticken? (abgesehen davon, daß kaum ein Fischer chemisch verseuchte Fischleichen auffischen und grillen wollte)

5. Mai. Der Trug deines wahren Alters, meine Liebe –
hält ja der schönen Wirklichkeit nicht stand.

6. Mai. Die nicht einmal im Umgang mit den am Strick vorm Fenster trocknenden Schafwollsocken einer altersgemäßen Gelassenheit gewichene Ungeduld. es tät ihnen gut, wenn du sie, beim nächsten Aufbruch ja nicht auf sie angewiesen, in Ruhe ließest. immerhin treibst du es nicht so weit, daß du, was sich während des Sie-Waschens sehr wohl gehörte, den Prozeß des Trocknens zu beschleunigen, ihr Inneres mehrmals nach außen kehrst. aber ihr aufreizendes Getropfe, kaum daß sie angeklipst sind: drückst immer wieder an ihnen herum, bis ihnen nicht einmal mehr ein einziger Tropfen abzupressen ist! lohnender ist die Ungeduld mit vorm Fenster hängenden Geschirr- oder Handtüchern; die holst du, kaum daß sie zu tropfen beginnen, von ihrem Strick, schlägst mit ihnen gegen das Fenstergitter, um ihr Wasser herauszuschlagen, und wendest sie, an ihren Platz zurückgeholt, des öfteren, aber ohne dabei an einen Torero zu denken, so als bedürften sie für rascheres Trocknen des Herumgedrehtwerdens, nun mit der Hinterseite der Sonne zugekehrt, als dränge die Sonnenwärme nicht durch sie hindurch wie allerdings das Sonnenlicht nicht auf schattseitige Hänge. aber in diesem kindischen Tun ist etwas von den Freuden des dir versagten Grillens zu erahnen, zumal diese gestreiften oder auch karierten Schnitzel gewiß nicht an den zu spät gewendeten Seiten anbrennen oder verkohlen!
Am **7. Mai** in eine Radio-Gedichtsstunde kurz hineinzuhorchen.
„Meine Worte gehorchen mir nicht,
sie senden geheime Botschaften" –
wie, sehr geehrte Sarah Kirsch, hat man das zu verstehen?
In den wie allen auch mir verfügbaren Wörtern
kommt manchmal, da vielen Haupt- und auch Zeitwörtern
Neben- und Unterbedeutungen zu eigen sind,
ungewollt zu Wort, was in die Schicht des Planens
und Kontrollierens nicht beizeiten heraufgedrungen ist.

oder hätt ich als ungehorsam die Wörter zu erachten,
die ein schon hingeschriebenes Wort verdrängen,
nicht ganz gleichen Sinns seinen Platz einnehmen,
einzig dem Rhythmus, der Forderung eines Verses
   gehorsam?
daß meine, in Gedichtszeilen zu einer Einheit gefügten,
nun ‚Worte‘ genannten Wörter mir nicht gehorchen?
als Teilchen der von mir (nicht wortwörtlich)
‚beherrschten‘ Sprache haben sie mir was denn sonst
als zu gehorchen – lang vorbei die Nächte der Dichter,
welche den ihnen zugeflogenen Wörtern die Freiheit
gelassen haben, sich nach eigenem Gutdünken
wie auch immer zusammenzuschließen:
der jeweilige Dichter, eine Abart der blinden Seher
und Orakelpriesterinnen, bloß der willenlose Handlanger
der Hervorbringungen des Unbewußten gewesen.
aber es mag sich ungehorsam Anmutendes auch heute noch
wie ein lapsus linguae ergeben: anstatt des befohlenen
‚Schleppkahns‘ ein ‚abgeschlaffter Schwan‘,
anstatt ‚alter Bauern‘ ‚kalte Mauern‘,
anstatt ‚Meeresschatten‘ ‚Heere von Ratten‘,
anstatt ‚milder Küsse‘ ‚wilde Schüsse‘ etcetera.
aber in Diktaturen, wie in der von Ihnen erlebten,
wird es wohl verklausulierte Gedichte geben,
von der Geheimpolizei nicht zu dechiffrieren.
meine jedenfalls senden keine geheimen Botschaften,
nicht einmal mir von mir verheimlichte!

8. Mai. Einen fast zitronengelben Apfel in der linken Hand schupfend und ihn dabei etwas drehend, in die Tallesbrunngasse einzuschwenken und beinahe mit einem Dicken zusammenzustoßen, der mit der rechten Hand eine gleich gelbe Birne herumdreht – ist ihm dieses Zusammentreffen ähnlich peinlich wie mir, so als hätten wir mit knapper Verfehlung des uns vorgegebenen Zeitpunkts gegen eine höhere Regie-

anweisung verstoßen: hätten choreographiegetreu aufeinander zugehen müssen! wenig später schlängelt sich eine hellgrün und schwarz gestreifte Ringelnatter übers Pflaster in einen Garten. an keiner anderen jemals einen so goldgelben Hinterkopffleck gesehen! und wer wird mir glauben, daß dann noch, allerdings Stunden später, in der Iglaseegasse zwei Buben, jeder ein schwarzes Käppchen auf dem Kopf, vor einer Haustür hockerln und die vor der auf dem Trottoir angebrachten Gedenktäfelchen polieren, vermutlich so lange, bis deren Messing funkelt wie Gold?
13. Mai. Von der Glastür der nie betretenen kleinen Bäckerei erst heute einem linierten Blatt in kindlicher Schönschreibeschrift das abzulesen:
Wir machen vom 8. Februar bis zum 15. Februar Urlaub
und danken unseren Kunden und Gästen
für das uns erwiesene Vertrauen. Rosa M...
der Datierung des Urlaubs Angehängtes, hatte das zu verstehen zu geben, daß mit dem Abend des 7. Februar das Ende der Bäckerei gekommen sein wird? die Stellagen, die Budel noch da, auch in der Sitzecke samt Sesseln zwei Tischchen. auf einem ein Kaffeehäferl, in dem ein Löffel lehnt, ein kleines Wasserglas und ein Mehlspeisteller mit einem angebissenen Faschingskrapfen – in den wird doch nicht im Vorgenuß der arbeitsfreien Woche die alte Bäckerin gebissen haben, im Schlucken von ihrem Ende ereilt worden, und wegen noch ungeklärter Rechtslage oder Besitzansprüche selbst der Krapfen noch nicht angerührt worden? falls sie tatsächlich gestorben ist, in ihrem Urlaubsort beispielsweise, könnte da nicht ein jugendlicher Hausbewohner mithilfe der ihm für die Zeit ihrer Abwesenheit anvertrauten Schlüssel mehrere Male ihr zum Gedenken, sobald er Bescheid gewußt hat, zugekehrt sein, da ja noch Mehlspeisen vorhanden waren, aus seinem letzten Frühstücken durch ein Klopfen gegen die Glastür aufgescheucht und durch die Hintertür davon? schwer-

lich wird da ein Obdachloser durch die Glastür hindurch in eine Wärmestube mit Selbstbedienung gefunden haben!

am Eingangstor des Döblinger Friedhofs prangt noch immer, bald seit Monaten, der Hinweis, die Klosettanlagen seien wegen Reparaturarbeiten geschlossen. Anfragen seien an die Magistratsabteilung so-und-so zu richten – also hat es diesbezüglich bei der Friedhofsverwaltung schon Beschwerden gegeben. zu Begräbnissen kommen alte Leute, Blasenschwäche und Prostatanöten preisgegeben, rundum aber kein Wirtshaus oder öffentliches WC. an der dortigen Autobusstation geht eine in elegantes Weiß gekleidete zirka siebzigjährige Dame auf und ab wie ich, kämpft mit den Tränen. der von Parsifal unterdrückten Frage ‚Oheim, was wirret Dir?' eingedenk, mir ein Herz zu nehmen: „Ist Ihnen, gnädige Frau, Schlimmes widerfahren?" umschließt mit einer Hand meinen Unterarm und läßt ihren Tränen freien Lauf. „Ja, 1999 ist meine Mutter gestorben!" / „Und Sie waren auf dem Friedhof, weil heute Muttertag ist!" der Bus kommt, sie wischt sich die Tränen weg und steigt vor mir ein (Ihre Mutter ist aber immer um Sie!, wäre das zu sagen des Guten zu viel gewesen?)

16. Mai. Wer hätte nie ihm abhanden gekommener, ihm plötzlich abgestorbener Liebe, aber zu feig, das einzugestehen, vorm einsichtig dann ihm gegebenen Abschied etliche sogleich widerrufene oder aufgeschobene Abschiede nehmen müssen, ein mehrmaliges nicht ernst gemeintes Von-ihr-verabschiedet-werden, auf daß sich unter der Abschiedsandrohung die nicht wiederbelebbare Liebe wiederherstelle oder die nicht mehr Geliebte sich vorläufigen Abschiednehmens an den bald unvermeidlichen Abschied gewöhne? (Einen, der mich heftig geliebt hat, gelangweilt neben mir hergehen zu haben? wieder allein zu sein, wird leichter zu ertragen sein. / Ich sag dir jetzt Lebwohl. aber das Konzert, für das du mühselig doch noch zwei Karten aufgetrieben hast? /

Deine Beschönigungen, mit denen hat es nun ein Ende – daß unsere Zeit abgelaufen, das hat endlich auch mein Herz verstanden; aber es bleibt uns nicht erspart, mit ... seinen fünfundachtzigsten Geburtstag zu feiern – er muß die Wahrheit ja nicht erfahren! / Leb wohl, leb sehr sehr wohl – du mußt dir nur noch möglichst bald deine Besitztümer abholen!) aber daß auch eine spät von der Musik gestiftete Männerfreundschaft, auf die Teilnahme an des einen Hauskonzerten so gut wie beschränkt geblieben, urplötzlich im Zusammentreffen auf der Straße heikle Züge annimmt? verzerrten Gesichts, häßlicher als das einer vor grundloser Eifersucht halb Tollwütigen anzusehen, die Zähne gefletscht wie ein von Lausbuben gereizter Kettenhund, tritt er mit in Kopfhöhe geballter Faust so nahe an dich heran, daß du dich zu ihm hinbeugst, um nicht mit einem Zurückweichen einen Fausthieb auszulösen. stößt aber nur tränend weit aufgerissener Augen mit ihm zuletzt kippender Stimme das hervor: „Seit heute weiß ich, daß du mich von Anfang an hintergangen und niedergemacht hast – und somit ist dir meine Freundschaft gekündigt!", und stürzt weg. dürften uns gleichzeitig umgedreht haben, denn mir zugekehrt wie ich ihm, ruft er mir noch zu: „Vielleicht sollten wir eine Pause einlegen!" – über diese rasche Korrektur eines unsinnigen Entschlusses nach lächerlicher Verdächtigung fast so gerührt zu sein, wie wenn da eine aus unerfindlichen Gründen eifersüchtige Geliebte nach mir gemachter Szene urplötzlich zur Besinnung gekommen wäre, daß der mir entgegengeschleuderte Unsinn auch schon dahin ist. bekommt: „Morgen ein Glas Wein auf deinen Chopin!" nachgerufen.

17. Mai. Erstmals erprobter Baldrianschlaf versetzt mich ins ‚Haus am Bach', in der Dämmerung nicht sogleich wiedererkannt, als wüßt ich im Schlaf, daß es auch bei Tag nicht mehr zu erkennen wäre. mich in Hilde Spiels Schlafzimmer zu finden. nehme den Rucksack ab und sage bekümmert:

„Müssen wir denn wirklich nach Wien zurück, ins öde Großstadtleben? hier bist du doch am liebsten!", während sie eine Lade in eine Kommode zurückschiebt. „Eine müßige Frage – im Nachthemd kann ich ja nicht einmal das Haus verlassen!" (ja, in einem langen weißen Nachthemd kehrt sie sich mir zu). „Ich hab ja nichts anzuziehen, schau her – alles, was im Kleiderkasten hängt, müßte von Gras- und Erdflecken befreit werden, und sollte ich meine Unterwäsche aus den Laden wie aus einem Lehmbad herauszuziehen?" / „Na, dann auf zum See – dein Nachthemd könnte ein Strandkleid sein. und dann wird von mir hinter dir her geschwommen!" (mit Gemurmel aufzuwachen und es mir als ihre Zustimmung zu deuten)

Einladung zu einem Symposion: ‚50 Jahre Konzilgedächtniskirche: BETON in Bewegung'. dem Veranstalter, mir befreundetem Dr. Schörghofer S. J., das zu schreiben: ... gottlob ist der Beton der dir anvertrauten Kirche NICHT in Bewegung wie der von berstenden Staumauern – er weiß nichts von von entfesselten Wassermassen im Tal in den Tod Gerissenen, von im erstarrenden Schlamm bis zum Kopf Festgehaltenen, nicht zu retten ... der Beton deiner Kirche umschließt uns wie eine wohltuende Distanz wahrende Mutter, auf daß aus den Luken des festgemauerten Schiffs, das sie ist, Himmelslicht uns zufließe ...

18. Mai. Eine Nachbarin Anna K. wird in einer Zeitung so zitiert: „Habe am Freitag bis zwei Uhr früh nach der vermißten Hadishat suchen geholfen. Wir haben alles auf den Kopf gestellt und auch in alle Mistkübel geschaut. Sie kann also erst viel später dort versteckt worden sein!" – ja, und so ist ihr und den anderen vergeblich Suchenden, die da alles ‚auf den Kopf gestellt' haben, der Anblick der Kleinen erspart geblieben, der des vom Körper nicht ganz abgetrennten Kopfes. die Redewendung ‚etwas auf den Kopf stellen' hat sich in ihre Aussage aufgrund des ihr mittlerweile bekannten Tatbestandes, also Sachverhalts, auf die Art von Fehlleistungen des Bewußtseins eingeschlichen (siehe den Polizisten, dem eine Rohrbombe beide Hände weggerissen hatte – „Man muß sein Leben in die eigene Hand nehmen", das sagt er vor einigen Jahren im TV, als er nach kunstvollen Operationen mit ihm wohl noch fremden Händen sein Motorrad zu steuern ansetzt)

eine sympathische Anekdote: Jeder, den Marcel Prawy in seinen Freundeskreis aufzunehmen erwog (Präteritum fraglich), habe eine als das nicht erkennbare Aufnahmsprüfung zu bestehen gehabt: bei einem Geplauder zu zweit hat es den verstummend herumreißen müssen, als, wie zufällig aus dem Radio, auf Knopfdruck Birgit Nilsson mit der oder der Arie zu hören war. altersgemäß läge es mir näher, mich jenes der wenigen Freunde zu begeben, der nicht innehielte, wenn plötzlich in einem Heurigengarten wie aus den Tiefen der Mutter Erde Martha Mödls ‚Par-si-fal' an uns dränge (von Martha Mödl nach all dem lustvollen Bangen, ob sie die oder die exponierte Höhe sicher treffen wird, zu Birgit Nilsson, deren 100. Geburtstag nun in vielen Radiosendungen gefeiert wird, übergelaufen, um endlich, der Angstschweißschauer vergessen, einem unbedrohten Genuß hingegeben zu sein – ihres Triumphs ab dem ersten Ton so sicher, wie wenn das eine Aufzeichnung wäre)

19. Mai. Um die Ruthgasse zur Rushhour der gestauten Dämpfe wegen Umwege zu machen, sie nachts aber nicht einmal derzeit zu meiden, wo ja der Duft ihrer Linden den Lindenblütenduft wiederbeleben könnte, der sich verdichtet hatte, kaum daß in solch einer frühen Frühsommernacht in ein neben mir jäh abgebremstes Auto unverhofft zu dir zuzusteigen war, in ein Lindenblüten- und Abendparfumgemisch. zu meiner Verschonung mit diesem Moment der verwehten Tage unterbleibt dort ja eine beiderlei Süße enthaltende Geruchshalluzination. aber nach so langem an keinem der kleinblütigen Jasminsträucher unbeschadet von

Herzensbange vorbeizukommen, vielleicht weil der, von dem
du ein Zweiglein gebrochen und mir angesteckt hast, samt
der Ziegelmauer, über die der eine Zweig herübergereicht hat
in eine mit einem Luftsprung von dir erhaschte Höhe, niedergemacht worden ist vor etlichen Jahren, ich aber trotzdem
das, was nach einem noch nach Jasmin duftenden Heu-
büschel zu etwas wie einem Aschehäufchen geworden war,
aus der Vitrine unbesorgt entfernt habe.

„Die Mutter des Neugeborenen kam zur Welt, als der spätere Vater bereits 52 Jahre alt war" – wie alt ist das Neu-
geborene, wenn ein Wiener mit 88 Jahren noch das Zeug hat,
sich seinen Kinderwunsch zu erfüllen?

Pfingstwanderung mit Etta, vom Schloß Wilhelminenberg
weg. danach spätes Mittag- oder frühes Abendessen im Bier-
garten, Hof des Alten AKH: angenehm die Sonne, im Schatten ists wie in den Nächten wieder angenehm kalt. hatte mir
die Neuigkeit zu bieten, daß sich seit kurzem Saatkrähen mit
Nebelkrähen paaren – ein jedes meiner Vogellexika sagt ja,
daß die einander strikt meiden, aber nie in Rivaliäten oder
Futterneid geraten, da nur die Schnäbel der ersteren Eßbares
aus der Erde herausholen – welche Schnäbel werden die
Mischlinge haben? solche, daß sie einander bekriegen?
werden wie sonstige Hybriden (Pferd-Esel-Kreuzung) wohl
unfruchtbar sein! (Einschub nach Wochen: Rabenkrähen mit
ein paar weißen Federn, also ihre Väter oder Mütter Nebelkrähen, nicht aber die Wintergäste Saatkrähen? andere
Rabenkrähen, die dürften die Mischlinge sein, sind kleiner
als üblich, schon ‚alt' aus und ihre Brust ist braunschwarz
gefleckt.) eines noch: heute gut bergab gegangen, da erstmals
erprobter Stützstrumpf das eine der schon in meiner Jugend
als ‚Schlottergelenke' diagnostizierten Kniegelenke dermaßen stützt, daß altersbedingtes Erahnen von Wie-be-
soffen-Torkeln dahin ist – die mir vor etlichen Jahren von
einem Orthopäden verordneten ‚Beinschienen', anzusehen

wie die eines zum Kampf auf dem Pferd gerüsteten Ritters, nur zur kalten Jahreszeit zu ertragen. und auch das noch: was im Anstreifen wo immer gelbe Flecken an meinem schwarzen Hemd hinterlassen hatte, war Saharasand, nicht Blütenpollen von Nadelbäumen – nach dem Ausschwemmen im Waschbecken dort eindeutig Sand zurückgeblieben wie einstens Ybbssand von der ausgeschwemmten Badehose.

20. Mai, Pfingstmontag. Öl, ‚Du holde Kunst'-Lyrikstunde:
„... und vielleicht wird es Gebete ohne Worte geben",
so läßt eine deutsche Dichterin vor zirka 80 Jahren
eines ihrer Gedichte enden –
wären denn die vom Wohlwollen der Götter
gesegneten Gebete nicht von jeher die gewesen,
welche dieselben nicht belästigen, indem sie,
frei von Gedanken und daher auch von Worten,
in einem über ein Innehalten erhabenes Stillehalten
in sich ruhen, anders als Wind- und Wasserräder
um kein Zentrum sich drehen,
nichts umkreisen, nicht einmal sich selbst?

23. Mai. „Am hellichten Tag mitten in Wien auf offener Straße Frau eiskalt erschossen" / „Nach kalter Hinrichtung seines Opfers richtet sich der Mörder hin" – ‚eiskalt' hat dieser Serbe gewiß nicht seine Geliebte erschossen, sondern vor Schmerz, daß sie ihn verlassen wollte, außer Sinnen – und so hat er als verstoßen Liebender wahr gemacht die Illusion, im auch sich verordneten Tod mit ihr jedoch für immer beisammen zu bleiben. und so mögen beider Anverwandte dafür sorgen, daß sie, zuletzt in einer geteilten Blutlache gelegen, miteinander begraben werden!

daß Röntgenologen wie in kugelsichere Westen schlüpfen oder sich eine Bleischürze vorlegen, daran hat dich unlängst mehr als an den brustabwärts dicken Lederschurz von Schmieden und den erst nabelabwärts beginnenden der alten Flickschuster denken machen ein wie du auf die U-Bahn

Wartender – denn nicht sogleich erkennst du an ihm erstmals zu sehen Bekommenes als sogenannten Fettschurz: weit über die Hose hängt ihm der hinab, ein dicker Lappen, von graubrauner glatter Haut bedeckt; wird also nicht platzen!
*
Schlaflose Nächte? schlafen doch bei Tag, zu ihrer Zeit hellwach wie die nachtaktiven Eulen, Käuze, Nachtfalter
   und Nachtviolen,
ohne sich deshalb im Wachwerden über dein Schlafbedürfnis herzumachen wie über nachtblinde Beute! oder wären die
   Nächte
tatsächlich schlaflos, bis sie sich, auf Raubgut aus, unter anderem deines Schlafs bemächtigt haben?
nachts, allnachts im Tiefschlaf zu liegen, bis der wohlausgeschlafene Tag zu tagen beginnt!, das der längst ausgeträumte Traum manch eines, der wie du einen von Schlafmitteln wie von Blei beschwerten
   bleiernen Schlaf scheut –
lieber nicht und nicht den gesuchten Schlaf finden und aus dem einem endlich zuteil gewordenen alsbald ins nächste Wachliegen gestoßen werden, als sich dem Versprechen einer Einschlaf- und
   Durchschlafhilfe anzuvertrauen,
so wie wenn die ein von Wachpausen ungestörtes
   Entschlafen verhieße!
und so bewahre meine selbst widerlegt sich zweimal
   bewährt habende Narkoseangst
Lebensüberdrüssige vor Schlafmittelabusus, indem sie sich gegen solche Anwandlungen mittels Schlafloshegens zur Wehr setzen, wie zweimal ich mich!
30. Mai. Heimgekehrt aus Maria Bild, Mogersdorf. die beschaulichen Abende mit Gudrun im Kaminzimmer vor den sich verändernden Hervorbringungen der in ein Brennen versetzten Scheiter, Strünke und ungleich beschnittenen

Aststücke – ein Kopf, wie von Kiki Kogelnik hinterlassen, wird zu dem eines bärtigen Gekreuzigten in Seitenansicht, ein lodernder Stapel wohl heiliger Schriften zu einem auffliegenden Vogel; ein Schweinsschädel, von einem überm Rost gedrehten Lamm zurückgeblieben, wandelt sich zu einem hell erleuchteten Kuppelbau; drei einknickende Säulen bringen als ein Waldbrand ein düsteres Gewölbe hervor; die hochheilig brennende Stadt muß nicht Jerusalem gewesen sein, und die letzten ins fast schon erlöschende Feuer geworfenen Scheiter dürfen lebhaft brennende Scheiter bleiben ... (jetzt im Radio Klangbeispiele für von kunstreich behauenen Steinen hervorgebrachte Orchestermusik, kunstvoll gesteuert – es darf einem aber besser gefallen, was absichtslos losgetretenes oder von Sturzbächen mitgerissenes Geröll uns hören läßt, oder auch das Sausen der Sande, drückt man im Schwimmen den Kopf beispielsweise in die Donau. und ein besonderer Stein ist der, den Gudrun als den ‚Golem' auf einen Ast eines ihrer Bäume gesetzt hat: nur als ein Kopf vorhanden, schaut er einen aus zugleich geschlossenen Augen an, im Begriff, zum Leben zu erwachen; gemahnt auch an Embryos.) aus der vorm Maria Bilder Friedhof angebrachten *Friedhofsordnung* dir das entgegengesprungen: „Die Aschenreste der eingeäscherten Leichen ..." – spräche daraus ein Fortbestehen katholischer Ressentiments gegenüber längst Toleriertem? die zur Erdewerdung Ausersehenen werden hier jedenfalls nicht als ‚Leichen', sondern, wie üblich, als ‚Tote', als ‚Gestorbene' bezeichnet. und diesmal zum ersten Mal Hollerplantagen zu sehen bekommen – viele Reihen von niederen Hollerbäumen, in voller Blüte, und vielleicht nur an der erkannt, bisher von weitem als Obstbäume angesehen. (jetzt eine Radiosendung über ‚Zwangshandlungen'. vor Jahren bei einer Kollegin zu Besuch gewesen, die mich im Eintreten fragt, ob ich mir die Hände waschen wolle; die nach einem kleinen Spaziergang diese Frage wiederholt und

drängender nochmals, bevor wir uns zu einer Jause niederlassen („Nein danke!"), und dann erzählt, sie mache sich Sorgen um ihren Sohn im Studentenalter – an diesem Tag habe er sich schon einundsiebzig Mal die Hände gewaschen ...)
*
Dem hochheiligen Paar zugeeignet
Unberührt (von zeitgeistig Ungutem nämlich) seid Ihr
    gewillt,
in die neuen Zeiten des heiligen Ehestandes zu schreiten,
etwa gar rot-weiß-rot gekleidet?
Nach gar kurzer Bekanntschaft Hals über Kopf ineinander
    verliebt,
wagt Ihr Euch in Hochzeitstage und Hochzeitsnächte,
als hätten vor diesem Schritt Jungverliebte nicht zuallererst
Krisen miteinander zu erleben, um sich als ehetauglich zu
    erweisen?
So habe das hochwohlgeborene Paar, eins im andern
    wohlgeborgen,
doch hoffentlich dem lieben Juden- und Christengott
alle vorehelichen Unkeuschheiten gebeichtet,
auf daß dieselben auch der Vatergott der Atheisten
als naturgewollt, als Naturgewalt segnet?
Nach ‚Einführungs'-Unterricht in gottgefällige
    Sexualpraktiken
und Unterweisungen bezüglich ehelicher Pflichten
(wie Gschirrabwaschen, vorm Zu-Bett-Gehen zu duschen)
durch den dank Keuschheitsgelübden nur in der Theorie
bewanderten Mönch braucht Ihr zwei aber nicht mehr
auf dem Standesamt wie in austrofaschistischen Tagen
eine Beicht-Bestätigung vorzulegen, um die Erlaubnis,
getraut zu werden, zu erwirken! aber den Trauschein
habt Ihr Euren Hochzeitsgästen zu zeigen, auf daß die Euch,
weiterhin ‚in wilder Ehe' verweilend, nicht enteilen!
aber wie ich Euch beide kenne – unaufgeklärt werdet Ihr

der jungfräulichen Hochzeitsnacht entgegenbangen,
auf dem Hochzeitslager von einem Schüttelfrost gebeutelt –
wo bleibt die Kupplerin, mit Anweisungen Euch
  beizuspringen?
aber es ist ja auch anheimelnd, als Brüderchen und
  Schwesterchen
Hand-in-Hand einzuschlafen! (Regina Hofers und Wolf Werdigiers Hochzeitsfeier, beide seit Jahren liiert, werde ich in Fischamend beiwohnen)

6. Juni. „Na, die hat einen Schutzengel gehabt, nicht wahr!" / „Was sagen Sie von Schutzengeln?" / „Daß das unerschrockene Mädchen mehr Schutzengel gehabt hat, als es im Himmel gibt!" (ja, die hat sich wie eine Todsucherin auf ihrem Skateboard bei Rot in einem Bogen auf gottlob scharf abbremsende Straßenbahn zubewegt, heil ans andere Ufer gelangt. neben mir auf Grün Wartender hatte sich mit zugehaltenen Ohren weggedreht, um nicht während Straßenbahngeklingels mitansehen zu müssen, was ihrem Schutzengel beigesprungene, meiner und seiner im Moment entbehrlich, verhindert haben. das von Kiesausschüttung begleitete Bremsmanöver hat sich wie die Zermalmung von Knochen angehört.) ich auf dem Heimweg von Wolf Werdigiers Vernissage ‚Lemberg', verspätet dort angelangt – hineingeraten in einen flimmernden Film aus den Tagen der k. u. k. Monarchie, Alltagsleben der Lemberger Juden. über diese Idylle eines Wochenmarktes, über dort in ihren Trachten verschwommen wie Gespenster zwischen den Marktständen gustierend Wandelnde haben sich mir die gewissen Zusammentreibungen und Abtransporte gelegt, aufs unerträglichste. auf meine Frage, ob er solche Kopfbilder von den schlimmsten Zeiten bezweckt habe, antwortet W. W., er habe, da sei ich noch nicht anwesend gewesen, ganz kurz zwei Erschießungen eingeschwindelt. darauf nichts zu sagen, da mir Familiengeschichtliches eines zu bedenken gibt: erträglicher sei ihm der Gedanke, Lemberger Juden seien am Ort ihrer Verhaftung erschossen worden. so möge nur mir aus der lachend die Hände hebenden Marktfrau das bekannte Bild der einen aufgestiegen sein, die, ihren kleinen Sohn an der Seite und die Hände gehoben, mit all den anderen in ihre Auslöschung mitzieht (auf der Heimfahrt, er ist ja in eines meiner frühen Gedichte eingegangen, den SS-Mann abzuwehren, der sich vor den Stufen, die zu einer Gaskammer führen, ritterlich zu einem kleinen Mädchen bückt, ihm hinanzuhelfen, aber die Verachtung für den Lehrerkollegen darf sich erneuern, der sich mit gerötetem Gesicht über den Bildband ‚Der gelbe Stern' hergemacht hat, nämlich zu „Wie schrecklich"-Geseufze den Photographien nackter Frauen hingegeben gewesen)

10. Juni. Vorm Hinaus in einen noch kühlen Morgen noch schnell aus der ‚Öl-Holden-Kunst' ein paar Zeilen aus einem Hilde-Domin-Gedicht aufzuschnappen, von wohlbeschaffenem Pathos und den Namen Gottes aussparendem Glauben getragen – ‚Rettungsseil', ein Vergleich mit einem ‚durchnäßten Mantel' vielleicht eines Ertrunkenen und ein zweifelhafter irrealer Konjunktiv (‚als sei') an mir hängengeblieben, und so beginne ich in der Billrothstraße, das Gehörte bei mir umzudichten. wie immer ohne Schreibzeug unterwegs, mangels Vertrauens zu meinem Gedächtnis in unser Polizeikommissariat zu treten, mir einen Zettel zu erbitten und einen Kugelschreiber auszuleihen, nämlich sobald mir nach längerem Warten vor der Milchglastür ein Eintreten gewährt wird von einem reich dekorierten Polizeiobristen. „Und dafür kommen S' auf die Polizei?" und mustert mich streng. „Ich komm wie täglich da bei Ihnen vorbei und möchte mir, ohne nachhaus zurückzulaufen, ansonsten Vergessenes aufschreiben!"

*

Wie ein Ertrunkener, der seinem Gott ein Rettungsseil
  zuwirft,
weil kein Gott, auch Poseidon nicht, SOS-Rufe erhört?

am Ertrinken Gott, dem tauben Retter, den nicht mehr
benötigten Schwimmreifen entgegenzuschleudern,
auf daß eines Glaube mitertrinke oder Gott Vater überlebe –
nicht auch nur einer der Götter, nicht einmal
der als einziger Gott Allmächtige,
hält die Ertrinkenden vom Ertrinken ab.
von erbarmungslosen Meereswogen überschüttet,
unerschütterlich an die Nichtexistenz des
von kindischem Wunschdenken Hervorgebrachten
und ‚Gott' Genannten zu glauben
und, den Mund voller Wasser, diesen Glauben
als ein Gegurgel triumphierend sich entringen zu lassen,
ehe man hinabgespült wird auf den hinreichenden Grund,
die göttlichen Totgeburten an Religionsstiftern
von den Lungen voller Wasser grüßen zu lassen!
oder doch als ein frisch Ertrunkener,
als s e i man bloß betrunken,
dem einem anerzogenen Gott ein Rettungsseil zuzuwerfen?

*

nächst dem Hernalser Friedhof: KÜHNER NATURSTEIN.
aber wie kühn erst, noch kühner, wäre KÜHNER KUNST-
STEIN – oder wollte da nicht Steinmetz Kühner mit Künstlern wie Michelangelo in einen edlen Wettkampf treten um
die kühnste Pietà? könnte ja, dank seiner Steinmetzkunst,
seinen bürgerlichen Namen ‚Kühn' ins Semipseudonym
‚Kühner' überhöht haben! (ja, vor dieser Geschäftstafel inmitten von Granit- und Kalksteinblöcken dir zu beteuern,
lieber simpel zu dichten, als metaphorische Rettungsseile
durchzuhacken). auf dem Gersthofer, nicht dem Hernalser
Friedhof befindet sich, du armes, vor Blitzschlägen bangen-
des Gersthof!, aufwendig gestaltet die RUHESTÄTTE DER
FREIWILLIGEN FEUERWEHR

12., nicht 21. Juni. War in der Nacht, ein schön eingepacktes
Mitbringsel in der Hand, vor Ettas Wohnungstür aufgewacht,

auf der Suche nach einer lustigen Begründung:
aus Anhänglichkeit an gehabte,
an mir nicht komplett ausgetriebene Liebe?
aus Anhänglichkeit an mir mangels Entgegennahme
nach und nach genommene Liebe?

dem frühen Hochsommer sei die Vorverlegung des Sterbetages unseres Vaters auf scheinbar versäumte Todestage angelastet – seit gut zehn Tagen stehst du des öfteren vor ungewöhnlich kleinen Hirschkäfern beiderlei Geschlechts, denen aber aus der Rückenlage nicht aufzuhelfen ist wie doch all die Jahre den an seinem Sterbetag oder dessen Vortag vorgefundenen, auf daß du dich, zum jeweiligen gebückt, an den Vater als Hirschkäferfreund erinnerst: die heurigen liegen ja verfrüht und tot auf dem Pflaster oder dem Kies vor dir. hast du dich als jener Retter auch nur einmal darüber gewundert, daß die Mutter, Jahre später, auch an einem 21. Juni ihm nachgestorben ist? vermutlich deshalb nicht, weil es immer nur Männchen waren. aber vorm ersten dieser früh hingerafften hast du wie in Geistesverwirrung „Erst jetzt?" gedacht, als wäre längst Mitte Juli – zu der Zeit war ja alljährlich nur mehr auf Relikte ihrer Panzer zu treffen. über die Kalenderfelder 20. und 21. Juni *Hirschkäfer* zu schreiben? hast ihn nur ein Mal nach einer Jagd auf einer Nachsuche begleitet!

13. Juni. Mitte Februar mir das oberste Glied des rechten Daumens in einer Eisentür eingeklemmt. Tage danach taucht im immerfort wie aus der Nagelhaut auftauchenden Vollmond, in der Mitte dessen Kalotte, ein rotbrauner Punkt, dann Kreis von winzigem Umfang auf, und es dauert, bis er, langsam wie nie ein Ballon in die Himmelskuppel, die gepanzerte Kuppe, also die Nagelplatte, hinanzusteigen beginnt. ist noch immer nicht an deren oberen Rand angelangt, wie kurz du dir auch die Fingernägel schneidest. das wird ihm kaum vorm 20. des Monats geglückt sein. als wäre er eins deiner Wesensmerkmale geworden, tut es dir jetzt schon leid, ihn dir samt einer schmalen Nagelsichel wegzuschneiden! hättest nicht einmal als ein Kind die Phantasie gehabt, dieses eingetrocknete Blutbläschen als einen erloschenen Stern, als einen verglühenden Meteoriten anzusehen.

16. Juni. Ohne leere Flaschen im Rucksack frühzeitig losgezogen, schon um acht am Yppenmarkt angelangt. „Wir hören auf", Frau Staritzbüchler zu einem der vor mir gereihten Stammkunden sagen zu hören, nämlich „auch mit dem Weinbau" – der 30. Juni sei ihr letzter Markttag. und das möchtest nicht auch du erörtert bekommen, für dich der Abschied von dir lieb gewesem kurzem Geplauder über ihren Weingärten günstiges oder ungünstiges Wetter schon vorbei, indem du dich abkehrst und gehst, ehe du an der Reihe bist – hast dich schon für den Weinbauern Frank, ihrem Stand schräg vis-á-vis, entschieden, der aber auch freitags da ist und bei dem Etta manchmal, meist freitags, Eier und Geselchtes kauft. (Jahrzehnte Zurückliegendes stellt sich wie ein schlechter Vergleich ein: wartest in Salzburg um eine Karte für einen Schwarzkopf-Liederabend in einer Schlange, bis du nur mehr wenige vor dir hast. denn da gehst du plötzlich weg, obwohl sich hinter dir viele hinzugesellt haben: lieber im vorletzten Moment aus freiem Entschluß zu verzichten, als vielleicht abgewiesen zu werden.) auf dem Rückweg mit leerem Rucksack dich vorm Tor des Hernalser Friedhofs von der Überschrift UNSERE ÖFFNUNGSZEITEN kitzeln zu lassen, als spräche da zu uns das Kollektiv der Toten! Die Unsrigen, die in Grüften logieren, empfangen ihre Gäste zur Stunde der philharmonischen Matineen. Wer in unserer Siedlung ein ansehnliches Erdgrab im Eigentum erworben hat, hält in der Regel open house samstags. Schlichter Wohnhafte öffnen ihre meist mehrere Etagen umfassenden Kellerwohnungen frisch Zuziehenden zu den üblichen Begräbniszeiten. Zwischen Aufgesperrt- und Zugesperrtwerden des

Friedenstores ist der Urnenhain frei zugänglich wie der Wienerwald. Unsere weiteren Informationen: In Armengräbern Untergebrachte sind nur auf dem Zentralfriedhof anzutreffen. Massengräber? die hat es unseres irdischen Wissens zu Zeiten der Pest und der noch nicht gezähmten Cholera gegeben, die Hinweggerafften raschest verscharrt. (aber dem gesellt sich längst raschen Weitergehens Deplaziertes hinzu: Und möge doch nie zu unseren Öffnungszeiten ein Tölpel bei einem der jüngsten unserer Gemeinschaft, einem Zeithistoriker, nachfragen, wie die ‚Ukrainischen Massengräber' der NS-Zeit beschaffen seien, von der SS ins Leben gerufen und betreut – ‚Gräber' die Gruben, von denen gegraben, die dann an deren Rändern mit herbeigeschafften Landsleuten zu stehen hatten, um Reihe nach Reihe erschossen oder halbtot hineinzufallen? die für die nächsten Erschießungen Aufgesparten hatten vermutlich mit Laub, Geäst und ausgehobener Erde die Stätte oberflächlich unkenntlich zu machen, eine Waldlichtung gewesen. längst ist Gras darüber gewachsen. aber die Senke, eine weite Wiesenmulde, noch erkennbar. du ja dort gewesen)

17. Juni. Für eine Kahlenberg-Cobenzl-Wanderung in die Wäsche und das Hemd von gestern geschlüpft (erst schön verschwitzt heimgekehrt, werde geduscht) und in fleckigen Wanderhosen schon halb außer der Tür, auf Telephonsignale hin zurück und dir die sogleich hinterlassene Nachricht doch anzuhören – Etta ists gewesen mit der Frage, ob ich diesen Tag schon verplant hätte. sie gestern am Telephon gefragt, ob unser roter Klee unlängst auf dem Bisamberg nicht ein Inkarnatklee gewesen sei, was fast ein Vorwand war, um ihr für heute eine Unternehmung zu entlocken. und jetzt? da hätt ich vermutlich als ein Einspringer fungieren dürfen. lasse ihre Einladung wozu auch immer auf sich beruhen, zum ersten Mal in meinem langen Liebesleben – hab keine Lust, mich wieder auszuziehen und den Tag mit Körperpflege zu

beginnen! im Losziehen dann mir etwas einfallen zu lassen,
was aber auf sie und mich nicht zutrifft:
Als eine Verlassenschaft dürfte sich verstehen,
wen seine Liebste verlassen hat,
entmündigt er von den seinen Küssen
entzogenen Lippen.
als ein Hilflosenzuschuß sollte ihm
willkommen sein ein solchem Herzweh
balsamisches Stündchen mit einer
bis dahin vergeblich in ihn Verliebten!
19. Juni. Am Morgen liegt, lehnt fast am Mäuerl vorm Hof des Heiligenstädter Steinmetzen wie im Schlaf oder bloß von der Sonne geblendet, der Kopf einer der grün-violett schillernden Tauben – sich selbst genug? scheint seinen Körper nicht zu vermissen. in Seitenlage, wie hingebettet, auf dem Kies halb aufgerichtet so zu liegen gekommen, daß vom Halsansatz nichts zu sehen ist, nicht ein Tropfen Blut. und dürfte auch erst vor Minuten in diese Lage geraten sein: würde sich noch blutwarm angreifen (nicht war das Gekreische einer Steinsäge herübergedrungen, und so war vor meinem Anlangen der Kopf der plötzlich Kopflosen weder herübergeflogen noch in einem Bogen vom Steinmetz herübergeworfen worden). dann auf dem Treppelweg des Donaukanals einmal kurz innezuhalten: nichts mehr vorhanden von den wohl von halbwüchsigen Buben aufs Pflaster gesprayten enormen Spritzpistolen, dafür haben sich Kinderhände eines obszönen Symbols angenommen: hast nun Hakenkreuze in lebensfrohen Farbkreiden vor dir, mehrheitlich mißglückte – wie gegen den Uhrzeigersinn von der Gegenwart in deren große Zeit zurückgedreht, aber manch einem fehlt schon ein Arm. im Weitergehen einen alten Mann das sagen zu hören: „Und üwa des ois soist daun hinwegsechn kääna!" / „Wie spät, bitte?", wenig später einen der Betreuer einer Gruppe offensichtlich behinderter Jugendlicher zu fragen, und seine Ant-

wort macht mich zu einem seiner Schützlinge: „Jetzt-ist-es-elf-Uhr-fünf-zehn Mi-nu-ten, also elf und ei-ne Vier-tel-stun-de oder Vier-tel zwölf!" (‚Viertel nach elf' seh ich vor mir, ‚Viertel zwölf' aber nicht)

20. Juni. Ach, der arme Kerl, zu jung, daß er in einem Laientheater als ein Kind zu sehen bekommen hätte, wie sich ein Römer ein Schwert in die Brust rennt, danach aber vor den Vorhang tritt – die Klinge aus Pappkarton hat sich ja, wie ihm erklärt worden wäre, im Zustechen in den Griff zurückgezogen. er aber kommt wie zu Tode? als der Erfinder einer von Kugeln und Stichwaffen unverletzbaren Jacke möchte er sich im Freundeskreis erweisen, greift nach einem Messer, hat sich aber sogleich das Herz durchstochen, sinkt tot zu Boden. sei das doch nicht ein als Bravourakt ausgegebener Selbstmord gewesen, gelungen dank der Zeugenschaft der ihm liebsten Freunde!

Meine Unruh ist hin,
diese Herzstille vor Leere überschwer,
und so find ich sie nimmermehr:
wo sie, die Liebe, die stillegt die Ruhe,
um die an deren Stelle getretene Unruhe zu stillen,
bis Ruh und Unruh gleich herzschwer!

Heute, am 21. Juni, exakt zu seiner frühen Sterbestunde, an den Vater zu denken gemahnt von einem unrettbar starr auf dem Rücken liegenden Hirschkäfermännchen, die Beine wie abwehrend in die Höhe gestreckt. und wenige Schritte später angesichts eines gleichfalls toten Hirschkäferweibchens die Mutter in dieses kurze Totengedenken hineinzunehmen, sie allerdings erst im Spätnachmittagslicht eines damals noch weit von ihr entfernten 21. Juni erloschen.

25. Juni, Öl. ein Meeresbiologe, Seesterne sein Spezialgebiet: Manche Sorten vermehren sich ungeschlechtlich, parthenogen. „Meerstern, ich dich grüße ...", dieses Kirchenlied gilt also zurecht der Jungfrau Maria und Gottesmutter!

30. Juni. Von Standbildern muß nicht gestanden werden, damit sie eines sind; kaum aber wird man eine hinangehoben liegende Figur, und wärs die Sphinx, als ein Standbild bezeichnen – Sitzende aber doch wohl, und nicht nur die hoch zu Pferd. Schiller hält meist im Vorwärtsstürmen und Vorwärtsdrängen inne, Goethe hingegen thront, in sich versunken, Rätseln der menschlichen Existenz, der Evolution oder Selbstbetrachtungen hingegeben. das über die Weimarer Bonzen eine Abschweifung – wollte mir nur auf dem Döblinger Friedhof beteuern, daß es zulässig ist, den von einem Bildhauer nach der Natur oder einer Photographie offensichtlich lebenswahr zustandegebrachten Herrn Isaac Eskeles als ein Standbild zu bezeichnen. und der wird ihm schon Modell gesessen haben in dem Fauteuil, in dessen Nachbildung er nun als ein Denkmal seiner selbst auf seinem Grab sitzt – für einen Grabwächter zu nonchalant. aber gibt er nicht seinem Herrn und Gott zu verstehen, in der gewählten Kleidung und in diesem Alter möchte er am Jüngsten Tag auferstehen? die hohen Schnürschuhe – vorsorglich gewählt, da er in denen nur dreimal am Steinboden zu seinen Füßen anzupochen hat, daß er selbst, der tief unter ihm allerdings Liegende, ans Licht des Jüngsten Tages heraufsteigt? mit der weltmännischen Lässigkeit wie auf seinem Grab könnte er in solch einem Sitzmöbel als ein Rechtsanwalt mit einem Klienten die Sachlage erörtert oder auch als Herausgeber einer angesehenen Zeitung Redaktionskonferenzen geleitet haben, und hätt er in dieser Haltung, Beine übereinandergeschlagen, nur im Café Griensteidl mit Freunden geplaudert. sein Abbild erweist sich als realistisch nicht nur in den schwermütigen, Juden gern als ‚traurig' nachgerühmten Augen, auch im nicht geschönten Bäuchlein. und er lächelt. könnte wie Mozarts Komtur sogleich in Bewegung geraten, aber als ein Gütiger, der gern begütigt. nicht ihm, aber der Patina, die seine Bronze von Kopf bis Schuh wie eine zweite Haut überzieht, gefiele es wohl, wenn er bei mir Isaak Grün-

span hieße – Grünhut im jüdischen Sektor des Zentralfriedhofs ein häufiger Name. hochgewachsenen Brennesseln zu seiner Linken und Rechten hat er ein Separee zu danken, kleine Gedenksteine werden ihm aber weiterhin dargebracht. einer Seite des diesem würdigen Herrn gebührenden Stuhls sind in sezessionistischer Schrift sein Name und seine Lebensdaten beigegeben – 1922 gestorben. und so dankt er wohl täglich seinem Gott, in nicht einmal noch austrofaschistischen Tagen hingegangen zu sein. ein jüdischer Gelehrter er gewesen, hochangesehen in der Wiener Kultusgemeinde? ein Förderer der Schönen Künste? jedenfalls einer aus dem emanzipierten Großbürgertum! sein Name, sein Name – und erst jetzt stellt sich das Palais Eskeles bei dir ein, wie oft du das auch schon betreten hast, seit es das Jüdische Museum beherbergt! dieser Eskeles also ein Familienmitglied des geadelten Bankiers!
3. Juli. Am klaren Morgenhimmel / ein nebuloses Österreich, / noch dazu seitenverkehrt. wäre gern für eine Viertelstunde einem Erstklassler ein Großvater, wie immer der mein Gebrabbel hinnähme:
Hammel – Himmel – Hummel. / Rahm – Rom – Riemen.
Milch – Molch – Mulch. / Olm – Ulm.
Abel – Babel – Bibel – Zwiebel. / Rabe – Robe – Rübe.
Hahn – Hohn – Huhn. / Pate – Pfote – Pute.
 aber selbst für mich zu blöd die auf Halden huldvolle holde Hilde oder Gorkis Gurke, der Last der Lust fraglos gewachsen. aber eine Kuh, die urcool den Kohl kahlfrißt, von ihrem Schwanz umschwänzelt, bis alle Euter meutern? oder Amöben, die zwischen Löwen und Möwen hin und her wechseln? oder ein Widder, verbittert, daß ihn ein zittriger Ritter zur Zither als einen Zwitter verhöhnt? genug, genug, lang nach mezzanotte ins Bett mit dir! oder doch eins noch: Verbrannte Bücher.
Nicht zuletzt sei der Bäume gedacht, die für die nach
 Buchen Benannten

zu sterben haben; der Bücher also, die vor ihrer Zeit Waldbränden
zum Opfer fallen – ob von Blitzeinschlägen oder Brandstiftern entfacht worden.
auch der Papyrusrollen, wie auch der Schaf-, Ziegen- und Kälberscharen,
in ihren Häuten zu Pergament geworden und in Folianten eingeschlossen,
sei gedacht: ob nun als arabisches und antikes Kulturgut speichernde Bibliotheken im noch antiken Rom von fanatisierten Christen
bzw. in Konstantinopel von weströmischen Aggressoren geplündert und vernichtet worden. auch der Lehrbücher sei gedacht,
die alljährlich bei Maturafeiern ins Feuer geworfen werden – als wären so die von einem Joseph Goebbels initiierten Bücherverbrennungen
ungeschehen zu machen und das Weitere auch!
Am 21. Juli, auf den Tag genau um einen Monat verspätet, wird erstmals der Sterbetag nicht des Vaters, sondern der der Mutter nachgeholt, da zum ersten Mal einer Hirschkäferin aus der Rückenlage aufzuhelfen ist, an einer Gartenmauer; und sie kapriziert sich darauf, ihre Lebenszeit ja längst abgelaufen, in einen Mauerspalt hineinzugelangen, vom vergeblichen Verlangen, sich einzugraben, nicht abzubringen. auf dem Hirschenbergl dann ein vertrocknetes Hirschkäfermandl (vom Vater längst noch weniger übriggeblieben) und dann noch eins, leicht lädiert, aber auch tot. in der Cottagegasse dich erschrocken umzudrehen: das lautstarke Gepfauche und das, was Löwengebrüll ähnelt, nicht aber den Liebesgesängen von Hauskatzen, bringen zwei junge Kater hervor, springen sich an und beißen einander nieder, bis endlich einer mit Hund dem Morgenspuk ein Ende macht – hasten in zweierlei Richtungen davon. vom Yppenmarkt dann Vero-

nika einen gscherten Sommerblumenstrauß zu bringen. „Ja, wolltest du denn nicht –" / „Ja, aber dieser Urnenverabschiedung bleib ich nun fern. keiner der Angehörigen kennt mich." (und daraufhin zitiert sie eine alte Pongauerin, aus solchem Anlaß auf unserem Zentralfriedhof gewesen: „Also das ist eine eiskalte Angelegenheit!", und wir beide lachen – also wozu machst du dir Angst vor dich großteils verzehrendem Feuer!)

unlängst zum ersten Mal eine Spechtfeder aufgeklaubt, und daraufhin lassen andere Spechte Federn, um in deren Gestalt bei dir zuzukehren. so bekommen die mehrjährigen goldenen Weihnachtssternlein auf der Kommode Gesellschaft, zumal sie weniger werden, nicht verglüht, sondern weggeweht. würden sich, so noch mythische Bräuche herrschten, diese Federln als Flügel anlegen, wie Merkur oder Hermes, da ja nicht Engel, um sich vielleicht zu Castor und Pollux davonzumachen, in deren Sternbild. Wissenschaftssendung Ö1, nicht HEUTE: Bestätigt hat sich der Verdacht, daß es auf dem Mars Wasser gibt (ja, da gilt nicht mehr die Unschuldsvermutung)

22. Juli. Zu lange auf dem Gersthofer Friedhof, wenn auch nicht vorm Weywoda-Grab, dem mir aufgezwungenen Handy eine Freischaltung abzuzwingen versucht? lehne Stunden später neben Elisabeth W. auf einem Kanapee und sie sagt: „Jetzt gleich!", und ich verstehe das als eine Richtigstellung des zehn Tage vor ihrem Tod nebenbei Gesagten: „Ich glaub, ich werd bald sterben." – jetzt erst meint sie zu sterben, obwohl sie seit zirka sieben Jahren tot und begraben ist? ja, wie Stoßseufzer atmet sie an meiner Seite ihr Leben aus, wie in ihren letzten Stunden in einem Krankenzimmer den Blick in eine Ecke des Plafonds gerichtet, und ich soll dabei sein, weil sie damals innerhalb der Minuten gestorben ist, für die ich, telephonisch eine Verabredung abzusagen, auf den Gang getreten war? sinkt zur Seite, ertastet meine Hand und sagt: „So, jetzt bin ich tot, nämlich für immer." fast ist mir nach

Lachen zumute: „Deine Freunde haben dich schon zurecht ein ‚Unikum' genannt!" – und da heben sich ihre Augendeckel mehrmals und dann einmal noch. irgendwann dann, in derselben Nacht, sitze ich bei Tag mit etwas angehockten Beinen auf einer langen Fensterbank, einen kleinen Hund an mich gedrückt, damit er sich mir nicht entwinden kann – würde mir ja ansonsten, noch unruhiger geworden, entschlüpfen und viele Stockwerke auf die gut erkennbare Josefstädter Straße hinunterstürzen. scheue mich, länger in die Tiefe zu schauen, obwohl mir doch eine Glaswand beigegeben ist. und plötzlich zu wissen, daß ich aus diesem Sitzen, den Kopf noch an den Mauervorsprung hinter mir gelehnt, nicht in das Zimmer zurücksteigen kann, weil da keines mehr ist, kein Fußboden, keine Zimmerwände! (und wie weit es mit meiner Abgeklärtheit her ist, erweist sich wenig später mit Etta an einem Tisch, schmäler als der mir vertraute. „Mein Partner", hör ich sie sagen. ja, das kann sie mir seelenruhig ins Gesicht sagen – Schwammerlsauce mit Knödeln hat sie angerichtet, und weil man Knödel zu reißen hat, fehlt auch bei meinem Gedeck ein Messer)

23. Juli. Was würde ich photographieren, nicht notwendigerweise wie Nature-morte-Stilleben arrangiert, um dem Begriff ‚morbidezza' oder gar ‚vanitas' die Ehre zu erweisen? Schilder aufgelassener Geschäftslokale, die noch einzelne Buchstaben aufweisen, oder an Mauern kaum noch erkennbare Inschriften; oder auch auf einem Teller ein Forellenskelett mit Fischbesteck an seiner Seite, der ausgedrückten Zitronenspalte ein Zigarettentschick hineingedrückt. eine von Leukoplaststreifen am Türschild für aufgelassen erklärte ärztliche Ordination. ein Massengrab von Kränzen und Blumengebinden in einer Friedhofsecke? einen Kunststoffsack voller ausgebrannter Kerzenbehälter, und wären noch Wachspfropfen vorhanden der Kerzen, die in Barockgedichten als Zeichen der Vergänglichkeit niederbrennen. ein verrostetes Fahrradgestell, der Räder beraubt, in die Knie gegangen? aber ein Gurkenglas mit ins Weißfischige erbleichtem Inhalt. und dann dort, wo sich vor einer Gartenmauer das Trottoir hügelig zur Straße schwingt, vor einem Stilleben zu stehen, das, vom Morgenlicht unterstützt, den Begriff ‚BELLEZZA' illustrieren könnte: über die Mauer gefallene Kriecherl oder Ringlotten, kugelrund und von allerdunkelstem Rotviolett, haben auf diesem welligen Abhang in unterschiedlichen Höhen zu kleinen Gruppen zusammengefunden, ganz plastisch, weil mit scharfen Schlagschatten ausgestattet – aus der Höhe der Luftaufnahmen siehst du auf eine prähistorische Kultstätte hinunter, auf stattliche Kugeln aus Lavagestein, deren Anordnung ein Archäologe oder Astronom die Wiedergabe von zusammengehörigen Himmelskörpern abzulesen vermöchte (ein anderes Bild die auf die Straße geglitten zerquetschten: blutigrot verströmen sie süßlichen Gärungsgeruch. ‚Nach der Alexanderschlacht'?)

25. Juli. „Der Verzehr stark riechender Speisen wie ..." wird also in den Öffis demnächst verboten – und dann wird keine Gelegenheit mehr sein, zu einem beispielsweise eine Semmel mit heißem Leberkäs Verzehrenden wie gestern im Neben-ihm-Lehnen ganz leise zu sagen: Gut, daß ich keinen Hund hab – wie der Sie jetzt bettelnd belästigen würde! (der Jüngling kehrt sich von mir ab, ißt hastig zu Ende, und tut mir schon leid: ist in seinem Arbeitsgewand auf der Heimfahrt von schwerer körperlicher Arbeit, hat vielleicht seit der Früh nichts mehr gegessen)

29. Juli. Gestern den ‚Jahrhundertvollmond', den rostroten, am Fenster versäumt: im Aufgehen steigt er von der Donau in wenig Dunst blaß erkennbar herauf, der Himmel über mir sternklar. dann Sturm, drei weiße Wolkenhaufen werden von blitzlichtweißen Blitzen durchzuckt, trotz Sternenhimmel über ihnen. wo du ihn, hinter welcher dieser drei sich verbindenden Wolken, zurecht vermutest, das bestätigt dir ein dort kreisendes Licht, als würde er mit einer Taschenlampe von hinten eingekreist. und dann siehst du, vermutlich von der Donau hinangeschickt, drei blaue Linien, also Scheinwerferstrahlen, ihn lokalisieren – vermögen die ihn jenseits der Donau sichtbar zu machen? der Sturm rührt nicht an seine Umwolkung, weiterhin von Blitzen noch weißer, ja gleißend gemacht, und die scheinen den Wolken zu entspringen, schießen ja nicht aus dem Sternenhimmel wie aus heiterem Himmel herunter und setzen sich unter den Wolkenzusammenballungen erdwärts nicht fort. weit entferntes Donnern. der Mond gerät nicht aus seiner Verhüllung hinaus, und als gemäß Prophezeiung seine Verfinsterung vorbei ist, zeigt er sich nicht einmal als ein Erstrahlter. aber er hat dir ein Gedicht beschert, kurz vorm Schlafengehen noch schnell skizziert – das hat sich als ein Klaglied des Mondes aus Hölderlins ‚Hälfte des Lebens' die Zeilen „wo nehm ich, wenn ... den Sonnenschein und den Schatten der Erde" angeeignet und in seinem Sinn gedeutet:

KLAGLIED DES MONDES
Weh mir und auch dir, Vater Aether!
wo nehm ich, wenn es finster ist, da dein All,
ach, bald ewiger Winter, sich verfinstert, den Sonnenschein
und wo, ohne ihn zeugendes Sonnenlicht, den Schatten
der Erde, seit Weltenbeginn mich nicht nur alle heiligen
    Zeiten
einzufinstern bestimmt, wenn dann nicht mehr
der Mutter Erde Seiten Sonnenstrahlen entlangstreichen,
wenn dann in der Richtung der dann für immer
    abwesenden Sonne
die Erdatmosphäre nicht mehr nur rotes Licht,
weil keines mehr, durchläßt? ich, weh mir!, dann von keinem
Lidschlag zum nächsten der darob leidenden Menschheit
total Verfinsterter, nicht länger von rötlich nicht tödlichem
Schimmer in ein Verglühen versetzt, weil nun nie wieder

wie bei all meinen gänzlichen Finsternissen von rötlichem
   Rost
bedeckt für so lange, bis ich mich aus dem nun der Erde
verlorenen Schatten herausgeschält hatte, seinem Kern
   entglitten
bis zu meiner nächsten vollen Umnachtung!
(Aber im Wahn, nicht verloren sei ihm der Sonnenschein
und der Schatten der Erde, küßt Holders Schwan seine
   Spiegelung,
von Schüssen gestreift wie von matten Küssen.
Die Bergbauern stehn ratlos und alt vor gekalkt erkalteten
   Bergmauern,
ehe sie alle, klirrend wie Eis, jahrlang hinabstürzen ins Tal,
an verwirrten Wetterhähnen vorbei, die im Krähen vereisen
zu schwanenweißen Fahnen.)

31. Juli. Hochsommer mit nach seinem Geschmack heißen Tagen. aber muß sich der ‚Tropennächte' andichten lassen, bloß weils in der Nacht ein, zwei Grad mehr als deren zwanzig hat? spätestens um halb sieben loszuziehen, da ists im Wienerwald fast kalt, und spätestens um halb zehn retour zu sein, die Fensterbalken herunterzulassen. dreißig Grad am Schreibplatz ab dem Nachmittag gut auszuhalten! und zwischendurch durch die Gassen zu streichen. ja, die Marillenzeit – der Duft von einkochenden Marillen, von in Hernals schon um halb neun verfertigten Marillenstrudeln und Marillenknödeln. endlich wieder angebrannte (übergelaufene) Milch zu riechen, wären nur die Flüche der Großmutter zu hören über solch ein Malheur! und so heiß konnte es gar nicht sein, daß sie ihre Herdplatte nicht zum Erglühen gebracht hätte zur Hervorbringung ihrer Zwetschkenknödel, sie von Schweiß überlaufen, der zischend auf Glutrot verperlt.

in jüngster ‚Tropennacht' von der im Gymnasiastenalter mehr als verehrten Englisch-Frau-Professor (auch ihr Geruch – Vorsicht, ruft uns der ihr in die Klasse vorauseilende Mit-

schüler zu, die Bertl ist läufig! – hatte es mir angetan, vor allem der an ihren reinen Tagen) in einer Erregung zu träumen, die diesen Traum initiiert haben dürfte: im Sitzen auf einem Barhocker dreht sie sich mit sich öffnenden Beinen auf mich nun vor ihr Stehenden zu, und ich finde trotz geschlossen bleibender Hose ganz selbstverständlich in sie hinein, bewege mich ganz sacht. „Riki", sagt sie zu ihrer mir nicht erinnerlichen Schwester, „komm, setz dich du da jetzt her, das wird auch dir gefallen!" – ob bald in sie zurückgefunden? noch erregt aufgewacht. ja, ihr kokettes Lachen war ihr da rasch vergangen.
1. August. Ins ‚Zersplitterte Erinnern' hätte gepaßt, wovor uns Landkinder Wiener Nachkriegskinder gewarnt haben: wer das Innere von aufgeschlagenen Marillenkernen ißt, bekommt blaue Flecken (Blausäure). wenn du Kirschen ißt und danach Wasser trinkst, platzt dir der Bauch. von Ami-Soldaten geschenkte Kaugummis ziehen einem die Zähne aus dem Kiefer. von Vanille-Eis bekommt ihr die Papageienkrankheit ... und unsereins? Tritt nicht bloßfüßig in die Kleewiese – die gehört den Bienen!
2. August. ‚Bitte beschmieren Sie nicht die Häuserwende!' ist, in zarter Altdamenschrift geschrieben, einem rosa Briefpapierblatt abzulesen, an einem einstöckigen Haus angebracht, nämlich einer scheußlichen braunen Schmierage in Augenhöhe wie eine Bildlegende beigegeben. möge doch so unzeitgemäße Naivität alle Sprayer und Parolenschmierer dermaßen rühren, daß die in der Schreibung von ‚Wände' vorweggenommene Wende in deren Hirnwindungen auch schon stattgefunden hat! und so möge der eine, einer der Gemeinten, noch heute nacht sein Ornament übertünchen und auf eins der Parterre-Fensterbretter ein paar Blumen legen!
Fische, Langusten und Geflügeltes auf der Flucht,
Hunde jagen dahinter her,
aber die wilde Jagd kommt nicht vom Fleck.
nur für kurz aus den Augen gelassen,

hat sich das alles verdünnt ineinander verschoben,
zu einem eingefransten Gazestreifen geworden,
sogleich nur noch ein blasses Graulila (das der
Morgenhimmel vorm Fenster gewesen)
am Abend ein inmitten von Heurigengärten der Menschenwelt abhanden gekommenes Gärtlein zu entdecken, dreiseitig von einem Schutzwall aus von Waldreben überwachsenen Hollerbuschen umschlossen. im grünen Hafergras, höher als nichtgemähte Wiesen, eine Gruppe ähnlich wie Phlox rosaviolett blühender Nachtviolen, vorm Schnittoval zweier einander zugeneigten Nußbäume. ganz hinten die Ruine eines Gartenhauses, die Tür gestützt von einem betagten Weinfaß. von sich umgrenzt, auf sich eingeengt, ruht dieses Grundstück in sich, als hätt es mithilfe der uns verlorenen Begabung zur Kontemplation ein selbstloses Ich-Bewußtsein erlangt. der Baum, schräg vis-à-vis an der Straße, durch radikale Beschneidung zu einer weiblichen Figur mit drei Brüsten und zwei kopflosen Hälsen geworden, bewahre als eine mythologische Gottheit dieses Gärtlein vor der Wahrwerdung der Warnung, am Zaun in großen Lettern angebracht: HIER ENTSTEHEN EXKLUSIVE EIGENTUMSWOHNUNGEN!
3. August. Nachtnachrichten: „Österreichs Seen viel zu heiß" (mein Rat: Brandsalben dick auftragen!). in einem Salon mit mir Fremden um einen Tisch zu sitzen, und ich soll mir Kaffee einschenken, verwundert, daß das nicht die Gastgeberin tut, doch wohl anwesend. „Es tut mir leid, daß ich dazu so lang brauche, aber mit einem Kaffeelöffel aus der Kaffeekanne Kaffee in meine Tasse zu balancieren? ein Schöpflöffel, ich weiß, wäre dafür zu groß!" – keiner und nicht eine pflichtet mir bei, und dieses zuwartende Schweigen wird mir unbehaglich. erst im Aufwachen wieder zu wissen, wie man sich einer Kaffeekanne bedient.
4. August. In der Großen Schiffgasse, heute ja Sabbath, mit neidvollem Staunen Strenggläubige dem ostjüdischen Bet-

haus zustreben zu sehen – wandeln ja, auch auf der schattenlosen Straßenseite, durch die Sommerhitze, als wiche die vor ihnen zur Seite wie einstmals das Rote Meer. wir Christen schwitzen in leichtester Kleidung, während ihre schwarze Festtagskleidung (lange Gehröcke, Junge mit Zylindern, Erwachsene mit Biberpelzhüten) sie offenbar vorm Schwitzen schützt, und wie viele von ihnen auch in der Sonne blaß im Gesicht. von der Salztorbrücke des Donaukanals auf Korallenbänke hinunterzuschauen – die bestehen aus den Abbildern der vorm ‚Strandcafé' vis-à-vis enggereihten korallenroten Sonnenschirme.

ein in diesem Tun schon mehrmals Gesichteter schiebt dann in der Innenstadt bedächtig oder zögerlich – wer läßt sich schon gern, dann allerdings in einem Labor, Blut abnehmen! – den weißen Hemdsärmel über den Ellbogen hinauf: der geringfügig sommersprossige und zart-blond behaarte Unterarm milchig blaß wie auch die für ein Patschhanderl denn doch zu große Hand. der beigegebene Text – entweder ‚Los geht's!' oder ‚Packen wirs an!' – gibt jedoch zu verstehen, daß da ein Kommunalpolitiker symbolisch die Ärmel aufkrempelt: sollte er, wie dieses sein Abbild vermuten läßt, noch nie Werkzeug in der Hand gehabt haben, wäre das keine Schande. immerhin muß er nicht auf einem Plakat II in die Hände spucken wie ein Bauarbeiter vom alten Schlag!

5. August. Daß es mir befreundeter G. C. heute gelungen ist, für mich für Mitte Oktober einen überaus günstigen Retourflug Rom–Wien zu buchen und mir auch ein Quartier – leider nicht in Trastevere – reservieren zu lassen, das verringert mir wie ein Herbstlüfterl die Sommerhitze: gleich jetzt, am ersten Tag, Ankunft ja schon zu Mittag, wird von den Thermen des Caracalla dem Beginn der Via Appia zugestrebt und auf der wie durch eine künstlich vertiefte und etwas verbreiterte Schlucht hinangestiegen, knapp neben der aus Römersteinen errichteten Mauer zu deiner Linken – das Gelände dahinter höher gelegen, wie den hoch über dir herüberreichenden Pinien- oder auch Eichenzweigen abzulesen ist. schmal und grob gepflastert dein Steig, wohl auch nachts von einem Autostrom beengt, der da auf einer Römerstraße, grob auch sie gefügt geblieben, hinanrumpelt. aber jenseits der Straße – hier dürfte nur geritten und marschiert werden! – tut sich also doch schon nach wenigen Schritten eine Lichtung auf und der breitere Weg, der von den Felswänden weg zu den Katakomben des Heiligen Sebastian führt, Tafel mit Pfeil auch aus der Distanz gut zu lesen. nein, in diese von dumpfer Luft erfüllten Höhlen kein zweites Mal hinein, nur hinan zu der da oben auf der Hochfläche welligen Landschaft: die alte Appia dort wie noch auf Bildern der in Rom verliebten Maler der Klassik und Romantik von Pinien gesäumt, oder etwa nicht?, und dann wird, gleich bist du oben, zwei Mal Unterlassenes nachgeholt: ringsum die sanften Hügel von Weinfeldern überzogen, und aus den gastlichen Weingärten, an den an verborgenen Weinschenken wehenden Fahnen zu erkennen wie die unseren an Heurigenbuschen, riecht es nach Rauchfleisch herüber, Holzrauch steigt auf – der nächstbeste Feldweg sei eingeschlagen und beim erstbesten Weinbauern für eine Jause fern der Stadt zugekehrt! und ein Ende hats morgen zu haben mit den vergeblichen Einkreisungen der Jesuitenkirche, wie die unsere von Andrea Pozzi geplant worden! (ja, so beschwingt von der Fixierung dreier Romtage, daß die im noch fernen Oktober nicht auch noch sein müßten!)

6. August. Die Kärntner Straße zu meiden, ohne sie deshalb zuletzt zu der Zeit betreten zu haben, wo sie, vor Jahrzehnten, mit der Entfernung der Trottoirs zu einer ordinären Fußgängerzone gemacht worden ist. und heute, wie nach langer Abwesenheit nach Wien heimgekehrt, ihre Gemeinheit Milderndes zu entdecken: an einer Seite ist ihr eine Reihe nie bemerkter, schon herangewachsener Laubbäume mir unbekannter Gattung beigegeben. an manchen Zweigen baumeln, wie von kleinen Netzen zusammengehalten, rötliche kugelrunde Früchte, beinahe wie Christbaumzuckerl anzusehen. für den Heimweg zum Donaukanal hinab. am Rand des Treppelweges liegt bald, von dir von weitem mit Unbehagen grob wahrgenommen, nicht eine tote Taube, sondern ein toter Nußhäher auf dem Rücken, den Kopf etwas angehoben, als hätt ihn jemand so an die Böschung gebettet, und die früher als er gesichtete Nebelkrähe – eine Krähe hackt einer anderen kein Auge aus – hackt auf das noch vorhandene Auge ein, ist erst aus der Nähe zu verscheuchen. die schönen grauen Augen, die seinesgleichen hat! unangetastet noch sein schönes Gefieder. mit einem Zeitungsfetzen ihn zuzudecken? von einer Pappel einen dem Stamm entwachsenen Zweig zu reißen. und dann nicht zurückzuschauen, die Leichenschänderin gewiß gleich wieder zur Stelle. und er doch ein naher Verwandter.

7. August. Gehe auf Marie-Thérèse zu, sie aber reicht mir nicht die Hand, obwohl mir doch Wiedersehensfreude anzusehen sein muß, winkt lieber einer Kollegin zu. von ihren Kaprizen diesmal nicht eingeschüchtert, greife ich nach ihrer Hand, aber so leicht, daß sie während meines Händedrucks auch diesmal nicht „Au!" aufschreit, und nehme sie an mich – von den Bildern der Surrealisten aber nicht dahingehend verdorben, daß ich mich mit der entferne, wie von einer Statue gebrochen. bei Tag dann – na, was mir ein Psychiater Freudscher Prägung längst andichten würde, als könnt ich was für die häufige Erblickung von toten Vögeln, nicht nur von aus dem Nest gefallenen! – vor einer nicht sogleich als Amsel erkannten zu stehen: mit wie zuerst nach vorne gestoßenen, dann an den Körper gedrückten Flügeln liegt sie da, als tauchten Wasseramseln so in Gewässer ein, winzig klein der Kopf und in dieser Lage wie geschrumpft sie kleiner als Schwalben; wo der gelbe Schnabel geblieben? ein gefalteter schwarzer Kunststoffrest ist sie aber nicht. im Türkenschanzpark sitzt wenig später am Rand eines der Steintröge des Persischen Brunnens eine Rabenkrähe; streckt sich vergeblich dem Rohr entgegen, aus dem ihr heute kein Wasser entgegenkommt; tröpfelt nur. und sie getraut sich nicht, in den von Wasser beträufelten Trog zu hüpfen: der tief, aber so umengt, daß sie vom Grund nicht aufflattern könnte, ohne sich die Flügel zu verbiegen. hüpft vor dir in die Wiese davon, versteht aber dein Tun: fest drückst du gegen die Öffnung des Rohrs, mehr Wasser kommt, und das sammelst du mehrmals in deinen Händen, wirfst es auf den Steinboden, gehst weg. kaum drehst du dich um, sind ihrer drei dort, trinken, und noch eine kommt mit einem vertrockneten Stück Brot angeflogen, tunkt es ein in die ihr verbliebene kleine Hochquellwasserpfütze.

heimgekehrt, dir unterwegs Zugeflogenes aufzuschreiben:
Müde bin ich, geh zur Ruh, schließe meine Äuglein zu.
stelle meinen Herzschlag ein, lasse auch das Atmen sein.
der Doktor, der sodann sein eines Ohr ans Herz mir legt,
wird auch, ein Äugelein mir öffnend, Reflexe
der Pupille mein vermissen und zu Gut-Nacht-Grüßen,
die mich Ertaubten in Ruhe lassen, befinden,
in ein Blumenbeetchen gehöre umgebettet
mein auf iter, itineris und ver, veris reimender Kadaver!

8. August. Aufwachweisheit: Nicht Landesgrenzen, nur Wolkengrenzen werden vom Regen anerkannt. Öl. der als ‚religiöser Spezialist' Angekündigte ist aber ein Religionswissenschaftler, als der er auch ein Atheist sein dürfte.

12. August. Über die Wallfahrtskirche Maria Schutz eine alte Frau: „Sie ist gut durchgebetet!" – das mutet modern an wie ‚ein gut durchwachsener Bezirk' in dem Sinn, alle Gesellschaftsschichten dort vertreten. ‚gut durchgebetet' oder ‚gut durchlüftet' von den dem Allerheiligsten zustrebenden Gebeten. (‚durchwachsen' vermutlich Fleischersprache)

Als der Bach die
Alserbachstraße überschwemmte,
die ja, wie sein Name Alserbach besagt,
wieder sein Bachbett sein möchte,
griff ich auch schon nach meiner Angel,
Alserfische mir früher, als er Bach
sie alserbachstraßenabwärts triebe, anzueignen.
Sehr wahr, Herr Dr. med. und Univ.-Prof., die Homosexualität ist keineswegs eine psychiatrische Krankheit. nicht einmal eine der auf psychische Krankheiten spezialisierten Psychiater! aber Ihnen, Univ.-Prof. für Philosophie, kann ich eines nicht glauben: daß Philosophen als Denker an nichts glauben – an die Logik, an die Ratio etc. glaubt ihr doch alle? auch an Grundgrößen wie die Physiker, und glaubt wohl auch dem Baum vor eurem Haus, daß der nicht über Nacht von selbst verschwunden sein wird! (im Radio zuletzt noch ein amerikanischer Mediziner, der sehr gut deutsch spricht, als ein Nichtdeutscher nur an einem zu erkennen gewesen: „Da hab ich aufgehört" – ‚aufgehorcht' hat er gemeint)
17. August. Wie der Bildlegende ‚Der Apfeldieb' gerecht werden? da zeichne ich lieber einen, der von einer an einen Apfel-, keineswegs an einen Birnbaum gelehnten Leiter ein Vogelnest mit Äpfeln füllt, und hätt er sich zuvor dessen Eier in die Hosentasche gestopft!

*

Mondverlustig geratener Nacht halbblind dir aufsteigt
aus dem Schlaf, wie von halbwachen Atemzügen
    hervorgebracht,
das Bild eines französischen Gedichts, das sich dir einstmals,
über es und die ihm beigegebene Nachdichtung gebeugt,
in Repetitionen rezitiert hat, du seiner trotzdem nicht habhaft
geworden, auch nicht auf deutsch – dafür du zu jung
    gewesen?
An die adorierenswerte und daher adorierte Luna

es gerichtet gewesen, und mit der eingenebelten Mondin
steigt dir nun herauf eine einem anderen Gedicht
zugehörige Zeile: „je t'adore, ma chère bélzebuth",
als wäre auch die unschuldige Anbetung der Luna
bei Baudelaire zu finden. der könnte im Skizzieren
   innegehalten,
zur am Himmel Angebeteten aufgeschaut und zugleich,
da ja mehr bei ihr als bei sich, den Federkiel ins Absynthglas
getunkt haben, wird ihr ja jede Zeile zugetrunken haben,
stolz auf den Selbstbefund,
von ihm Verfemtem wisse sie sich adoriert.
mit noch und noch Vermutungen in Frageform
möchte er sie sich meiner Erinnerung nach zu eigen
   machen;
etwa mit der, ob sie auf Stroh eingeschlafen
beieinander liegende Liebende
genauso bescheine wie sich paarende Vipern,
und sie antwortet in direkter Rede mit einem Spiegelbild,
das wie ein Haufen einander fremder Scherben
für den in bezug auf Dichtung Unerfahrenen wirr blieb:
hat da ihr schöner Schein mit Aufhellungen des Spiegelbildes
scheinhaft die Last der nackten Brüste hinweggenommen,
die den Dichter genährt haben, als er das kleine Kind
der vorm Spiegel verharrenden Alten war? (spätere Hinzu-
fügung: Baudelaire, La Lune offensée)

*

I Sitzt er am Küchentisch oder setzt er sich zu mir, da ich
dort schon sitze, mich aber nicht mit ihm beisammenzusitzen
hingesetzt habe? nach hinten greift er, aufs Küchenkastl,
nicht nach dem mir liebsten Jausenbrettl: das hat er ja schon
vor sich auf dem nackten Steintisch liegen – ohne sich um-
drehen zu müssen, hat er den Salzstreuer, auch die zwei mit
Pfeffer- und Paprikapulver ertastet und setzt die drei zwischen uns hin. auf dem Jausenbrettl, meinen Namen müßt

ich dem einritzen!, hat er einen der milchbleichen Ybbstaler Schafkässtriezel liegen, glatt, länglich, fast eckig und daher nicht wie ein geköpfter Weißfisch anzusehen. liegen solche in der flachen Glasschüssel von einer milchigen Lacke bedeckt eng gereiht beisammen, ähneln sie unseren Dackelkindern, ob gesäugt oder im Schlaf, mehr jedoch fast so hellhäutig geborenen Ferkeln. schiebt mir vom Tischende die kleine längliche Platte zu, von der manchmal Dörrzwetschken und Nüsse zu naschen sind, legt ihr ein Drittel seines Schafkässtriezels mit der Klinge des hirschhornen Taschenmessers auf, mir als eine Kostprobe zugedacht. „Jetzt brauchen wir noch ein paar Stück Brot" – Luft von sich blasend, steht er auf. ich greife gleich nach dem von viel Rinde gerundeten Anschnitt. wann zuletzt, zum letzten Mal an diesem Tisch gesessen? am Abend des Sterbetages der Mutter. mit dem Vater könnt ich seit Juni 1977 nicht mehr an diesem Tisch sitzen, und wär der nicht nach ihrem Tod weggegeben worden. in den Nachkriegsjahren dürfte sich das Miteinanderjausnen ergeben haben, ein einziges Mal. von der Gemütlichkeit gewesen, wie wenn wir da an der Ybbs einen Fisch tranchieren und ihn auf Schwemmholz braten würden.

II Wenn ich meine Mutter wär, müßt ich mir schon sagen lassen, ich hätte mich und meine Geschwister (was sonst als ein fishing for compliments das gewesen) nie fragen dürfen, ob mir an uns dreien Erziehungsfehler unterlaufen seien – mein verlegenes Kopfschütteln hätt mir doch zu denken geben müssen! Wenn ich mein Vater wäre, würde ich von meinem, bald nach meinem Tod vollaufgeblühten männlichen Selbstbewußtsein rasch eingeschüchtert. würde also von mir über vieles, worüber nie geredet worden ist, verhört, jedenfalls zur Rede gestellt, als wäre ich mir über meine Auffassung von Ehe die geringste Rechenschaft schuldig. Wenn ich meine Mutter wär, würde ich mir heutzutage ohne meine übertriebene Rücksichtnahme auf meine stolzen Kränkbarkeiten die mir allzu oft ersparten Wahrheiten höflich, aber entschieden ins Gesicht sagen. Wenn ich mein Vater in den besten Jahren wäre, müßt ich mir im Unterschied zu damals schon eines sagen lassen: sollte ich einmal noch unsere Mutter anrühren, riefe ich einen Gendarmen herbei. Wenn ich meine Mutter wäre in jungen Jahren, bekäme ich von mir zu hören, ich dürfte mich doch nicht wie ein willfähriges Opferlamm betragen, als gierte ich nach Beleidigungen. Wenn ich ein Geschwister meiner Geschwister wäre, brächte ich eins schwerlich übers Herz: Feig sind wir alle drei gewesen, vor allem ich, deutlich älter als ihr! Auf mich als meinen alten Vater zuzutreten und zu sagen: Daß ich mir charakterlich überlegen wäre, das hat sich mehrmals als eine Illusion erwiesen!? Also sag ich doch lieber zu mir als meinem Vater und zu mir als meiner Mutter nur eines: Ich weiß, ich war mein Lieblingskind als Erstgeborenes! (diese zwei Rückblicke haben sich am 20. August unvermittelt eingestellt)

1. September, übermorgen Schulbeginn. wär das jetzt meine mündliche Matura gewesen? „Merkur, Venus, Erde, Mars – setzen Sie fort!" / „Erde, Mars, Jupiter, Saturn, Uranus und doch noch Pluto." / „Und nun Genaueres!" / „Planet Merkur nicht Hermes, der Götterbote, aber ihm obliegt der Handelsverkehr. fungiert nebenbei als ein postillon d'amour, aber auch als Überbringer von Kriegserklärungen. die Erde? zwischen Venus und Mars wie ein Puffer geschoben, dient den beiden manchmal als ihr Liebeslager, manchmal als ein Kriegsschauplatz!"

2. September. In der katholischen Ö1-Morgensendung wird der Gründer des Ordens der Salvatorianer, ein Pater Jordan, gewürdigt, 1848 geboren und zuletzt Prior unserer Michaelerkirche gewesen – der muß schon (heutzeitig mutet sein Motto ‚Universal denken und lokal handeln' an) ein origineller Vogel gewesen sein: Donaudampfschiffahrts- und Zirkusseelsorger gewesen.

Im Chor der Matrosen bittet er die jungfräuliche
Königin der Meere, sie möge alle Donauschiffe
wohlbehalten an den Eisbergen vorbeisteuern
und die Strudengauer Donaustrudel dahingehend
besänftigen, nicht länger Donauschlepper zu verschlingen.
die Strickleiter steigt er zur Seiltänzerin hinan, langt
nach deren Füßen, legt den darob in ein Schwanken
  geratenen
die Hände auf, sie vor Tiefenstürzen zu schützen.
mit in Weihwasser getauchtem Finger zeichnet er
den Löwen und Tigern ein Kreuz auf die Stirn,
auf daß sie lammfromm Dompteure und Dompteusen
zu zerfleischen verzichten.
3. September. Am Kühlwagen einer Fleischhauerei lehnt er
in einem weißen Arbeitsmantel, poliert ein Fleischermesser,
gehört also zur Firma. und die nicht beschönigte Wahrheit
ist in Rot den Seitenflächen des Transporters abzulesen: ‚Aus
Liebe zum Kalbfleisch!' ja, verfeinerte Tierliebe hat ihren Preis!
4. September. Ein junger VP-Abgeordneter, türkischer Abstammung, aber gewiß nicht aufgrund strengreligiöser Erziehung dann und wann Phantasien über Verbotenes hingegeben, „twittert auf die Frage eines Users, wie die deutsche Staatssekretärin ... (SPD) zu ihrem Job gekommen sei: Schau dir ihre Knie an, vielleicht findest du da die Antwort" – und hab mich schon in ihn versetzt: ihre Knie also so schön rund, daß ältere Parteigenossen bei Sitzungen die gern an ihrer Seite haben, und sollte manch einer im Debattieren zur Bekräftigung seiner Anschauung nach längerem Hinschauen seine Hand diese schönen Wölbungen ertasten lassen für ein kurzes Rasten auf einem dieser Elfenbeingelenke! wer ohne jede Erfahrung im Twittern so denkt und deutet, könnte sich dieses Bild auch ins Katholische übersetzen: zu einer Generaloberin ihres Ordens habe es unbeabsichtigt eine Klosterfrau gebracht, die den Anweg zu Wallfahrtskirchen, grob geschottert, wie

auch die kantige Freitreppe zum jeweiligen Heiligtum stets auf den Knien hinter sich gebracht hat, die Kniescheiben daher von Narben und Blutkrusten bedeckt. unter vielen des Twitterns Kundigen macht sich aber Entrüstung breit über die auf eine Andeutung reduzierte Unterstellung, die Parteikarriere der jungen Politikerin habe im Knien vor von ihr zufriedengestellten Parteigrößen stattgefunden (ob einer, dem der Anblick weiblicher Knie diese eine Assoziation beschert, schon allzu lange zaudert, sich dieses Vergnügen bereiten zu lassen?)

6. September. Auf einem Mauervorsprung des Donaukanals haben sich räudige Tauben gierig pickend zusammengerottet, nehmen keine Notiz von der einen, die in Seitenlage mit dem freien Flügel schlagend, dem Anschein nach am Sterben ist – vermeinst an ihrem Bauch Blut zu sehen. will sie sich Luft zufächeln oder sich mit Ruderschlägen in eine dem Auffliegen günstige Position bringen, oder ist diese ermattende Flügelbewegung ein letztes Gezucke der schon mehr als halb Toten? ein besonders mickriger Tauber mit dürftigstem Gefieder – keine will mich! – deutet einen Balztanz um die mit dem Flügel nur noch Trommelnde an und macht sich dann an einzig ihn belebende Wiederbelebungsversuche.

8. September. Das, was bald folgt, das aufzuschreiben, hat mir G. Zeillinger angeschafft. was sich mir als erstes scheinbar zusammenhanglos wie zur Verzögerung des Beginnens hingeschrieben hat, diese Schneewittchen- und Suppenkaspar-Erinnerung, wird sich aber doch als Vorwegnahme des Weiteren erweisen:

Wer hat von meinem Tellerchen gegessen,
wer ist auf meinem Sesselchen gesessen,
wer hat in meinem Bettchen im Schlaf gelegen?
Nein, diese Suppe eß ich nicht! –

meine bald neunzigjährige Vertrauensärztin wird mir als eine Indiskretion nicht übelnehmen, bei mir vorzufinden, was sie nicht nur mir anvertraut haben dürfte – wird ja doch als eine der letzten Zeitzeuginnen in Schulklassen darauf zu sprechen kommen: ihre Mutter, auch eine Medizinerin gewesen, hat als dort unentbehrlich Theresienstadt überlebt, sie (1945 zirka vierzehnjährig) aus zweierlei Gründen: zum ersten, weil die vom Roten Kreuz geschickten Kontrolleure ihre Besuche mit Bedacht oft erst am dafür vorgesehenen Tag aufgeschoben haben: so saßen an diesen Tagen die Kinder in frischgewaschener Kleidung an gedeckten Tischen, hatten auf Tellern ausreichendes Essen. zum zweiten, weil sie eines frühen Morgens auf einer ausnahmsweise freien Pritsche als einzelne eingeschlafen, ihren Aufruf für den Abtransport nach Auschwitz verschlafen hat (was ihr im Alter mehr denn je zusetzt: ob der oder die an ihrer statt dorthin Geschaffte ins Gas geschickt oder wie sie dem entkommen ist). dem sei also wie in der Unterhaltung mit G. Z. hinzugefügt, was mir die Frau Doktor vor Jahrzehnten als eine Absurdität so pointiert, wie viele jüdische Witze sind, lachend wiedergegeben hat (habe mich nie getraut, mit der Frage nach konkreten Einzelheiten hinabgesunkenen Faulschlamm aufzurühren – Genaueres ihr wahrscheinlich gar nicht bekannt): in ihre weitverzweigte Großfamilie hatte ein österreichischer Nazi wohl noch vorm sogenannten Anschluß eingeheiratet, sicherlich ohne zu wissen, daß die ‚jüdisch' sei – sein Bild von Juden, vielleicht von illustrierten Hetzblättern à la ‚Stürmer' unterstützt, kann ja in diesem längst assimilierten Familienverband (etliche Ärzte und Juristen geworden) keinerlei Bestätigung gefunden haben, nicht einmal an den Wänden des Stiegenhauses werden aus den Tagen der Monarchie Graphiken mit fremdartig gekleideten ostjüdischen Zuwanderern in die Reichshauptstadt anzutreffen gewesen sein, und schon gar nicht wird er in dem Salon, in welchem er um die Hand der unerwähnt Gebliebenen angehalten hat, einen siebenarmigen Leuchter oder Kultgegenstände erblickt haben.

dürfte zur Zeit der eingeforderten Ariernachweise als ein Hereingelegter die Ehescheidung raschest durchgesetzt oder seine Frau ihrem Schicksal überlassen haben. aber bald nach der NS-Zeit stellt dieser Nazi sich ein, er brauche ein (ich sage:) ‚Empfehlungsschreiben', an die Entnazifizierungskommission gerichtet. er möge Platz nehmen, so nobel wird mit ihm umgegangen. und darauf er: „Auf einen jüdischen Sessel setz ich mich nicht, da steh ich mir lieber die Füß in den Bauch!" – als ein Bittsteller stehen zu wollen, das hätt er sagen dürfen und sollen. haben die Aufgesuchten daraufhin den Atem angehalten, hat ihn dann einer gepackt und die Stiege hinuntergeworfen? (daß der Nazigeist so unangefochten, so ungebrochen in ihm fortgelebt hat, resistent gegen die ans Licht geholten Wahrheiten? daß ihm nicht einmal die Annahme, arisiert Gewesenes sei nicht mehr jüdisch wie zuvor, nicht mehr jüdisch verseucht, ein klügeres Verhalten eingegeben hat?) ja, solch verfestigter Antisemitismus sitzt in den tiefen Schichten der Phobien, weshalb ihm die an den Verstand appellierende Aufklärung nicht ankann, bestenfalls ein viele Male in Seelenuntiefen hinabtauchender Seelenarzt Freudscher Schule! kurios seine Inkonsequenz, hätt sich doch sagen müssen: Nein, ein Judenhaus betret ich kein weiteres Mal, da laß ich mich lieber eine Nacht lang einsperren! sein Fehlverhalten etwas ganz anderes gewesen als der Reflex, der nach dem Ende des Spuks solchen, die mit Widerwillen den Hitlergruß praktiziert haben, den Arm hinangerissen hat vor in ihrem Amt belassenen, nun nicht mehr bedrohlichen Nazi-Ortsgrößen! vielleicht hat ihm möglicherweise von ihm eifrig Mitpraktiziertes („Also auch der Sippschaft da muß man erst die Tür eintreten! Besteck weglegen, Judenausweis einstecken und alle mitkommen, dallidalli!") die gebotene Wortwahl versaut!

14. September. Dieser Tage von der Bahnstation Böhlerwerk den Wallfahrerweg zur Basilika (Sonntagberg, versteht sich) beschritten; zieht sich, trotz schöner Ausblicke auf Voralpenalmen. der Steilweg durch das Waldstück, schon ziemlich oben, ein rissiger Schotterbach, von den jüngsten Unwettern dir vor die Füße gelegt. im Aufschauen zu Daniel Grans Deckenfresko erstmals zu sehen, daß sein Heiliger Geist weiblich ist: in ein goldenes Kleid gekleidet, das der Tracht von Klosterfrauen nachempfunden ist, trägt das also weibliche Drittel der Dreieinigkeit auch noch die Päpsten vorbehaltene Tiara. müßte doch von vom feministischen Geist mehr als angehauchten Theologinnen als ihre Vorkämpferin gefeiert werden. einzig von D. G. der Hl. Geist weiblich dargestellt worden? Heilige Geistin, erleuchte uns!

Heute, während Mittagsglockengeläutes, auf der Friedensbrücke im Hinunterschauen ins badesalzgrüne Donaukanalwasser an die ‚Revolutionshochzeiten' denken müssen, an die königstreuen Paare, die da, aneinandergefesselt, in die Seine, die Rhone und wohl auch andere Flüsse geworfen worden sind – daran schuld gewesen die am Brückengitter fixierten Vorhangschlösser, immer zwei zusammengeschlossen.
nicht viele solcher paarweise angerosteten vorhanden, der dümmliche Brauch ja schon aus der Mode gekommen. was sind das für Liebespaare, die sich an Brückengeländern anketten, die Schlüssel vermutlich ins Wasser hinunterwerfen, als könnten sie dann nie mehr auseinandergeraten? diese Verkettungen scheinen indirekt die flüchtigen, allzu rasch eingegangenen Liebesbeziehungen zu bestätigen – dem Dauer zu wünschen, was sich schon im Entstehen aufzulösen beginnt. so manch einem oder so manch einer der Angeketteten wär es vielleicht sogar recht, mitanzusehen, wie der bald hingegangene Liebesbund durchgesägt und entfernt wird, wie vor wenigen Jahren dergleichen en masse, die Last des mehrheitlich Verflogenen den Brückengittern nicht länger zumutbar gewesen. nun auch unsere Saarplatzkastanienbäume, von Miniermotten heimgesucht worden und schon kahl, bezüg-

lich Jahreszeiten dermaßen desorientiert, daß sie ihren gelbschalig leuchtenden Kugeln wie zu deren Illuminierung kleine Kerzen beigeben!
22. September. Schreib, Maschine! ich aber dichte mich gegen mir im Flanieren vergeblich Zufliegendes ab. aber die alte weißhaarige Dame, die ich zu überholen ansetze? an ihrem Rücken, also an dem ihrer Jacke, prangt in silbern funkelnden Pailletten die Frage: Wie ungezähmt sind Sie? (unerschrocken dargebotene Verlockung, mit einem Prankenhieb oder einem Biß in den Nacken zu beantworten, wäre man nur ein Löwe oder Tiger!) aber das Spinnennetz, in dem wenig später ein langflügeliges Insekt flügelschlagend freikommen möchte – erst im Zerreißen des Netzes zu sehen, daß sich da nur der Propeller eines Linden- oder Ahornsamens verfangen hat. aber dann am Donaukanal endlich einer Notiz wertzubefinden das jenseits der Straße befindliche Haus, das dich ein jedes Mal als nichts als die aufgerichtete Vorderfront eines nicht gebauten Hochhauses täuscht – mit Fenstern, auch offenstehenden, ausgestattet, aber dahinter nichts. erst wenn man ihm in die Nähe kommt, gibt sich hinter dieser für sich allein in den Raum gestellten Art Scheinfassade ein Baukörper zu erkennen – wie die seinem linken Rand in einem spitzen Winkel entspringenden Zimmer an Breite gewinnen, das bekäme ich gern zu sehen! (den Heimgekehrten erwartet, eingeschaltet geblieben, die schreiblustige Maschine)
23. September. Stunden vorm nachmitternächtlichen Sturm ein blitzblauer Föhnhimmel die Umrandung eines Rundgemäldes in der flach gewölbten Kuppel eines barocken Kirchenhimmels gewesen: über Eurasien mehr gestülpt als gebreitet bis an seine hinunterhängenden Ränder, schien sich da oben sogleich im Kreis zu drehen, wie in einen Sog geraten, der tiefviolette Mantel Gott Vaters, demselben nachzustürzen in sein schon stattgehabtes Verschwinden in unauffindbaren Abgründen.

26. September, am Morgen nach der ersten Nacht von dreien, die ich im ersten Atelier Maria Lassniggs, Klagenfurt, zu schlafen die Ehre habe:
Wo anderswo wird dir selig entgegengegangen,
beseeligt, daß du mir irgendwann jetzt
nachgekommen bist, auch um hinwegzunehmen
die Jahre nach den unser gewesenen Tagen?
dich sogleich luftig und leicht zu umarmen?
vielmehr in einem fremden Bett wach zu werden,
nicht am Rand eines Abgrunds, sondern der Tränen!
30. September. Seit Klagenfurt reinblauer Himmel, vorwinterliche Temperaturen in der Früh (im Wiental es heute drei Plusgrade gewesen). mich anstandshalber zuallererst auf dem Gersthofer Friedhof dem Wohlergehen der spät von mir eingepflanzten Astern gewidmet. auf der nackten Erde des benachbarten Grabes kniet mit einer Gartenkralle in der Hand eine ältere Frau, deutlich jünger als ich, und sagt laut vor sich hin: Aber wieso, bitte, hast du denn nicht gesagt, daß du ein Diabetiker bist?
24. Oktober. Einer der letzten Morgen der Sommerzeit. der es zu danken, daß es um halb sieben, dem Arbeitsbeginn auf der erweiterten Baustelle der Studentenhäuser Döbling, noch so dunkel ist wie bald um halb sechs, und so kommst du früher als gedacht, wie zuletzt im März im Wachwerden zu dem Vergnügen, daß der am höchsten Kran montierte Scheinwerfer an deiner Bettwand künstlerisch aktiv wird, hast ja diese Nacht von Fensterjalousien frei belassen: dieses Mal projiziert sein an sich scharfes Licht nicht zu Rutenbündeln verfremdetes Geäst der ja noch nicht kahlen Platane an deine Seite, sondern nutzt die noch schütter belaubte, mir in impressionistischer Manier einen in Grautönen gehaltenen Rosenstrauch an die dämmrig hellere Wand zu zeichnen – solch eine Tapete, einen nur aus Rosenblüten bestehenden Strauch, ließe ich mir gefallen. Wind kommt auf – wenn du

von poetischem Gemüt wärest, hieltest du die Hand hin, Blütenblätter aufzufangen. mit deinem Photoapparat würde diese Zeichnung hinweggeblitzt. (auf Öl pflückt dann eine Botanikerin Bergblumen wie? sie holt sie ‚aus dem Kontext') Gedichte in bürgerliche Ordnung zu bringen, beispielsweise ‚Hyperions Schicksalslied':
wandeln, rühren, atmen, blühen, blicken
geben, ruhen, schwinden, fallen, werfen
Licht, Boden, Genien, Götterlüfte, Finger
Künstlerin, Saiten, Säugling, Himmlische
Knospe, Geist, Augen, Klarheit, Stätte
Menschen, Stunde, Wasser, Klippe, Ungewisses
weich, selig, glänzend, heilig
keusch, bescheiden, still, ewig,
leidend, glänzend, schlafend
gegeben, geworfen
die, der, kein, es, eine, andere
droben, hinab
auf, im, in, von, zu, ins
schicksallos, blindlings, jahrlang
und, doch
wie
atmen, blicken, blühen, fallen, ruhen
rühren, schwinden, wandeln, werfen
Stunde, Wasser, Ungewisses. (28. Oktober)

28. Oktober. Seit jüngster Mitternacht herrscht wieder Himmelszeit. dazu der Halbschlaf: Aber sollten sie wieder frech die Uhren falsch stellen, trete ich aus der EU aus! in seiner Nationalfeiertagsansprache weiß sich der Herr Bundespräsident nichts Besseres, als uns das nachzurühmen, worum uns andere beneiden: das Österreichische! bezieht er sich da auf die Szene aus den ‚Letzten Tagen', wo wir als Offiziere den deutschen Verbündeten ihre Organisation schon lassen müssen, stolz auf unsere Improvisation?

in der religiösen Öl-Morgenstunde beginnt ein Dogmatiker das heutige Lukas-Evangelium über die Heilung des Blinden aus Jericho so zu kommentieren: für den sei es ja bereits ein Toto-Sechser gewesen zu erfahren, daß Jesus von Nazareths Weg an ihm vorbeiführen werde ... (am Wegrand kniet der als ein Bettler. als jener sich nähert, richtet er sich etwas auf, tastet nach dem Kleid des Messias zu der flehentlichen Bitte: Herr, tu an mir ein Wunder! und jener liebereich: Was soll ich dir tun, dir wie nur dienen? da sinkt der in sich zusammen und stammelt: Herr! meine Hände hast du dein Kleid ertasten sehen und siehst tot meine Augen. deine Frage aber sagt mir, daß du nichts für mich tun kannst – wie sollte mir da der von dir in ein Wanken versetzte Glaube das Augenlicht wiedergeben können, das bleibt mir verloren. Schwester, geleite mich so blind nach Jericho zurück, wie blind ich hierher gefunden habe!)

zwischen 10. und 14. Oktober durch Rom flaniert, auch da und dort ins Grüne hinanmarschiert, dem Verkehrslärm zu entkommen, öfter als jemals zuvor. Wien hinter mir zu lassen, das mein Antrieb und Ziel gewesen. hab daher nichts darüber notiert. zweierlei nun aber doch: nächst der Villa Giulia erstmals auszuschauen nach dem Gevögel, das sich wie Sittiche anhört, und es sind welche, gelbgrüne. wie die Tauben in Wien, sie an den bewaldeten Rändern von Rom beheimatet, fliegen in Scharen. und das Schönste was gewesen? die Via Appia hinangelangt, von einer der Steineichen ein an Eicheln reiches Zweiglein als Mitbringsel für Etta abzureißen, die mich erst, wenn ich es ihr in die Hand lege, in Rom gewesen wissen wird! ja, der Schmelz einer Liebe, die nur momentweise aus der Verbannung tief unter Tag auftauchen darf, zu meiner Durchhellung.

die Ende Oktober noch spätsommerlichen Temperaturen. daß erstmals seit meinen fünfzig Saarplatzjahren an einigen unserer schon ganz entlaubten Kastanienbäume etliche Äste

hellgrüne Blätter und kleinblühende Kerzen hervorgebracht
haben, hat als eine der Launen der Natur nichts zu besagen,
es müssen deshalb nicht in unserer Region bloß spätherbst-
liche Winter folgen. in einer dieser lauen Nächte wird ver-
trautes Wachliegen von Gegenteiligem durchzuckt: es werden
doch nicht künftige Winternächte von so sibirischer Kälte
sein, daß du in der für dich erwählten Nacht vor Körper-
schmerz weinend dahinwankst, dir die Arme und Brust
reibst, endlichen Sitzens nicht und nicht in den Schlaf findest:
Wirkung des Beruhigungsmittels von Angst und Zigaretten
übertölpelt, und so wirst du, wach geblieben, erfrieren –
Nacht du, laß mich doch entschlafen oder feige umkehren
ins Überleben!

*

Wer wäre denn Herr solcher Körperkräfte,
einen Sichelmond südmeerwärts derart zu schleudern,
daß sich der mit seinen Enden, gekrümmt wie Kosaken-
säbel, an einem Felsvorsprung festkrallt, für immer
von da an ‚Kap der Gehörnten‘,
aber auch ‚Goldenes Widdergehörn‘ genannt?
Welchem Irdischen wird denn die übermenschliche
Geistes- und Muskelenergie in die Wiege gelegt,
von einem Alpengipfel den stierhörnigen Mond
in Drehungen wie einen Diskus meerwärts dahin-
schnellen zu lassen, im Moment seines Eintauchens
alle Meere die Gezeiten losgeworden wie er
seine Phasen als nun immerwährender Vollmond?
Wenn doch nicht einmal der Griechengott Ares
die Körpersäfte in sich hat, ohne Zuhilfenahme
einer Labrys, einer zweigesichtigen Doppelaxt,
Vollmonde so exakt zu spalten, daß deren Hälften
aus eigener Kraft zweierlei Meeren zustreben,
mit ihrem Aufprallen dieselben vom Fluten zu befreien!
Ja, einzig verschollene Verse, Vorfahren der Alkaischen Oden

gewesen, haben eines vermocht:
der Mondscheibe Gewässer und Gebirge einzugravieren,
auch die Lebensdaten ertagender und sich einnachtender
   Kulturen,
beiderlei sich erhellenden Monden abzulesen gewesen,
wie die Stunden Sonnenuhren! (das eine Nachdichtung ohne
Originalvorlage. 30. Oktober)
12. November. Vor langem hast du die kleinen Infantinnen und den kleinen Infanten Felipe Prospero als die wahren Opfer ihrer Zeit bezeichnet, zu solcher Übertreibung dich berechtigt gesehen von den Murilloschen Gassenkindern, als hätten die eine fröhliche Kindheit. und jetzt von der Inhaltsangabe eines Hörspiels bestätigt zu werden: die, welche fünfjährig Velázquez Modell gestanden hat und uns inmitten ihres Hofstaates, ihrer Hofzwerge und ihres Hundes rührt, ist als Fünfzehnjährige zu ihrem Wiener Onkel Kaiser Leopold I. geschafft worden und als seine Gemahlin einundzwanzigjährig gestorben, während der siebenten Schwangerschaft – sechs Kinder hatte sie zur Welt gebracht. wie viele Nächte vom Erzkatholiken in Ruhe gelassen, der keine Scheu hatte, sich an einer Fünfzehnjährigen gütlich zu tun wie dann wohl auch an der Hochschwangeren und bald wieder Geschwängerten?

*

Schreib, Maschine, schreib!
Spute dich Zeile für Zeile hinterm plötzlich weltflüchtigen
   Kronos her,
ungestümen Draufloshämmerns ihn sodann entmachteten
   Sklaventreiber
vor Blattende, der weltvergessenen Zeitenwende,
   zu überholen –
und sollt er dann wie ein Vierhufer mit blitzenden Eiseln
hinter dir herdonnern wie durch Häuserzeilen,
vergeblich hinter den von deinen Lettern seinem Zugriff

entrissenen Mondaufgängen im Harz und in anderen
  Gebirgen her:
die von dir wie einem Dichterdenkmal
dem Menschengedenken eingehämmerten Wörter
wird kein Weltengericht vernichten,
und schriebest du bloß, los los!,
‚herrlich der Blick vom Gebirge' einem Löschblatt ein.
(das der Schreibmaschine im Aufschauen zu einer in später
Winterfrühe sich erneuernden Sonnenfinsternis diktiert, von
Nebelgewoge Vollsonne hervorgebracht für gleich plötzliches
Erlöschen; Sonnensichel taucht auf, hat schon die Züge einer
Halbsonne gewonnen, und aus deren Verschwinden kehrt
die Sonnensichel seitenverkehrt wieder, was sich fortsetzt auf
ähnliche Art, bis zu Nebelgemäuer verdichtete Luft es sein
läßt, an der Sonne auszuprobieren, was wir als den Himmels-
gezeiten folgsame Mondphasen schätzen. 13. November)

*

Nicht e i n e Forelle
hat regen Blutes Hochfieberndem
pfeilschnell in die Brust geschossen,
kein Streunerhund hat ihm, als er unbehutet
dem Wirtshaustisch seinen jüngsten Einfall
einschrieb oder einschnitt, den Hut vom Kopfe gerissen.
aber ein Lindenbaum hat die im Erwachen
seiner ansteckenden Krankheit
ausgeträumte Verliebtheit in ein Mäderl
mit Laub zugedeckt entschlafen lassen. (14. November, für
einen Winterreise-Zyklus)

15. November. Offenbar nie an Mittnovemberabenden einem
Kindergarten oder einer Volksschule in die Nähe gekommen –
gestern in Penzing einer Prozession von Kindern begegnet,
die, von Erwachsenen begleitet, mit Laternen, gelb oder rot
leuchtenden, von einem Laternenfest auf dem Heimweg sein
dürften, Halloween doch längst vorbei. eine der an der

Straßenseite nebenhergehenden Betreuerinnen, so würde seit Jahrzehnten der Heilige Martin gefeiert! der Gefeierte dir nur als der bekannt, der seinen gewiß weiten Mantel, einen Umhang, zugunsten eines Frierenden der Länge nach halbiert hat, und dessen Name für die zu dieser Jahreszeit geschätzten Ganslessen herzuhalten hat, aus dir unbekanntem Grund. in deinem Lexikon kein Martin enthalten, also dir die Legende von einem Geistlichen erzählen zu lassen. zum Bischof geweiht zu werden, habe sich der Heilige unwürdig erachtet und sich daher versteckt. mit Laternen sei nach ihm überall gesucht worden, nur nicht in dem Gänsestall, wo er allerdings dank dem nächtlich ungewöhnlichen Gänsegeschnatter aufzufinden ist. dürfte nie von den Kapitolinischen Gänsen gehört haben, die das Anrücken der Feinde Roms lautstark kundgetan haben. ja, bei französischen Gänsen hat er Zuflucht gesucht, und daß ihn die den mit Laternen Ausgestatteten verraten, das macht auch die österreichischen würdig, alljährlich dem dann zum Bischof Gesalbten zum Gedenken geschlachtet zu werden! und sind nicht in unserer Zeit in der Nähe von etlichen Atomkraftwerken Gänse angesiedelt worden, vor Saboteuren beizeiten zu warnen? beim Gesuche mit Laternen nach einem für ein hohes Amt Erwählten hätt es bleiben sollen – dann stiegen uns nicht Bilder auf von Kreaturen, welche unschuldig Verfolgte aus ihrem, ihnen von Menschen gewährtem Unterschlupf in Kellern und Hinterzimmern mit Taschenlampen aufgestört und an die Mörder ausgeliefert haben; welche mit Scheinwerfern die in Wäldern Bangenden aufgespürt haben, und würde dafür in heutigen Terror-Regimen Infrarotlicht eingesetzt! ja, diejenigen, die diesen Heiligen Martin mit Geschnatter verraten haben, haben keinen Verrat begangen. sollten in der katholischen Welt in Respektabstand einem Umzug der Osterlämmer folgen.

19. November. Wann zuletzt auf dem Rücken geschlafen? vermutlich notgedrungen vor 65 Jahren mit vom Beinansatz bis zur Ferse eingegipstem Bein. und dann wachst du, seit wenigen Wochen 81-jährig, in Rückenlage auf, nämlich mit dem Herzen so aufliegenden Händen, wie du es von altmodischen Totenbett-Bildchen kennst!

27. November. Kinder, die schon vorm Advent streiten, welches die schöneren Geschenke bekommen wird? da ist mir fast sympathischer das Mädchen, das an einem Heiligen Abend die um seine Gunst buhlenden, in Geschenken rivalisierenden Großelternpaare kränkt: Jetzt hab ich schon so viel ausgepackt, mehr freut mich heute nicht mehr!

Der **28. November** ein durchsonnter Wintertag, einem Schneeregentag und nächtlichem Schneestäuben gefolgt. in unseren Gärten, auf den Döblinger Dächern liegt Schnee. in den schattigen Gassen Lackenreste zugeeist, in der Sonne ists zum Sich-wärmen. vergnügt dem Donaukanal entlanggewandert, auch dort auf den Böschungen Schneeflecken. in der Stadt dann kalt, wie in den Bergen auf der Schattseite – von den Häusern die tiefstehende Sonne abgewehrt. von einem an eine Mauer gelehnten Pappendeckel war in großer Blockschrift zu lesen: KUNST IST ALLES – ALLES IST KUNST (ganz richtig! wie alles, als ein Teil dieses ALLES, ist auch Hingerotztes genauso wie Hingespiebenes KUNST. Hingeschissenes aber nur, wenn in künstlerischer Intention produziert worden ...)

30. November. Heute schon um 6 Uhr früh der blitzblau strahlende Baustellenscheinwerfer den Bauarbeitern geleuchtet und mir ein so nicht gekanntes Bild an die Bettwand geworfen: genau zu erkennen gewesen das Vorbild, einer der eng verzweigten Platanenäste, noch nicht ganz kahl nun und von Windstößen so hin- und hergerissen, daß das Schattenbild seiner Fläche zu entraten schien, würde sogleich Raum gewinnen und nach dem ihm entgegengehobenen Arm ausschlagen. bei Tageslicht heiß geschwemmtes Frotteehandtuch rasch vors Fenster gehängt, schleudert seinen Dampf gegen das frisch polierte Glas; bald aber schlägt es laut auf es ein, in kurzer Zeit bocksteif gefroren. werde es bald auf die Marmorplatte oberhalb der Heizung legen, und sein wiederbelebter Atem wird, dafür unzureichend ausgeschwemmt worden, den Raum mit frischem Lavendelduft durchziehen. hast es schon wie Wellblech von der Leine gehoben: wird auf der mehr als nur wohltemperierten Platte nässend erschlaffen (bald wieder an die eisige Luft gesetzt, obwohl noch nicht erhitzt, atmet es kaum sichtbare Luft aus)

1. Dezember, vom Brunnenmarkt frisch retour. Zertrümmerung des Gehirns oder ein Brechen des Genicks?, dich als ein Kind vor der Abbildung im Kochbuch der Mutter gefragt, auf der eine Hand einen mit Brust- oder Bauchbinde versehenen Karpfen, auf daß ihr der nicht entgleite, auf einem Küchenbrett niederhielt, während die andere Hand einen zum Mürbe-klopfen von rohem Fleisch mit gezackter Metallscheibe versehenen Schlögel vorm Zuschlagen über ihm innehalten ließ. wo auch immer da unser Vater, ein Jäger, nicht ein Fischer, an einem Wildwasser zum Forellenfischen eingeladen war – etliche hat er gefangen, und hat mit einer jeden kurz gegen eine seiner Schuhspitzen geschlagen. daß mit einer auch ich gegen meine Goiserer, mir nicht mehr recht zu glauben. die Angler am Donaukanal manchmal den aus dem Donauwasser geholten Weißfischen, auch Zandern, mit zwei Fingern in die Kiemen greifen zu sehen, um also das dazwischen liegende Herz zu zerdrücken? von der Großmutter auf dem Hackstock geköpfte Hühner kopflos aufgeflogen – ist mir das als ein Reflex erklärt worden, als eine in der Hühnerleiche noch vorhandene Erinnerung der Hühnerflügel an ihr kümmriges Aufgeflatter? Jahrzehnte später an einer norwegischen Küste noch mehr an nichts besagenden Reflexen zu sehen bekommen: die von ihm bereits auf einem Hackstock filetierten Fische wirft der Fischer in einen Kübel voll blutigen Wassers, und die Fischschnitzel tun Schwimmbewegungen. aber der Schreck vor einer Kopenhagener Marktfrau: dem mit der einen Hand unterm Kopf umklammerten, vor ihr fast bis zum Boden hinabhängenden Aal zieht sie die Haut ab, während seines nicht endenden Sich-Windens wie eine Schlange. Etta hat mir das heute als eine Reaktion der bei Aalen dem Gehirn entspringenden Nervenbahnen erklärt (was sie wortwörtlich recht anders ausgedrückt hat), auf mein Geständnis hin, auf dem Brunnenmarkt würde ich mich des öfteren in ein ähnliches Grauen lancieren, vorm Standel mit Karpfen. mit einem Netz aus dem Bottich geholt, werde ein jeder von dem grobschlächtigen Burschen auf ein Brett geworfen, bekomme, schlecht gehalten, mit einem Prügel einen Hieb versetzt auf nicht recht ausnehmbare Körperstelle, schlage ja um sich, und da fahre ihm schon, zur Seite gekippt, ein langes Messer hinein, und der Bursche reiße ihm die Gedärme heraus, sofern er ihn nicht davor in die Waagschale wirft, dort wieder niederdrückt, da er wie die meisten bei auf- und zugehendem Maul noch immer um sich schlägt. dort würde sie nie stehenbleiben und frage sich nun, ob Tierschutzgesetze Fische vernachlässigen, weil die keine Schmerzenslaute von sich geben können (ein paar Nächte später mit einem schweren Koffer aus Kleiderstoff zum Donaukanal zu hasten, da es aus ihm immer stärker tropft – drinnen, in ihm nun entschwindendem Leitungswasser, der mir zum Abstechen in meiner Badewanne übergebene Riesenkarpfen)

3. Dezember. Heute am frühen Morgen, Schnee wird weggeregnet, das Scheinwerfer-Schattenbild an meiner Seite eine Enttäuschung: der über Nacht kahle Platanenast und seine Verzweigungen nun ein Stadtplan, ein häßlicher Randbezirk: ein Industriegebiet, begrenzt von Außenringautobahn, Schnellstraßen, Schnellbahnlinien, kaum Straßen.

der Symmetrie verpflichtet zu sein, vorgegeben von der unseren Körpern eingegebenen Symmetrieachse? an den

Breitseiten des kleinen Aluminiumfeldes je vier Kapseln untereinander, in dessen Mitte in größerem Abstand von einander zwei in gleicher Anordnung. diese honigfarbenen Fischölzuckerl, jeden Morgen eines, hab ich gut ein Jahr lang so aus ihrer Hülle gedrückt, daß mit jedem ‚geradzahligen' nächsten Mal unter den verbleibenden eine Symmetrie herzustellen war. nun seit Wochen im Hingreifen Willkür walten zu lassen, und siehe: unter den verbleibenden Fischen ergeben sich interessantere, kaum so bald auf einem neuen Blatt ganz gleich wiederkehrende Konstellationen. die heute drei letzten erklimmen eine von ihnen gebildete Treppe!

6. Dezember. Aus der Nußwaldgasse in die Döblinger Hauptstraße einzuschwenken; dem Wertheimsteinpark vis-à-vis Rettungswagen, Polizei- und Feuerwehrautos, Uniformierte und auf der Straße auch zwischen stehenden Straßenbahnen Gaffer, nicht fernzuhalten von diversem Warngeblinke. beeilst dich, um zum Donaukanal hinabzugelangen, in den Park. dort verwundert, daß über Glasscherben geeilt werden muß – die Skulptur hinter der Villa Wertheimstein, ein nackter Jüngling, der spätestens seit dem Ende der Monarchie auf dem Boden kauernd, die Arme abwehrend über den Kopf hält, ist über die Straße und die Sträucher hinweg von Glasscherben getroffen worden, immerhin nicht vor Kriegsende von Bomben! (wirst von einer Gasexplosion in einer Wohnung zu lesen bekommen, niemand verletzt worden)

mehr als vier Stunden wirst du gegangen sein an diesem milden sonnigen Tag, die Nacht werde Schneeregen und Glatteis bringen. dein erstes Ziel der Karmelitermarkt, als hätt nur der Boskopäpfel zu bieten. es ist nicht Sabbat wie die früheren Male, und so bekommst du in diesem Viertel zum ersten Mal ostjüdisches Alltagsleben zu sehen: in ihrer immer schwarzen, diesmal bloß nicht feierlichen Kleidung sind sie auf Fahrrädern unterwegs, so mancher in der einen Hand einen vollgestopften Plastiksack, auf Rollern die ganz

Jungen, gleichfalls mit Einkäufen, und in der sabbats wie alle koscheren Lebensmittelgeschäfte geschlossenen Bäckerei kaufst du dir ein Mohnstriezerl, von unseren katholischen nicht zu unterscheiden. nicht eine Frau, nicht ein Kind, auch wenige alte Männer.

in der Inneren Stadt ist dann der silbernen Haustafel eines Mediziners mit Ordinationszeiten ein Täfelchen beigegeben ‚Nur interessantes Werbematerial gewünscht!' – ja, wo kämen die Verteiler hin, wenn sie sich vor den vielen Postkästen klarwerden müßten, was welchen Namen als interessant willkommen wäre!

*

Schreib, Maschine! Schau, Fenster, aus dir hinaus, statt dich in deiner Verglasung selbstverliebt zu spiegeln!
Hör, Brille, nur auf mich – horch nicht nach ... aus!
Ohr, ring dir ein absolutes Gehör ab!
Lese, Brille, Wein oder lies mir schön Geistiges vor!
Hand, arbeit schneller – weih Wasser oder trink Wasser!
Sprich, Wort! Sing, Stimme!
Haut – ausschlag doch nicht wie ein Pferd!
Pariser, schnitzel nicht Papier zu winzigen Schnitzeln!
Brand, wunde doch keinen von uns!
Kicher, Erbse! Wein, Traube!
Lach oder knall, Gas! Mehl, speise uns!
Reise, Vergnügen!
Blas, Instrument, den Staub weg!
Und Straßen glätte gefrierender Regen!
Hals, weh dir – schluck Beschwerden hinunter! (6. Dezember)

7. Dezember. Meine Angewidertheit, daß da einer über die zur Guillotine geschleifte Maitresse Ludwigs XV. (durch von dem veranlaßte Verheiratung mit dem Grafen Dubarry von einem Blumen- und Straßenmädchen in den Adel aufgestiegen) eine Operette zu schreiben sich herausgenommen hat (geschrien und um sich geschlagen habe sie, zur Zeit der

Revolution bereits eine alte, vom Hof verbannte Frau gewesen), hab dem jetzt im Lexikon herausgefundenen Komponisten, Karl Millöcker, leider nicht unrecht getan: „Ich schenk mein Herz nur einem Mann, dem ich ... (?) kann", das läßt er sie nicht zu ihrer Glanzzeit singen, von ihr dafür mit einem Orden geehrt, sondern 1879, erst fünfundachtzig Jahre nach ihrer Hinrichtung geboren. und der auf Filmmusiken spezialisiert gewesene Theo Mackeben, 1953 in Berlin gestorben, bringt 1931 die Schamlosigkeit auf, seiner Bearbeitung der Millöckerschen ‚Gräfin Dubarry' zu einem großen Bühnenerfolg zu verhelfen!

habe nun für den ganzen Dezember an der meine Schreibplatte begrenzenden Wand, also mir gegenüber, die einem 2019er Stehkalender entnommene Dezember-Farbphotographie lehnen: ein in rosa Kunstlicht getauchtes Dorfkirchlein inmitten abends verdämmernder hoher Berge; milchig blau wie der Himmel die Felswände, an denen der weißblaue Schnee noch nicht haftet, und zu Füßen des Kirchleins, auf einem verschneiten Strasserl, einige wie gezeichnete Sterne vielstrahlig leuchtende Straßenlaternen. aber der eigentliche Reiz dieser Scheinidylle? die vom Schreiblicht nicht weiß belassene, sondern nun gelbliche Hinterwand des Kalenderblatts läßt in dessen Lochung ganz oben im Himmel einen Sonnenmond erscheinen – das rötlich beleuchtete Kirchlein errötet also vielmehr zur Sonnenaufgangsstunde, auch die Felsformationen hellt auf die vollmondige Sonne!

9. Dezember. Der ‚Deutschen Messe' von Schubert in Originalfassung beizuwohnen, in die Jesuitenkirche zu treten. während der ‚persönlich gestalteten' Fürbitten aber zu gehen. „Laß uns, o Herr, mit Muslimen stets auf Augenhöhe Umgang haben!", diese von Wohlmeinenden zu Tode herbeizitierte ‚Augenhöhe' mir zu viel geworden, und hätte diese Bitte die Protestanten und auch die Atheisten großzügig eingeschlossen. würde ich das einem erzählen, der nicht wüßte, daß die ‚Deutsche Messe' fern aller Deutschtümelei so heißt, weil die Meßtexte nicht lateinisch, sondern deutsch abgefaßt sind, so könnte mich der, trotz meinem Unbehagen einzig an katholischer Rekrutierung von Muslimen zur Beweihräucherung katholischer Weitherzigkeit, als einen Rassisten einschätzen. und erst recht wär ich weggegangen, wenn eine Fürbitte uns angeschafft hätte, wie vorm Jesukind in der Krippe sei vor allen Winzlingen niederzuknien, zur Erlangung katholischer Augentiefe! jedenfalls hat mich mein Weggehen nicht abgehalten, auf dem Heimweg „Wohin soll ich mich wenden, wenn ..." vor mich hin zu singen und bald das zu sagen: „Gnädige Frau, Sie erlauben, daß *ich* Ihnen die Taxitür auftu und Ihnen die Krücke und das Paket nachreiche!" daß der Taxler, der ungerührt sitzen bleibt und gelangweilt über die Schulter auf die alte Dame hinausschaut, dieses Mal ein Dunkelhäutiger ist, das hindert mich nicht, ihn diesen Monolog mitanhören zu machen, und hielte er mich daraufhin für einen Rassisten!

Der **10. Dezember** peitscht Sturmwogen vor sich her, kommst in ein Straucheln, also lieber durch denen entgegengestellte Gassen stadtwärts, als über den Donaukanal – deinem Gleichgewichtssinn setzen mit ihrer Massenflucht die Wolken zu, die einander von links und rechts überholen. dich nach langem wieder in einer Simon-Denk-Gasse zu befinden, über die in Imperativ-Form dir dort Aufgestiegenes dir zurückkommt, von einem Tiergartenwärter an einen Schimpansen „Simon, denk!" gerichtet gewesen, und da sagt einer zu seiner im Sturm von ihm gestützten Begleiterin: „Na, der Simon wird sich schon was denkt ham!" Heimweg über den Donaukanal, Sturm hat nachgelassen. an eine der Mauern in großen roten Buchstaben frisch gesprayt: GOTTES SCHEISSE (die sind vermutlich als Teil der Schöpfung wir)

Meine Weihnachten werden für immer *ein* Heiliger Abend geblieben sein: aus dem Abenddunkel zu deinen Fenstern aufzuschauen und von dir sofort wahrgenommen und erkannt, obwohl die Straßenbeleuchtung kaum an mich heranreicht. nahe zu einem deiner Fenster stehst du, hinter dir noch keine Festbeleuchtung, auf einer Leiter, dem hohen Christbaum noch letzte Verschönerungen hinzuzufügen, aber mein Zu-dir-Aufschauen hat dich zu mir herumgedreht, wie ein Zuruf oder ein dir ans Fenster geworfenes Steindl. und grüßt mit den schwingenden Flügeln eines Weihnachtsengels zu mir herunter. selig durchströmten Herzens dir zurückzuwinken und frohgemut weiterzueilen zum gewiß kleinen Christbaum zweier Schwestern, die sich auf den Gast freuen und wohl schon den Tisch gedeckt haben. an diesem Hl. Abend dich unversehens zu sehen bekommen zu haben, als hättest du das in der Kindheit versäumte Christkind vertreten, das hat diesen Vorweihnachtsabend zu dritt mit Glanz versehen – wie auch zu wissen, unsere ersten Weihnachten würde der Stephanitag-Abend sein (und an einem jeden wirst du für uns frische Christbaumkerzen entflammt haben – lang sei das her?)

11. Dezember. „Am 12. Dezember, sagst du, möchte sie mit uns ihren Geburtstag feiern?" – das dürfte die alte Dame in der Straßenbahn nachgefragt haben, und dem Nicken der Gefragten hast du bei dir ein: „Ja heuer!" hinzugefügt, und daraus hat sich jetzt, zur Schreibmaschine heimgekehrt, das folgende ergeben (vielleicht brächte eine Umgruppierung der Antworten eine Steigerung mit sich): Am 12. Dezember hat sie, wie du am 25. Oktober, Geburtstag, für dich daher leicht zu merken! / Ihr Geburtstag ist, ob dus glaubst oder nicht, heuer der 12. Dezember! / Ja, am 12. Dezember hat sie Geburtstag, weiß Gott, seit wann schon – und daran wird sich nicht so schnell etwas ändern! / Am 12. Dezember hat sie Geburtstag – egal ob der ein Wochen- oder ein Feiertag ist! / Ihr Geburtstag fällt heuer auf den Dienstag. / Am 12. Dezember hat sie Geburtstag, an jedem, an so gut wie jedem Tag dieses Datums – unabhängig davon, an welchem Tag ihres Geburtsjahrgangs sie geboren worden ist. / Als ihren Geburtstag brauchst du dir nur einen einzigen Tag zu merken: den 12. Dezember – oder etwa nicht? / Wie alle Christen je einen Geburtstag haben, hat auch sie einen, jedes Jahr nur einen. hat sich als den den 12. Dezember ausgesucht – oder wäre ihr der aufgezwungen worden? / Alle Jahre wieder hat sie am 12. Dezember Geburtstag – unabhängig von ihrem Alter. / Wieso sich ausgerechnet an allen zwölften Dezembern ihre Geburt jährt, das ist so eines ihrer Rätsel. / Zum 12. Dezember ist ihr zu gratulieren, weil solch einer unwiderruflich der Tag ihrer Geburt bleiben wird – ihr nicht einmal von ihrem Tod zu nehmen. / Ihren ersten Geburtstag kann sie, auf den Tag genau, erst ein Jahr nach ihrer Geburt gefeiert haben, wäre ansonsten vor ihrer Zeugung geboren – selbst ein Jesus kann nicht ein Jahr vor oder nach Christi Geburt das Licht der Welt erblickt haben! / Ja, warum sollte ihr nicht ein jeder ihrer zwölften Dezember ein Beweis ihrer Existenz sein, von Jahrestag zu Jahrestag sie sich ihrer Geburt gewisser! / Aber wenn sich herausstellen sollte, daß sie an einem 11. oder an einem 13. Dezember geboren worden ist? / Das würde sie, wie ich sie kenne, keinesfalls bezweifeln lassen, auf der Welt zu sein! / Und darum beträgt sie sich meistens so, als hätte sie nicht wie unsereins geboren werden müssen!

12. Dezember. Schneeregen in der Morgendämmerung, für ein Dösen ins Bett zurück - erst sieben Uhr. und wenig später mit Etta auf sonnigen Matten. „Ich bin von unerklärlicher Müdigkeit", sagt sie, „es ist doch erst Vormittag". / „Ja, ich auch – nur in Hemd und Hosen, aber so müd, als trüge ich seit Stunden einen schweren Rucksack, und wir gehen doch noch nicht lange." und so reden wir uns zum Weitergehen gut zu – in die erstbeste Schutzhütte würden wir treten und uns zum Rasten einen Diwan erbitten (im Hinausschauen in trockenes Schneien mich zu fragen, wieso wir uns denn nicht in die Almwiese oder auf einen Heuhaufen gelegt haben – das zu intim?)

14. Dezember. Trockene Kälte, ohnehin nur minus 3 Grad, Hochnebel. mit Emmy Werner im Café Eiles gewesen, ich dort zuletzt zur Zeit der ‚Graphischen' Sonntag vormittags „gedichtet" – fünfundsechzig Jahre ist das her! alles wie damals geblieben, bis auf die vielleicht vor dreißig Jahren klimt-ornamentisch tapezierten Sitzmöbel. als ein dort Wildfremder an die nach der NS-Zeit in ihr Stammcafé heimgekehrten Emigranten gedacht, vom alten Ober z. B. „Was, Sie leben noch!" begrüßt worden oder auch so, daß der zu einem „Wie immer!" das und das serviert. hoffentlich ist in ihrer Autobiographie zu lesen, was sie mir da erzählt hat: wie so viele Wiener sei auch ihre Mutter in der Nachkriegszeit ins Weinviertel ‚hamstern' gefahren. „Ja, die Bauern haben sich mit Wertgegenständen das wenige bezahlen lassen" – die Bauersleute ihrer Mutter hätten sie vielmehr aus einem der Nester sich ein paar Eier holen lassen, mehrere Male, ihre Dankbarkeit ihnen genug; einmal auch aus dem Kuhstall, und dort sei ihre Mutter verwundert vor einem Konzertflügel gestanden, auf dem einige Pelzmäntel lagen (über die Vorgeschichte dieser Entdeckung besser nicht spekulieren!) – und so füge ich dem hinzu, was sich vielleicht in Hilde Spiels Autobiographie nicht auffinden läßt: in den sechziger (?) Jahren Theodor Kramer von London aus in Wien zu Besuch. spaziert mit Hilde Spiel, Hans Flesch-Brunningen und einem dritten durch die Innenstadt. nächst der Kirche Maria am Gestade überkommt ihn ein dringliches Bedürfnis, und so tritt er an eine der Nischen. ein Polizist nähert sich, ist im Betriff, dem Pissenden einen Strafzettel zu verpassen, und da ruft Flesch ihm zu: Herr Inspektor – der Herr kommt aus England! und darauf der: Ach so! und zerreißt den Zettel, ein Kenner offenbar britischer Sitten und Gebräuche. (in den Kuhstall zurück: ‚arisiertes Raubgut' hätte man Emmy Werners Mutter nicht sehen lassen; also haben geflohene Wohlhabende, Villenbesitzer im Weinviertel gewesen, vor der Flucht diesem Bauern Kostbares zur Aufbewahrung bis zu ihrer Rückkehr anvertraut – zur Zeit des Hamsterns wohl noch nicht nach Österreich heimgekehrt).

*

Gefällt, ja geschlägert, zerschlagen gehören all die Bäume,
in deren Rinden ein hörig Gewesener liebenden Herzens
was denn sonst als: Dein ist mein Herz! geschnitten hat,
denn allen vor Wundschmerz harzenden Rinden
    Eingeschnitztes,
mein ihr noch ungeschmerzt gehörendes Herz,
ist mit den ihm zugehörenden Bäumen
so hoch in den von ihrem Abschiedswort
mitten entzweigeschnittenen Himmel gewachsen,
daß es nicht mehr auszukratzen,
nicht mehr aus der Rinde herauszuschneiden ist.
und so gehört mit einem jeden der verstört
ihr hörig gebliebenen Herzen jeder Wald,
in welchem mein törichtes Herz sich in allen Baumrinden
ja doch ins eigene Fleisch geschnitten hat,
zu blutleerer Sägespäne gemacht – nicht auch nur
einem Tannenzapfen es dann noch gegeben,
jener einen und einzigen sich entgegenzurecken!
Wunde Hunde auf grundlosem Untergrund hinter mir her?
tollwütig mir entflogener Hut hätte ihr Bild mir
    mitentrissen?
wenn doch ‚Dein ist mein Herz!'
meinem Herzen bleibt eingeschnitten.
und die Krähen? seit alles,
was man Sehnsucht und Zutrauen nennt,
mir erstorben, lassen sie mich in verfrühter Grabesruh –
kreisen ja winters über den Friedhöfen,
die ich gelangweilt durcheile,

solange mein Name dort unauffindbar bleibt! (detto 14. Dezember, Winterreise-Zyklus)

18. Dezember. Wie die Heiligen Dreikönige stehen nebeneinander meine drei Paar Berg- oder Wanderschuh vor mir da, nicht in einem Kölner Dreikönigsschrein für ewige Zeiten beisammenzubleiben ausersehen, sie ja nicht vom Bethlehemstern für immer zusammengeschweißt worden. werden vielmehr für ein dreitägiges Bekanntschaftmachen in unserem Koloniakübel vereint sein – einem jeden Paar hab ich ein Schuhband, einen Schnürsenkel abspenstig gemacht, einen gelben, einen braunen, einen schwarzen (einer davon aus Leder), und die, bloß zusammengebunden statt zu einem Zopf geflochten, zur Würdigung der mir in ihren Schuhen zuteil gewordenen Wanderungen, der Lade mit enggewickelten Spagatschnüren hinzugefügt, wiewohl es für sie keinerlei Verwendung geben wird. hätt ich sie besser zu sechst zusammengebunden, als kämen davon die, welche nichts miteinander verbunden hat, außer mir teuer gewesen zu sein, rückwirkend in einem Schuhfach nebeneinander zu stehen? schwer mich zu trennen von den mir nur an die Knöchel reichenden braunen, die mir unser Schuster, Herr Fleischhacker, trotz seiner Diagnose, da sei nichts mehr zu machen, für zwei Jahre kunstreich gerettet hat, aufgrund meines Einbekenntnisses, von einem persischen verschneiten Berg sei ich in ihnen mit nassen Socken abgestiegen.

Was ist die Uhr? von der die Vierundzwanzigstundeneinheit zweiteilenden Zäsur an gerechnet, ist es die fünfzehnte hora des achtzehnten dies mensis decembris, die da, hielte man das für einen Augentrug, die Verfinsterung des soeben noch von Sonneninseln durchzogenen Himmels bezeugen könnte – welche Imitierung des Nachthimmels durch den Tag aber sogleich die Finsternis weiß striemendes Graupeln zwar nicht annuliert, aber deren nächtliche Dichte verringert: schlägt im Überschreiten der fünfzehnten Uhr wie

Hagelkörner auf dem Fensterblech auf, nur geräuschlos wie Schnee, weil das Fenster geschlossen. und dann, jetzt gleich, setzt zögerliches Schneien ein; hält allzu kurz an, weil rasch aufgekommene Luftturbulenzen das Blauschwarz der Schnee produzierenden Wolken mit sich fortreißen, zum Bedauern auch der lebensmüden Saarplatzwiese. ein Viertel der Frühdämmeruhr nun, blauschwarze Hochgebirgsketten durcheilen um 18 Uhr 15 den nachtblauen Himmel, dem es mißlingt, ihnen zu ihrer Verankerung das Krummbeil Mond wie einen Enterhaken hineinzurennen, obwohl die liegende Mondsichel eher Stiergehörn gleicht. die wird von den eilenden Wolkengebirgen verschluckt und ausgespuckt, viele Male.

19. Dezember. Daß jede Zeit ihre Märchen hervorbringt – also solche, die eine Generation früher ganz anders gedeutet worden wären? in ihrem Heimatort zu Besuch, wird Frau Magister G. von einer Passantin um den Weg zur Kirche gefragt. sie habe ihn während eines Spitalaufenthalts vergessen und stehe noch immer unter einem Schock: zu seinem Sterben zu spät gekommen, sei sie ans Totenbett ihres Ehemannes getreten, und da sei er zu ihrem Schreck wieder lebendig geworden. die Arme habe er in die Höhe gerissen, sein Körper habe sich aufgebäumt. ja, auf- und niedergerissen habe es ihn etliche Male. nach einem Arzt habe sie gerufen, und diese Begebenheit sei ihr dann wie erklärt worden? diese Zuckungen hätte dem Toten sein intakter Herzschrittmacher entlockt.

auf dem Anweg zu einer Abendeinladung bleibt dein Blick hängen auf einer mit RK ergänzten Autonummerntafel – das Spiel der Namensfindungen diesmal von geringem Erfolg: ein Filmkomiker aus Jugendtagen, der sich allerdings Rudolf Carl geschrieben hat, die streitbare Rita Koch, Israelitische Kultusgemeinde, die ein ‚Übersetzungsbüro für alle Sprachen' betreibt, der Rest von geringer Gültigkeit – Romanische Kunst, Römische Kurie, Rotes Kreuz, Rosenkriege oder Rosenkranz ... auf dem Heimweg nach etlichem Wein stellen

sich ungerufen auch mir versunkene Namen ein, als wollten sie mir zum Gedeih meines Geschreibsels mehr Alkoholkonsum anempfehlen: Ruth Klüger, Rimski-Korsakow, Rafael Kubelik. Régine Crespin, Reri (leider) Grist (Sängerinnen). Richard Kralik (Altgermanist gewesen). Rudolf Kaunitz (österreichischer Finanzminister der 50er Jahre). Roland Knie (ORF). am nächsten Morgen, nüchtern aufgewacht: Robert Koch!
21. Dezember. Gestern nach Advent-Zusammenkunft mit Damen-Schreibrunde auf dem Perron des Penzinger Bahnhofs auf- und abzugehen, Schnellbahn knapp versäumt. kein Mensch da, nur einer hastet wie auf mich zu, an mir vorbei. laß dir doch Zeit!, zu denken, noch zehn Minuten heißts warten. gehe übers Ende des eigentlichen Perrons, sehr gut beleuchtet, ein Stück hinaus, mir das Auf und Ab kurzweiliger zu machen. wie aus der großen *Halt!* bedeutenden Hand taucht er vor mir auf, als wär er nicht zuvor in die Gegenrichtung an mir vorbei gehastet, ein schlanker jüngerer Mensch. als ich wende, ihn an mir vorbeizulassen, kehrt er sich mir zu, schaut mich merkwürdig an. verschwommen sein Blick, aber trotzdem kalt. damit er mir nicht einen Faustschlag versetzt, ihm eine Zigarette anzubieten; läßt sich Feuer geben. geht nun neben mir her, mir immer einen halben Schritt voraus. dreht sich wieder zu mir herüber. ein charaktervolles Gesicht, schräge Augen. und bringt mich dazu, daß ich ihm zugekehrt verharre. sagt dann: Wer sind Sie? / Ich? niemand! / Aber Sie haben doch, anders als die alle da, ein Gesicht! (oje, betrunken ist er nicht, aber ein Narr oder ein Drogist?) Also wie heißen Sie? / Namenlos! / Lieber Freund – ich bin dein ... (?) / Hab das Wort nicht verstanden! / Ich bin, lieber Freund, dein ... / Dein was? / Ich bin dein Tod. / Sie sind, das seh ich Ihnen an, ein Schauspieler. Sie haben am Reinhardtseminar studiert! (und damit dürft ich den richtigen Ton gefunden haben – mit großer Geste tritt er von mir zurück und deklamiert sehr elegant Verse aus einem mir

nicht bekannten Theaterstück. tut aber gleich wieder einen Schritt auf mich zu, fast Kopf neben Kopf stehen wir da.) / Ja, lieber Freund, dein Tod bin ich. / Mit der Zigarette nicht meinen Mantel zu berühren! / Ja, der ist sehr schön! / Nein, aber den muß ich vererben! / Ob ich dir, lieber Freund, noch eineinhalb Stunden oder eineinhalb Tage gebe, das möchtest du doch wissen? / Weißt du, ein jeder wird von seinem Schutzengel und seinem Todesengel weißgott wie weit begleitet! (ich gehe neben den Geleisen und sage mir, nur auf der anderen Seite des Perrons flitzen hier die Schnellzüge vorbei, und er hat mich jetzt ja nicht an die Geleise gerempelt, ist nur gestolpert.) / Tust du gute Werke? / Nein. / Ist dir dein Leben nach mir egal? / Ja. / Kennst du die tibetanischen Totenbücher? / Vom Hörensagen. (drei Personen finden sich ein, das tut mir gut.) / Glaubst du an Gott oder Götter? / Frag besser die da, ich weiß das nicht! (belästigt nun tatsächlich die drei Frauen, ist aber gleich wieder da). endlich die S45! steigt mit mir ein. / Wohin fährst du nun, von deinem Tod begleitet? / Das wird sich weisen. (setzt sich im leeren Waggon an meine Seite. hole aus dem Rucksack die mir mitgegebene Flasche Wein heraus.) Bitte sehr, nehmen Sie den mit sich. (studiert aufmerksam das Etikett.) ich steh auf, trete schon vor der Station Gersthof an die Tür. er wieder neben mir, schlägt gegen die Glasscheibe, brüllt: Auf, endlich auf, wir wollen hinaus! entferne mich rasch in einen der belebteren Waggons, er hinter mir her. Dort setz dich jetzt hin! (und er tut das.) sollte er Anstalten machen, mit mir in Oberdöbling auszusteigen, fahre ich bis Heiligenstadt, dann mit dem Bus zurück. er aber hat mich im Weitereilen gottlob aus den Augen verloren. allein auszusteigen, mich im Erreichen des Saarplatzes aber kurz umzudrehen. viel zu leicht er angezogen gewesen.

22. Dezember. Wieder einmal geträumt, ich geriete im Vorlesen eines meiner Gedichte immer von neuem in die erstgelesene Zeile zurück. das unterstützt meine Hochachtung vor den ‚Umblätterern' an Klavierabenden: mir wird bang, sobald sie die Hand heben, gleich gilt es, das Notenblatt zu wenden, nicht zu früh – ob ihnen von Pianisten im richtigen Moment zugenickt wird oder auch nicht. ja, sie kennen die Blattstärke so genau, daß sie nie zwei Blätter wenden. nichts an Angstschweiß an ihren Fingern!

im Radio ‚Maria durch ein Dornwald ging' – lange mißverstanden als einen Spießrutenlauf: die Dornenranken bedrängen wie Lanzen das von ihrem Bauch nicht gepanzerte Kind, die Dornen ritzen ihm ein, was ihm bevorsteht, angefangen von der Dornenkrone bis hin zum Herzstich der Lanze! danach eine kleine Kulturgeschichte der Kirchenglocken, auch Aberglaube im Spiel: der Glockenschwengel müsse manchmal eingefettet werden, er auch davon schwarz. und dieses vor neuer Einfettung abgekratzte Öl oder Schmalz begehrt gewesen als ein Heilmittel, siehe das Murmeltierschmalz. wäre der Gestalt der Glockenschwengel die Deutung immanent, Männern mit Geschlechtsnöten seien diese Rückstände als Salbe aufgestrichen worden, nicht aber Hammerzehen?

habe Freund Clemens K. einen meiner in Persien einem der *Türme des Schweigens* entwendeten rostroten Steine, mir vom Döblinger Steinmetz einseitig flach geschnitten, als einen Briefbeschwerer geschenkt, zeigt nun glänzende Einschlüsse. er werde mit dem seine Schulden beschweren (daß die ihm nun solche Beschwerden bereiten, daß er sie bald zurückzahlt?)

*

Hat denn heute, so kommt es mir im Gehen von dir vor,
   der Nachsommer unserer geteilt und nicht geteilt für dich
     doch guten,
für mich zu jeder Jahreszeit glückvollen Hochsommerjahre
über deren jäh von dir herbeigeführtes Gefrieren hinweg

seinen Anfang genommen, unterm mit mir geteilten
   Ausbrennen
der familiären Christbaumkerzen, als wolltest du
das unauslöschliche Feuer eines Einundachtzigjährigen
   ehren,
wohlwissend, daß es für dich brennt wie am ersten Tag,
und wären während unseres Beisammensitzens
die meisten niedergebrannten Kerzen von dir zum
   Erlöschen
gebracht worden, damit sich das Geäst nicht entflammt
an meinem, von dir zwar gedämpft, fortwährenden Brennen?
bin von dir gegangen, getragen von der Gewißheit des
   Herzens,
es habe sich unser Einverständnis erneuert,
verlorengegangen an jenem Nichtweihnachtsabend,
an dem ich dir das Buch deiner Lobpreisungen
in die Hand gelegt habe,
von dir als ein Verrat mißdeutet worden.
die ihrem Verlöschen trotzenden Kerzenflammen mögen dir
als das eingeleuchtet haben, was in mir nicht ausbrennt,
und wäre mir ein biblisches Alter bestimmt!
in den Tagen deiner etliche Jahreszeiten umfassenden
   Abkühlung
konntest du bei einem nicht gottgewollten
   Zusammentreffen
inmitten mir Fremder nicht anders, als pro forma
auch den Verstoßenen zu umarmen –
das hast du heute vermieden, hast mich ja
trotz Fieber deinerseits willkommen geheißen,
meine Vorfreude nicht zu enttäuschen.
haben uns zum Abschied ein gutes neues Jahr gewünscht,
du von mir umarmt: warum nicht von deinem Fieber
angesteckt zu werden, wenn schon das meine
auf dich nicht zu übertragen ist! (22. Dezember)

23. Dezember. Im elterlichen Garten am Wiener Stadtrand vergräbt die neunzehnjährige Kindsmörderin ihr gemäß Aussage nicht lebensfähig eingeschätztes Neugeborenes, Hunde graben es wieder aus. eine DNA-Analyse habe dem Nachbarschaftsgerücht nachzugehen, nicht der Exfreund sei der Kindsvater, sondern ein sechzehnjähriger Schüler. diese Zeitungsnotiz könnte doch die Verfälschung einer Episode der griechischen Mythologie sein, nur daß dort wilde Tiere für die Bestrafung einer jungen Priesterin der keuschen Diana sorgen, indem sie der Göttin das lebhaft schreiende Kind zu Füßen legen. und könnte nicht auch ein Shakespeare seinen der jungfräulichen Königin zu Ehren ersonnenen Verleumdungen etwa die hinzugefügt haben: Richard III. läßt ein sechs- und neunjähriges Geschwisterpaar aus dem Hause Lancaster in den Tower werfen und umbringen wegen beider schandbaren Geschlechtsverkehrs?

*

Mit einer Nachtigallenfeder meißelt der eine Dichter
der Felswand ein elegisches Distichon ein,
welches die Aurora seiner Geliebten wie vom Blatt singen
   wird.
der andere Dichter schreibt im Hinausschwimmen ins Meer
mit beiden Armen den Wellen ein Mondgedicht ein,
sofern er es nicht lieber, am Strand geblieben,
mit ins Meer getunktem Zeigefinger
als ein Nachtlied dem Nachthimmel einschreibt.

*

Und jetzt laß dir gefälligst vorweihnachtlich Erfreuliches aus der Zeit deines Erwachsenseins einfallen, nämlich aus der, in welcher du Etta noch lange nicht gekannt hast – die hat es doch gegeben! ja, und ist mir auch schon heraufgedämmert: reichlich spät, es dämmert ja schon, wird von mir mit Hildes Enkelkindern, bei uns, also bei ihr über die Weihnachtstage in St. Wolfgang zu Gast, schafbergwärts losgezogen, für eine größere Runde. noch etwas höher wollen die beiden hinan, und allmählich wird mir bang – hat es unseren Weg nur zugeweht, es schneit ja etwas, oder sind wir von dem abgekommen? die beiden wälzen sich im Schnee, und ich muß mir einbekennen, daß wir den Rückweg, den vorgehabten, längst verfehlt haben. jetzt nur nicht an die zwei Kinder aus Stifters Weihnachtsgeschichte vor Schrecken vergessenen Titels zu denken, wir werden uns keinesfalls in die hier nicht vorhandene Gletscherregion verirren, schau doch auf die nicht weit entfernten Lichter des Dorfs hinunter! also wir finden, nur noch ein kleines Stück höher hinan, zur Jausenstation der Familie Hutterer, ich den beiden Alten gut bekannt. Frau Hutterer nimmt sich der vom Sich-Kugeln im nassen Schnee durchnäßten Oberkleidung der Kinder an, trocknet sie am Küchenherd oder doch am Kachelofen der Gaststube, und dann bringt uns Herr Hutterer, der ‚bei uns' schon am Vormittag unserer Anfahrt einheizt, auf seinem Traktor ins ja nahe Tal. längst ist es stockdunkel. und es vermag mich nicht zu belustigen, wie aufgeregt, wie außer sich uns entgegengestürzt werden wird. nichts dergleichen – wir treffen die Gnädige beim Fingernägel-Lackieren in der Stube an. „Wieso, bitte, hätt ich besorgt sein sollen? dir kann man doch unbesorgt alles anvertrauen. und ich schlafe hier nur ruhig, wenn du im Haus bist!" das ein Weihnachtsgeschenk gewesen, ebenbürtig dem noch erinnerlichen Schaukelpferd (heute auch ein 23. Dezember).

*

IMMER WIEDER, fast ein Gegensatz zu Endlich wieder – in ihm kehrt stets von neuem wider eines Willen einen bald Langweilendes, wenn nicht sogar Belästigendes wieder; oder würde man denn alle Jahre das erste Herniederschneien als ein IMMER WIEDER bejubeln wie als ein Kind den ersten Schnee, vermutlich mit einem „Jööö!"? endlich wieder eine hinreißende Salome, und die wird sie es noch lange immer wieder sein. Immer wieder fragt sie uns, wo denn nur ihr vor ich weiß nicht wie vielen Jahren gestorbener Bruder bleibt! / Dafür wundert sich unser alter Onkel immer wieder vor dem Photo mit der Freiheitsstatue im Hintergrund, jemals in Amerika gewesen zu sein.

endlich wieder auf dem Gipfel des Hohen Dachstein anzulangen, kaum aber jemals wieder. aber gut möglich, daß man sich als ein junger Bergsteiger im Rundschau-halten da oben gesagt hat: Diese Tour immer wieder, nicht nur in jedem Herbst!

nach langem wieder aus nächster Nähe einer Brandung beizuwohnen – würde man da denn: „Immerzu kommen die Wogen angebrandet!" seufzen, als wäre einem diese Grandiosität schon zuwider?

Immer wieder sag ich meiner Tochter: Madel, sei gscheit! – aber glauben Sie, sie folgt mir?

endlich seit diesem Krach nie wieder – hat sich endgültig aus meinem Leben entfernt.

immer wieder möchten die beiden miteinander Schluß machen, bleiben aber immer wieder bis zum nächsten vorläufigen Abschied beisammen. immer wieder kehren in Wellen Seuchen wieder, und die werden dann als Strafe Gottes von Bußpredigern wiedergekäut. aber hat nicht immer wieder ein Gott mit seiner Brut Erbarmen?

Wir Nationaldichter deutsch-österreichischer Zunge wandeln durch elegische Alleen dem unerbittlich wiederkehrenden Sonnenuntergang entgegen,
um nach der Heimkehr wie immer / Zäsur /
dem Büttenpapier Impressionen in Briefform
   einzugravieren.

und, bitte, du selbst? immer wieder schlägst du im Lexikon nach, wie denn beim Goldenen Schnitt eine Strecke so geteilt wird, daß sich deren ganze Länge zum größeren Teilstück wie verhält? ja, und vor Jahrzehnten ist „Immer wieder

Österreich!", gleich stupid rhythmisiert, aus vielen Wirtshäusern gedrungen!
 *
Man hätte sich besser gehütet, heute am jüngsten Heiligen
 Abend
zu einer Stunde, wo wohl auch dort, wo man an keinem
Weihnachtsabend zu eines Lebzeiten zu Gast sein wird,
Christbaumkerzen brennen,
zu den anfangs strikt gemiedenen, dann nur zufällig
und unangerührt berührten hohen Fenstern aufzuschauen,
hinter denen kalte Festbeleuchtung
nach der längst hingegangenen sich sehnt,
denn dann hätte man nicht zu sehen bekommen,
daß akkurat hinter deren einem Kerzenlichter anzeigen,
daß der diesjährige Christbaum trotz dem dir fremden
 Schmuck
wie die mit deiner Hilfe in bald nicht mehr wahren Tagen
herangeschafften Christbäume an den Plafond reicht,
und wäre man damals auf die Worte hin, bald würde alles,
anders als Christbaumschmuck verpackt,
an noch unbekannten Ort gebracht, starr dagestanden.
hätte man sich heute unbesonnenen Aufschauens zu
von spotlights belästigten Kerzenlichtern sofort gesagt,
die Fensterrahmen seien, wie einem seit bald
eineinhalb Dekaden bekannt, nicht mehr grün gestrichen
und die Entfernung der grünen Fensterläden habe
an der geweißelt nicht mehr schönbrunnergelben
 Hausmauer
eine aufdringliche Leere hinterlassen,
stünde man nicht von Herzweh überwältigt da –
vermißt ja zum wenigsten den mitübersiedelten
 Christbaumschmuck!
ja, eines Herz beträgt sich, als läge der Abschied
von diesem Haus erst Wochen zurück! (24. Dezember)

25. Dezember. War von Etta, von unserem vorweihnachtlichen Abend mit mir zuliebe verfrüht zu viert brennenden Adventkerzen, mit den alljährlich bedankten Kletzen heimgekehrt, mit in deren kleinen Sack von ihr gesteckten Edeltannenzweiglein – die werden, in meinem Bierkrügel zu einem Buschen zusammengesteckt, wie Blumen mit Wasser versorgt. sind für täglich kalte Duschen ausersehen, damit ihre Nadeln nicht braun werden wie die absterbender Wälder. auf meiner Schreibplatte an die Wand gerückt, sind sie nun ein Weihnachtswald, aus dem, an seine Lichtung gelehnt, Etta mir entgegenlacht. in diesen Christwald eingegangen, ist ihrer Nähe nur mit Schwermut zu begegnen: einsam wie nie am gestrigen Heiligen Abend gewesen.

26. Dezember. Eine der Kletzen mit einem scharfen Messerl der Länge nach durchzuschneiden, und man hat, wie verkrümmt sie äußerlich auch ist, zwei einseitig geschliffene Gesteinsproben vor sich, Konglomerate oder doch Marmornes, in mehrerlei Braun jedenfalls Marmoriertes. beidseitig geschliffen, ergäbe jede Hälfte ein Medaillon, wenn das wirklich Stein oder Versteinertes wäre. da aber einer der rotbraunen Kerne im Kerngehäuse unverletzt ruht, wandelt sich Steinobst Zuzuzählendes in die die Leibesfrucht schützend umschließende Gebärmutter eines kleinen Säugetiers. und da nun, an den geschmiegt, halbverdeckt ein zweiter Kern zu erspähen ist, ist da ein Zwillingspärchen im Werden. an einer anderen Kletzen einen Sagittalschnitt vorzunehmen. die beiden Hälften, an einem Rand als zusammengehörig beisammen belassen, aufzuklappen, und du hast was vor dir? zwei aus schwarz gerindetem rötlich-braunem Zirbenholz geschnitzte Edelweißblüten, charakteristisch die strahlig abstehenden, nun allerdings nicht filzigen Hochblätter. ja, ein Korbblütler bist du Dörrbirne geworden – in beiden deiner Blütenkörbchen befindet sich nun ein fünfstrahliger Stern aus quer durchgeschnittenen Kernen!

Auf vertrauten Umwegen
Datierte Blätter, Band 1

Tagesnotizen, essayistische Reflexionen, lyrische Gebilde –
der erste Band der Tagebuchaufzeichnungen (2011–2016),
die das vielfältige Gesamtwerk des Dichters abrunden.

433 Seiten, geb. + SU
€ 32,– (E-Book: € 27,99)
ISBN 978-3-7013-1309-9

Winterreise
Gedichte

Eine Begegnung mit und eine Fortschreibung der Romantik, denn unschwer erkennbar ist die Verwandtschaft zur „Winterreise" von Wilhelm Müller (1823/24) – dank der Vertonung durch Franz Schubert einer der bekanntesten Liederzyklen der Romantik. Erbarmungslos lässt Schutting seinen Wanderer voller Weltenttäuschung ziel- und hoffnungslos umherirren, in drastischen Bildern schlagen „Schicksal" und Natur zu, das „romantische" Wandern endet im lächerlichen Schmerz einer tödlich verwundeten Seele. Mit der „Winterreise" ist Schutting am Höhepunkt seiner Kunst angekommen.

H. C. Artmann-Preis 2022

164 Seiten, geb. + SU
€ 26,-
ISBN 978-3-7013-1285-6
Mit einem Nachwort
von Gerhard Zeillinger

OTTO MÜLLER VERLAG